HUMANITIES AND SOCIETY

多元社会中的正义

Gerald Gaus

[美国] 杰拉德·高斯 著 范震亚 译

译林出版社

图书在版编目（CIP）数据

多元社会中的正义 / （美）杰拉德·高斯 (Gerald Gaus) 著 ; 范震亚译. -- 南京 : 译林出版社, 2025. 4. --（人文与社会译丛 / 刘东主编）. -- ISBN 978-7-5753-0481-8

Ⅰ. B82

中国国家版本馆CIP数据核字第2025G82G52号

多元社会中的正义　［美国］杰拉德·高斯／著　范震亚／译

责任编辑　陶泽慧
特约编辑　韩　萌
装帧设计　胡　苨
校　　对　戴小娥
责任印制　董　虎

原文出版　Princeton University Press, 2016
出版发行　译林出版社
地　　址　南京市湖南路1号A楼
邮　　箱　yilin@yilin.com
网　　址　www.yilin.com
市场热线　025-86633278
排　　版　南京展望文化发展有限公司
印　　刷　江苏凤凰通达印刷有限公司
开　　本　890毫米 ×1240毫米　1/32
印　　张　10.375
插　　页　2
版　　次　2025年4月第1版
印　　次　2025年4月第1次印刷
书　　号　ISBN 978-7-5753-0481-8
定　　价　68.00元

主编的话

刘　东

总算不负几年来的苦心——该为这套书写篇短序了。

此项翻译工程的缘起，先要追溯到自己内心的某些变化。虽说越来越惯于乡间的生活，每天只打一两通电话，但这种离群索居并不意味着我已修炼到了出家遁世的地步。毋宁说，坚守沉默少语的状态，倒是为了咬定问题不放，而且在当下的世道中，若还有哪路学说能引我出神，就不能只是玄妙得叫人着魔，还要有助于思入所属的社群。如此嘈嘈切切鼓荡难平的心气，或不免受了世事的恶刺激，不过也恰是这道底线，帮我部分摆脱了中西"精神分裂症"——至少我可以倚仗着中国文化的本根，去参验外缘的社会学说了，既然儒学作为一种本真的心向，正是要从对现世生活的终极肯定出发，把人间问题当成全部灵感的源头。

不宁惟是，这种从人文思入社会的诉求，还同国际学界的发展不期相合。擅长把捉非确定性问题的哲学，看来有点走出自我囿闭的低潮，而这又跟它把焦点对准了社会不无关系。现行通则的加速崩解和相互证伪，使得就算今后仍有普适的基准可言，也要有待于更加透辟的思力，正是在文明的此一根基处，批判的事业又有了用武之地。由此就决定了，尽管同在关注世俗的事务与规则，但跟既定框架内的策论不同，真正体现出人文关怀的社会学说，决不会是医头医脚式的小修小补，而必须以激进亢奋的姿态，去怀疑、颠覆和重估全部的价值预设。有意思的是，也许再没有哪个时代，会有这么多书生想要焕发制度智慧，这既凸显了文明的深层危机，又表达了超越的不竭潜力。

于是自然就想到翻译——把这些制度智慧引进汉语世界来。需要说明的是，尽管此类翻译向称严肃的学业，无论编者、译者还是读者，都会因其理论色彩和语言风格而备尝艰涩，但该工程却绝非寻常意义上的“纯学术”。此中辩谈的话题和学理，将会贴近我们的伦常日用，渗入我们的表象世界，改铸我们的公民文化，根本不容任何学院人垄断。同样，尽管这些选题大多分量厚重，且多为国外学府指定的必读书，也不必将其标榜为“新经典”。此类方生方成的思想实验，仍要应付尖刻的批判围攻，保持着知识创化时的紧张度，尚没有资格被当成享受保护的“老残遗产”。所以说白了：除非来此对话者早已功力尽失，这里就只有激活思想的马刺。

主持此类工程之烦难，足以让任何聪明人望而却步，大约也惟有愚钝如我者，才会在十年苦熬之余再作冯妇。然则晨钟暮鼓黄卷青灯中，毕竟尚有历代的高僧暗中相伴，他们和我声应气求，不甘心被宿命贬低为人类的亚种，遂把迻译工作当成了日常功课，要以艰难的咀嚼咬穿文化的篱笆。师法着这些先烈，当初酝酿这套丛书时，我曾在哈佛费正清中心放胆讲道：“在作者、编者和读者间初步形成的这种‘良性循环’景象，作为整个社会多元分化进程的缩影，偏巧正跟我们的国运连在一起，如果我们至少眼下尚无理由否认，今后中国历史的主要变因之一，仍然在于大陆知识阶层的一念之中，那么我们就总还有权想象，在孔老夫子的故乡，中华民族其实就靠这么写着读着，而默默修持着自己的心念，而默默挑战着自身的极限！”惟愿认同此道者日众，则华夏一族虽历经劫难，终不致因我辈而沦为文化小国。

一九九九年六月于京郊溪翁庄

献给我的研究生们，感谢他们教会我的一切。

食了知识之树果子的人，就失去了天堂。

——卡尔·波普尔（Karl Popper），《开放社会及其敌人》

目　录

前　言

政治哲学对于模型的使用怀着矛盾的心情。近五十年来，有一个模型，即原初状态，已经成为政治哲学的一个支柱。从对无知之幕和最大最小原则将近半个世纪的迷恋来看，有人或许觉得，政治哲学家最喜欢的就是看似无休止的建模争论。然而，原初状态是个重要的例外：政治哲学家通常对形式化的模型非常警惕。[1]不可否认，一些模型已经成了经典，比如社会契约、囚徒困境、阿罗定理，但大多数情况下，在社会和政治哲学问题建模方面取得的进展主要是政治科学家，尤其是经济学家的功劳。我在这里只列举几位杰出人物：肯尼斯·阿罗（Kenneth Arrow）、肯·宾默尔（Ken Binmore）、詹姆斯·布坎南（James Buchanan）、赫伯特·金迪斯（Herbert Gintis）、拉塞尔·哈丁（Russell Hardin）、约翰·海萨尼（John Harsanyi）、威廉·赖克（William Riker）、阿马蒂亚·森（Amartya Sen）、罗伯特·萨格登（Robert Sugden），他们都做出了卓越的贡献，使社会和政治哲学中的关键问题得到了形式化的处理。令人高兴的是，克里斯蒂娜·比基耶里（Cristina Bicchieri）、弗雷德·达戈斯蒂诺（Fred D' Agostino）、大卫·高

1　一位有名的哲学家曾经跟我说："如果有图表，那就不是伦理学了。"

蒂尔（David Gauthier）、琼·汉普顿（Jean Hampton）、格雷戈里·卡夫卡（Gregory Kavka）、布赖恩·斯科姆斯（Brian Skyrms），以及彼得·范德施拉夫（Peter Vanderschraaf）可以被纳入我们政治哲学家的行列。一些更年轻的政治理论家，比如埃莱娜·兰德摩尔（Hélène Landemore）、迈克尔·默勒（Michael Moehler）、瑞恩·马尔登（Ryan Muldoon）和大卫·威恩斯（David Wiens），发展出了新颖且富有洞见的形式化模型，帮助我们更好地理解政治生活中分歧、共识与追求理想之间的关系。然而，当代主流政治哲学压倒性地拒斥所有这些思想家的洞见。[2]

不是政治哲学家不采用模型，只不过比起更形式化的模型，他们
xv 更喜欢叙述。例如，隐喻的使用遍及政治哲学，特别是在关于理想理论的最新作品中。我们看到有人以探索之旅、打通从当前到理想的隧道、填充社会世界的地图，以及非常重要的攀登山峰，来描绘理想的理论建构。[3]与其说隐喻（像霍布斯说的那样）是对言语的简单滥用，[4]或者被用来代替好的论证（虽然它们的确可以），倒不如说隐喻的作用在于呈现政治理论建构中问题的非形式化模型。想想科恩（G. A. Cohen）的野营旅行，它毫无疑问为我们建构了某种社会世界的模型，但政治哲学家们却在毫不犹豫地使用它。[5]阿里尔·鲁宾斯坦（Areil Rubinstein）有力地论证过，我们不断利用叙述来建构社会世界的一些重要特征；这些叙述是从一些变量中提炼出来的，讲述着关于被简化了的社会世界的故事，这些故事引发重要的社会和规范性思考，或很容易被忽视的社会动态；

2 参见兰德摩尔对“模型思考”批评者的有力回应：Landemore, “Yes, We Can (Make It Up on Volume),” pp. 197—202。

3 参见 Robeyns, “Ideal Theory in Theory and Practice”; Brennan, “Feasibility in Optimizing Ethics”; Schmidtz, “Nonideal Theory”。

4 Hobbes, *Leviathan*, p. 17（第四章第4段）；霍布斯在第四十七章第22—34段中的完整论点本身就完全是隐喻性的，他将罗马教堂与仙女王国进行比较。

5 Cohen, *Why Not Socialism?*

而且这些叙述有助于使似乎不清晰或神秘的东西变得明白易懂，或者表明那些看上去非常清晰的东西实际上有很大问题。[6]当我们构建一个更形式化的模型时，我们其实不是在做一些根本不同于非形式化模型的事：我们是在以更严格的方式做大体相同的工作，试图更好地了解我们的叙述模型究竟做出了哪些假设，以及我们的叙述实际上会导向哪里。我们仍然在讲述可能世界的故事，但我们可以更清楚地看到我们的故事究竟如何发挥作用，以及为什么这样发挥作用。在本书中，我分析了各种各样的形式化模型，这些模型告诉我们，如何以理想为目标来为我们理解正义定向，理想如何可能为我们实现一个更正义的社会世界定向，以及我们如何理解一种抛弃集体正义理想的开放社会。这些模型是对我们熟悉的叙述模型的发展，我会在第一章中考察那些叙述模型。虽然基本的理念与我们熟悉的叙述有连续性，但在第二章到第四章中，我会更明确地阐述各种模型的假设，以及我认为那些假设把我们带到哪里。当然，模型也会抽象和理想化（§Ⅰ.3.3*），所有的理论都必 xvi
然如此；当我们对模型做形式化处理的时候，我们会意识到，我们在哪里且以哪种方式进行过理想化和抽象了。

在阿马蒂亚·森获得诺贝尔奖的演讲中，他观察到，“那些对推理的形式化（特别是数学）模型持怀疑态度的人，经常怀疑以这种方式讨论现实世界的问题是否有用”。[7]然而，森继续指出，通常我们对问题的非形式化分析不能完全认识到它们的复杂性：当我们以更有条理的方式思考时，那些在非形式化讨论中几乎不可见的问题的特征，就可以清晰地显现出来。对于理想理论尤其如此，我们会看到，理想理论提出关于理想如何为我们寻求正义定向的复杂说法。第二章和第三章表明，

6 Rubinstein, *Economic Fables*, esp. chap. 1.

* 罗马数字Ⅰ指代第一章，此处指参见第一章3.3的内容，下同。——编注

7 Sen, “The Possibility of Social Choice,” p. 73.

一旦我们弄清楚理想理论在什么方面是一个独特的备选项(比如,相对于森坚决的非理想路径),我们会发现理想化的理论思考中一些令人惊讶的特征,而在我看来,这些特征表明理想的理论建构近乎前后不一致。只有一个在理想方面存在分歧的社会才能有效地追求理想,但这样一个社会永远无法实现它。这是一个强硬的说法,我会用缓慢,但愿同时清晰且谨慎的步骤来论述这一点。特别就森而言,第四章将表明,他为社会选择汇总(aggregation)所做的形式化工作如何指出一条明路,可以穿越与多元社会中的社会道德相关的最令人困惑的那些纠缠。

反对形式化模型的政治哲学家经常指出,某些相关的变量被忽略了,某些可能的策略没有被包括在内。所有的模型本质上都是不完善的:它们通过减少复杂性来建造我们可以理解的可能世界。这么做的目标是通过理解一个更简单的世界来理解我们这个复杂的世界;那个简单的世界抓住了一些关键要素,而这些要素在我们考虑问题的复杂性时就会被遮蔽。好的建模具有两个特征:一个是它意识到在何时何地进行了简化;另一个是在用简化的模型获得洞见之后,它可以进一步
xvii 考察当我们添加一些复杂性时事情如何变化。[8]我会缓慢前进,随着分析的进行,努力把握越来越多的复杂性因素。因此,我请求读者保持耐心。第二章的分析以一个相当简单的模型开始,它的不足将会成为之后讨论的焦点。当然,即使在最后,我的分析也只能抓住某些东西,而不是所有。哲学建模的根本问题和所有的哲学问题一样,都是我们是否通过清晰的分析获得了洞见。

政治哲学家经常在更形式化的研究路径上退缩,一个原因是,我们(我的意思是严格意义上的“我们”)通常不是数学专家。就像在《论

8 关于发展简单模型、理解它们的洞见,然后转向建立在简单模型上的更复杂模型,罗伯特·博伊德(Robert Boyd)和彼得·理查森(Peter J. Richerson)的工作是一个典范。关于他们模型的进展,参见*The Origin and Evolution of Cultures*。

哲学、政治学和经济学》中，我尽可能追求（按照我的一位研究博弈论的朋友的说法）“以文字”呈现这些形式化模型。当文字之力所不及的时候，我采用了图形；我只在一两处采用了（简单的）代数方程。我也使用了大量例子——有些是想象的，有些是现实中的——去阐明各种观点。我还插入了一些对核心观点的重述。任何一位政治哲学家都应该能够跟上这些论述；无疑，一些停顿和重读会有所帮助，但我已经努力将这些需要最小化了。当读者不认同我的时候，他们应该准确地知道在什么观点上，以及为什么不认同我。我把这当作一个优点而非缺点。

虽然我的方法比政治哲学中的标准方法要形式化得多（尽管在其他学科的语境下还不够形式化），但我的目的不只是分析性的，还是规范性的（至少根据我对规范的理解）。卡尔·波普尔在他杰出的、屡遭批评的《开放社会及其敌人》中强调，政治哲学时常处于一种柏拉图式信念的魔咒之下，认为存在一种理想化的正义的社会安排，明智的人最终会同意它，而且我们现实的政治实践应该以这个理想来为自身定向。我们或许不能在细致之处实现这个理想，但它应该成为一个志向，引导我们的政治生活，并给它提供意义。波普尔写作的时代，是马克思主义这个20世纪伟大的意识形态成为强有力的政治纲领之时，它威胁着开 xviii
放社会的存在本身。我感到无比幸运，这种对理想的追求已经不再是一个实际的政治担忧。它不再可能成为对我们的政治暴政。但在学术圈，尤其是当前的英美政治哲学圈中，理想的诱惑和以往一样强大。科恩、大卫·艾斯特兰德（David Estlund），甚至罗尔斯（我们会看到，在理想理论建构方面，他的位置要模糊得多）的复杂工作激发政治哲学去想象完全正义的、道德上同质的“良序”社会，在其中我们都认同正确的原则，我们的制度遵从这些原则，我们也致力于实现它们。与终极正义和道德同质的理想相比，我们实际的多元社会里有多元的宗教、道德和政治视角，看上去像是在杂乱的洞穴中生活。要是我们可以集体追求完全正义的良序社会的同质性终极目的该有多好。

在本书中，我对这个立场的批评大体上是内部的：我试图表明在人类存在的条件下，我们无法知道这个理想会是什么，除非我们对它有不一致的看法。只有那些身处道德上异质的社会中的人才会合理地寄希望于真正理解理想社会的样子，但在这样的社会里我们永远不会集体致力于任何单一的理想。这个良序社会的现实乌托邦理想对我们的思想施加暴政，阻碍我们探索更正义的社会条件。正如森正确指出的那样，我们会看到理想理论把一个道德上没有吸引力的选择强加于我们：确定局部正义还是追求理想。

那么，总是无法就正义达成一致的多元开放社会的道德状态是什么样的呢？第四章概述了对开放社会道德基础的辩护：我试图表明不同的道德视角如何可以汇集到一种道德责任的实践中；重要的是，它们如何可以分享彼此的洞见，为开放社会基本道德框架的改进努力。我也指出，在理想方面无法达成共识的社会在道德上比那些大步走向"良序"的社会更安全。开放社会不是一个杂乱的洞穴；我们应该拒绝听从这样的哲学家——他们承诺有一条路径通向道德认同的终极目的，
xix 即理想的正义社会。开放社会是一流的道德成就，它允许高度多元的视角共享一个讲道德责任的公共社会，虽然有时存在冲突，但是它的互动方式经常让世界变得更好，并且使我们更好地理解不同的道德真理。至少我会这样去论证。

我非常幸运能够在各类听众面前精炼我的这些想法。第四章的一些材料是我在伦敦政治经济学院的布莱恩·巴里讲座上讨论过的。这项研究的其他部分在哥本哈根举行的"自由主义民主的认识论"会议、乔治梅森大学举办的"哲学、政治学和经济学"研讨会、(伦敦)国王学院的"政治经济学"研讨课、俄亥俄州立大学哲学系组织的2011年杜布罗夫尼克会议、蒂尔堡大学举行的"公平与规范"研讨会、里耶卡大学的科学讨论会、麦吉尔大学的"哲学政治学小组"跨校研讨会、普林斯顿大学的人类价值中心、宾夕法尼亚大学的PPE研讨会、达姆施塔特技术大学的"公共理性"

研讨会、得克萨斯大学奥斯丁分校法学院举办的“美国保守主义去向何处?”会议、伯明翰大学“公共理性的新方向”研讨会、美国哲学协会中部分会和美国政治科学协会的会议上,得到了讨论。我对所有组织者和参与者表示感谢,他们的反对和质疑对于我提炼这些想法至关重要。

和森教授在罗格斯大学法学院的“正义的理念”研讨会上讨论我的想法与他的方法之间的关系是一种奖励与荣幸。之后,克里斯蒂安・孔斯(Christian Coons)、大卫・艾斯特兰德、哈维尔・吉略特(Javier Guillot)、阿兰・哈姆林(Alan Hamlin)、麦克・芒格(Mike Munger)和肖恩・尼科尔斯(Shaun Nichols)向我提供了宝贵的建议。我特别感谢在访问图尔库大学的公共选择研究中心和新加坡国立大学哲学系的同时有机会处理这些问题,在这些地方做报告对于我解决这些问题很有帮助。基斯・汉金斯(Keith Hankins)与我合写了一篇论文,探索这项研究的某些部分,我们在北卡罗来纳大学教堂山分校的PPE研讨会和鲍灵格林州立大学哲学系组织的“政治乌托邦”研讨会上 xx
报告过。第四章里的一些重要材料源自我同肖恩・尼科尔斯一起进行的工作。感谢基斯和肖恩让我借用这些共同的研究成果。

对于以非正统的方式思考种种问题,亚利桑那大学哲学系是一个非常好的地方,我为我们政治哲学小组的深度和广度感到惊讶。在这项研究的前期,汤姆・克里斯蒂亚诺(Tom Christiano)、基斯・雷尔(Keith Lehrer)和我阅读了斯科特・佩奇(Scott Page)的《多样性红利》(*The Difference*);读者能够看到它对于我的思考有多么重要。此后,大卫・施密茨(David Schmidtz)和我教授了一门关于理想理论与多样性的研讨课;大卫和研究生们不断地迫使我以不同的方式思考,就像任何多元团体应该做的那样。关于出色的研究生,其中一件令人开心的事情,就是无论什么主题,他们都能提出很酷的点子,让你以新的方式思考。因此,由我组织的关于罗尔斯、道德与社会演化、霍布斯的政治思想、规范与传统,以及社会选择小组的研讨课都为本书做出了重要贡献。我要特别感谢社会选择小组的成员阅读了我的草稿并发现了很多问题。我不愿单独挑出某位研究生同学，因为我担心会漏掉提供了重要建议的人。但是，举棋不定者将错失良机。于是，我想要特别感谢萨米尔·巴贾杰（Sameer Bajaj）、雅各布·巴雷特（Jacob Barrett）、派珀·布林赫斯特（Piper Bringhurst）、乔尔·周（Joel Chow）、凯利·高斯（Kelly Gaus）、亚当·吉斯达尔（Adam Gjesdal）、基斯·汉金斯、布莱恩·科格尔曼（Brian Kogelmann）、阿提拉·马耶兹（Attila Mráz）、朱利安·穆勒（Julian Müller）、杰里米·里德（Jeremy Reid）、格雷格·罗布森（Greg Robson）、史蒂文·史蒂希（Stephen G. Stich）、约翰·斯拉舍（John Thrasher）、凯文·瓦里耶（Kevin Vallier），以及查德·范·舒兰德（Chad Van Schoelandt）。

在这项研究的开展过程中，我的老朋友弗雷德·达戈斯蒂诺一次又一次地给了我有用的建议和鼓励。他的论文《从组织到认知劳动的划分》（“From the Organization to the Division of Cognitive Labor”）在很多方面推动了整项研究。另一个至关重要的影响是瑞恩·马尔登的作品。当我阅读瑞恩的博士论文《多样性与社会契约》（*Diversity and the Social Contract*）时，我对其原创性和深入的思考肃然起敬。读者将看到我与瑞恩有一些重要的分歧，他会反对我的很多分析，但我认为，这些东西与我们在多元社会的政治哲学必须实现什么上的一致意见相比并不重要。
xxi 我由衷感谢弗雷德和瑞恩。我同样非常感谢普林斯顿大学出版社的罗布·坦皮奥（Rob Tempio），因为他很早就对这项有点非正统的研究产生兴趣。我从普林斯顿大学出版社的评议人的评论和建议中受益匪浅；他们的想法在很大程度上改善了本书的终稿。最后，我想感谢保罗·阿利吉卡（Paul Dragos Aligica），不仅因为他鼓励我的工作，还因为他帮助我看到自己的工作与奥斯特罗姆（Ostrom）的工作，以及制度分析之间存在关联。保罗的工作源于经济学和政治学，他向我证实了多元视角真的可以
xxii 在多样性带来的好处以及对“开放社会”的辩护上达成一致。

第一章

理想的诱惑：为寻求正义定向

一张不包括乌托邦的世界地图甚至不值一瞥。

——奥斯卡·王尔德

第一节　面向乌托邦

1.1　超越当代争论及其范畴

关于所谓理想政治理论存在着众多理解，其数量之多甚至出现了与理想/非理想有关的类型学。劳拉·瓦伦蒂尼（Laura Valentini）找到了三种对比方式：（1）完全服从理论与部分服从理论；（2）乌托邦理论与现实理论；（3）终极状态理论与过渡理论。[1]与此同时，阿兰·哈姆林和佐菲亚·斯坦普洛斯卡（Zofia Stemplowska）找到了其他的“维度”：（1）完全服从与部分服从；（2）理想化与抽象；（3）对事实敏感与对事实不敏感；以及（4）完美正义与局部改进。[2]虽然这种“概念制图法”[3]

1 Valentini, “Ideal vs. Non-ideal Theory,” p. 654.

2 Hamlin and Stemplowska, “Theory, Ideal Theory and the Theory of Ideals,” pp. 48—49.

3 Valentini, “Ideal vs. Non-ideal Theory,” p. 655.

在编排如今大量的著作上非常有帮助，但它也有很大的局限性。如果我们过分聚焦于分类和差别，便容易错过这些不同维度如何能（以各种方式）被整合进一种理想政治哲学的总体性的、前后一致的、有说服力
1 的表达之中。诚然，当一个想法因它的诸多维度而“混乱”[4]时，其所引起的争论或许是令人困惑的；哲学家很容易各说各话。在这里引入不同问题之间的显著差别是有价值的。然而，哲学经常是混乱的，这是由于在对问题的一致看法中，混乱的要素以复杂的方式交织在一起。我们会看到，几乎所有这些不同的维度都会出现在本书中，因为我正在探索一种令人信服但又多少有些复杂的观点，这种观点关于一种与理想有关的理论可能是什么，以及它在何时和为什么有吸引力。

此外，如果我们太过聚焦于当下的争论，即它的类别和关注点，我们就容易陷入一个司空见惯的错误，认为这些问题“都是为了回答罗尔斯所设定的方法论范式”。[5]毫无疑问，当下的大量文献受到了罗尔斯著作主题的启发，但这些问题大多早已在近代和更早的政治思想史中出现并得到研究。1982年，芭芭拉·古德温（Barbara Goodwin）和基斯·泰勒（Keith Taylor）对“乌托邦”思想是否必须具有现实性给出了一个复杂的答案，[6]他们采用可能世界的分析，探究理想社会是否必然在现实中可以一举实现，或者能否在一个人穿越多个过渡的可能世界时以多个步骤实现（我将在第二章中详细展开这一想法）。[7]其他学者表明，两千年来的乌托邦思想经常要去阐明那些给人们提供进步思想和

4 Valentini, “Ideal vs. Non-ideal Theory,” p. 655.

5 同上。

6 因此“乌托邦与现实主义理论”过分简化了乌托邦理论内部的复杂性；当下的著作经常错误地假设乌托邦理论是绝对反现实主义的。例如，参见 Jubb, “Tragedies of Non-ideal Theory,” p. 230。

7 Goodwin and Taylor, *The Politics of Utopia*, pp. 210—214.

实践目标的**理想**。[8]的确，卡尔·考茨基（Karl Kautsky）出了名地赞扬摩尔的《乌托邦》阐明了一种社会主义理想，这种理想满足了重要的"实现"约束："摩尔构想了他的理想的实现：他是乌托邦社会主义之父，这个立场以他的《乌托邦》命名很恰当。后者是乌托邦，不是由于目标不切实际，而是由于缺少实现目标的手段。"[9]我当然不想否认，最近的争论强调了一些新的和重要的问题，并且获得了新的洞见，但当代哲学家常 2
常以为自己的关注点是新的且独特的，而事实上它们只是一长串政治思考的回声和发展。

因此，我们需要认识到当下的争论，同时也要后退一步，记住我们正在探索政治思考中一个更宏大、更持久的主题。我在这一章中的目的不是分析或介入当下的争论，即使我也会参与一点分类和划界的工作（毕竟我是一个哲学家）。我会确认几个经久不衰的乌托邦理想模型，论证其中一个模型格外值得进一步探究。我认为这是一种对乌托邦理想理论很有吸引力的理解，它搞清了这种理论的诉求，也解释了为什么那些像奥斯卡·王尔德（在我们的题词中）一样的人认为理想是任何一张政治改革"地图"上的必要部分。我相信，这种理解足够宽泛，可以囊括大量传统的乌托邦理论和很多当下的理想理论。它也使当代哲学家之间关于理想理论的争论的许多方面变得有意义，甚至大有意义，比如阿马蒂亚·森与罗尔斯关于理想在追求正义方面的重要性的争论。在本章中我先阐明这种理论及其诉求，在接下来的两章中再对它进行深入分析。我当然不会说所有自诩为"理想理论家"或"乌托邦主义者"的人都参与了这项由来已久的研究，即使我确实认为致力于此的人远比意识到这一点的人要多。此外，这项研究也值得那些怀疑不同的社会应该围绕任何乌托邦观念来安排的人关注。

---

8 Kenyon, "Utopia in Reality."

9 Kautsky, *Thomas More and His Utopia*, p. 249.

1.2 天堂

政治哲学从一开始就试图描绘理想状态，即使它不能完全实现，它也在指导我们构建一个更正义的社会世界。正如第一位理想理论家柏拉图所说的，“就其本质来讲，行动应该并不比思想更接近真理”，因此
3 我们的理想构建“不会把功夫下在细微之处”。[10]英格丽德·罗贝恩斯（Ingrid Robeyns）指出，根据这种观点，理想就像告诉我们“旅程**终点**”在哪里的“一座神话中的天堂岛”一样发挥作用。虽然理想并不“一定告诉我们通往天堂岛的路线”，但它为我们的旅程定了方向。[11]只有在确认理想之后，我们才可以着手考虑如何到达那里（或者，如果我们无法真正到达理想，那就尽可能去接近它）。罗尔斯说过：“通过表明社会世界可能如何实现现实乌托邦的特征，政治哲学提供了一个政治努力的长期目标，并在为之努力的过程中给我们今天可以做的事情赋予意义。”[12]他还补充道：“现实乌托邦的理念在重要的意义上是制度性的。”[13]我们希望确定一个可以实现的、完美正义的社会世界的制度结构和互动模式，因为正是这些东西最终提供给我们改造社会世界的制度所需要的指导。当然，我们可能永远无法到达理想的社会世界，但怀着一个

10 Plato, *The Republic*, p. 178 [v. 473]. 关于柏拉图作为乌托邦思想的例子的讨论，参见 Berneri, *Journey through Utopia*, chap. 1; Kumar, *Utopia and Anti-Utopia in Modern Times*, chap. 1; Kenyon, “Utopia in Reality”。

11 Robeyns, “Ideal Theory in Theory and Practice,” p. 345（在原文中被强调）。航行的主题是经典乌托邦作品的特征。在培根的《新大西岛》中，一艘船行驶到了一座神奇的岛屿。在《乌托邦》中，摩尔描述了一座遥远岛屿上的生活，这座岛与英格兰的特征有明显的相似之处，这是当下世界的一个遥远版本（通过长途旅行到达）。另参见 Goodwin and Taylor, *The Politics of Utopia*, chap. 2。

12 Rawls, *The Law of Peoples*, p. 138.

13 同上，p. 16。这也是哈姆林所强调的，参见 Hamlin, “Feasibility Four Ways”。传统乌托邦作品认同这一点。参见 Kenyon, “Utopia in Reality,” p. 154。

指引我们的理想，希望在于我们可以放心，我们为实现正义而付出的努力至少使我们沿着正确的方向前行。

如果理想的目标是为我们的航行定向，帮助我们穿越不够理想的社会世界，那么我们需要了解相对于它，我们现在身处何处。只有我们对理想在哪里，以及我们目前在哪里有一些了解之后，理想才可以为我们定向。因此，理想政治哲学的**定向功能**不仅试图告诉我们创造一个完美正义社会的长期目标，也试图至少为一些重要的判断奠定基础，这些判断关于从我们当前的社会世界走到一个相近社会状态时，我们是更接近还是更远离那个理想。[14]罗尔斯相信，理想的正义为在非理想社会中思考正义提供指导，有助于“阐明如何处理现存不正义的疑难情况”，并 4
为“改革的目标”定向，帮助我们看到“哪些错误更严重，因此更亟须改正”。[15]这样一来，我们就可以根据理想的正义来判断现存的制度，理想理论也就为追求正义的社会提供了一个目标。[16]众所周知，《作为公平的正义》(2001)的封底告诉我们，“罗尔斯清楚地意识到自1971年《正义论》出版以来，美国社会已经**愈加远离**作为公平的正义这个理念”。[17]因此，罗尔斯主义者不仅要描绘一个完全正义的社会，还可以运用这个知识为他们关于1971年和2001年美国社会正义的比较性判断定向。

1.3　攀登

我们会在第二章中发现，理想的定向功能其实异常复杂。它试图

14　Robeyns, “Ideal Theory in Theory and Practice,” pp. 346—347; Stemplowska and Swift, “Ideal and Nonideal Theory,” p. 379. 通过“重要的判断类别”，我想表明对不够理想的社会世界所做的排序无须是完整的，但它也不能太不完整，以至于这种理论接近于我所谓的“做梦”(§ I.1.4)。

15　Rawls, *Justice as Fairness*, p. 13.

16　Rawls, *A Theory of Justice*, p. 216(所有引用都是1999年修订版的，除非特别注明)。

17　Rawls, *Justice as Fairness*，封底(强调是我加的)。

把以下两个任务结合起来：第一个是确定理想、最优、完美的正义社会；第二个是判断不太理想的社会的正义程度。关于正义提倡哪些改变的周全判断，主要基于对理想位于何处，以及我们离它有多远（在一种需要被解释的意义上）的判断（§Ⅰ.1.5）。阿马蒂亚·森注意到，这意味着，如果想要周全地判断我们要从当下的世界移至非理想世界a还是非理想世界b，就必须知道a和b谁更接近理想，即乌托邦点u。[18]我们也
5 许有充分的理由断定a比b更正义，但除非我们也知道a和b相对于u的位置，否则我们就不知道正义会要求我们向a还是b移动。考虑到这些复杂情况，森论证，我们应该只关注我们真正关心的东西，即a和b的相对正义，而不拿它们与u做比较，这种比较不仅困难，而且幸好，也没有必要。他写道：

> 有可能存在一个被视作完美的选项，但这并不说明在判断其他两个备选项的相对优点时参考那个选项是必要的，或确实是有用的；例如，我们或许有很大把握接受珠穆朗玛峰是世界最高峰，它在海拔上完全不能被其他山峰所超越，但这种认识在比较乞力马扎罗山和麦金利山的高度时既不必要，也没什么帮助。问题出在了我们通常的信念上，认为不事先确认一个最优的选项，就无法合理地比较两个备选项。[19]

这段话对于理解理想理论与森的比较路径之间的差别至关重要。

18 Sen, *The Idea of Justice*, pp. 98—99. 我考虑了森在§Ⅳ.1.2中的提议。用瓦伦蒂尼的话说，理想在这里充当一种“终极状态”，参见Valentini, “Ideal vs. Non-ideal Theory,” pp. 660—662。威恩斯称之为理想的“目标”功能，这是他在Wiens, “Prescribing Institutions without Ideal Theory”中加以质疑的想法。哈姆林和斯坦普洛斯卡也对此持批判态度：Hamlin and Stemplowska, “Theory, Ideal Theory and the Theory of Ideals,” pp. 51ff。

19 Sen, *The Idea of Justice*, p. 102.

理想理论以确认一组可能世界之内的一个理想为起点，或者用更形式化一点的语言，以确认{X}域中的一个“全局最优解”为起点，并评价与之相关的所有选项，但森的分析本身与理想无关，而只与“特定的社会变化是否会增加正义”有关。[20]森反复告诉我们，后者是一个比较性的、本质上成对进行的活动。我们需要知道的是，a是否比b更正义（正如麦金利山是否比乞力马扎罗山更高）；做这个决定，我们不需要知道任何关于u（或珠穆朗玛峰）的事情。我们寻求一种理论，它使我们能够比较“正义的前进或倒退”。[21]

约翰·西蒙斯（A. John Simmons）提供了一个相反的分析： 6

> 虽然森关于珠穆朗玛峰和确定较低山峰海拔的观点显然是正确的，但我认为它的使用在森的类比当中有潜在的误导性……只有两个较低的正义“山峰”都在同样可行的、通往完全正义的最高峰的路线上，判断它们谁更高（或更正义）才是有意义的。为了认可一条通往最高峰的道路，我们当然需要知道哪个才是最高峰。或许在一段时间内我们只用瞄准喜马拉雅山的大致方向，只有当我们抵达印度时才须将路线调整得更为精确，比如在珠穆朗玛峰与K2峰之间作选择。但是，在我们可以认可任何道路之前，我们需要深入了解在哪里能找到最高峰的真正候选者。[22]

如果聚焦于山脉的隐喻，我们的目标或许是到达最高峰；如果那是我们旅行的目标，知道两个局部山峰（a或b）哪个更高就没有什么帮

---

20 Sen, *The Idea of Justice*, p. ix.

21 同上，p. 8。

22 Simmons, “Ideal and Nonideal Theory,” p. 35. 地理的隐喻在文献中很常见，参见Stemplowska, “What’s Ideal about Ideal Theory?,” p. 336; Robeyns, “Ideal Theory in Theory and Practice,” p. 345; Schmidtz, “Nonideal Theory”。

助。即使a比b更高，我们也想知道攀登a使**我们更接近还是更远离山脉的最高峰**。我们不仅想知道a的海拔是否比b更高（麦金利山是否比乞力马扎罗山更高）；我们还想知道经度和纬度的信息，即我们的社会向a还是b迁移才能更接近u。[23]

森与西蒙斯之间的争论，在于决定正义要求我们向a还是b移动时所涉及的维度。在这里，我们必须采用更加严谨的做法，才能跨越虽然有启发性但非常宽泛的隐喻，这样才能真正把握这个争论的意义。众所周知，森已经为公理性的社会理论做出了重大贡献，这种社会理论关注
7 偏好排序的属性，以及用什么方法可以把两种或更多的排序汇总为一种社会偏好排序。现在，个体i完备的传递性偏好排序O_i是对某个选项集的一种选项排序，该集合中任意两个要素{a, b}，要么a比b更好，要么b比a更好，要么a和b是不相关的。[24]对于任何O_i而言重要的是它**最终**是一维的，因为无论有多少评价维度参与到i排序的考虑之中，一旦i做出一种排序，所有选项就都可以沿着单一的维度从最好到最差进行排列。[25]考虑到这个社会选择的预设，森的假设自然正确：山峰的海拔（这是一种隐喻，它关于一个选项在正义方面排在多高的位置上）穷尽了所有相关的维度，因为个体的排序中只存在一个维度，而且我们会看到，对于森来说正义的判断与非偏倚的旁观者对社会世界的排序有关（§Ⅳ.1.2）。[26]

---

23 这一争论不只出现在西蒙斯与森之间。关于支持理想必要性的分析，参见Valentini, “On the Apparent Paradox of Ideal Theory”；关于批评，参见Lawford-Smith, “Ideal Theory—a Reply to Valentini”。

24 完备性和传递性的假设可以被削弱；通过事态在正义方面的排列来探究非完备性偏好是森在《正义的理念》中核心的关注点。参见我的“Social Contract and Social Choice”。

25 简而言之，这种个体的排序是单峰的，从顶部的最优选项降至最不受欢迎的选项，这表明它是一维的。参见我的*On Philosophy, Politics, and Economics*, pp. 162—164。

26 如果我们将不同个体的排序汇总为一个总体的社会排序，这样的汇总可能展现出多个维度。在森有关正义的著作中，他只是小心翼翼地采用最温和的汇总形式，这其中没有出现与汇总多个维度相关的弊病（比如循环）（§Ⅳ.1.2）。

森主张只有成对判断才是必要的，也就是说，在决定｛a, b｝的正义时我们无须考虑a和b跟最好或最优的社会世界u比较会怎么样。对此，我们可以给出两种阐释，一种是实质性的，另一种是形式化的。根据我们或许可以称为**正义判断的内在二元性**(the inherent binariness of judgments of justice)的阐释，森提出的是一种有关正义的实质性论断，按照这种论断，判断任意两个社会世界｛a, b｝的相对正义从不依赖第三个备选项，即最优社会世界u(更激进的说法是，判断｛a, b｝从不依赖任何第三个选项c，不论c是否等于u)。[27]这是一种实质性论断， 8
因为它意味着，对于评价a和b的正义，a和b与u(或任何c)的接近度(proximity)不相干。a和b的正义只取决于构成它们的事态特征，而不包括它们与另一个备选项c的关系(比如接近度)。这或许是对森提倡的成对路径最自然的阐释，同时也解释了为什么对于罗尔斯坚持在判断不太理想的社会世界时知道理想是什么非常重要，森抱持批判态度。然而，他的成对路径不一定会得到这样的阐释。另一种更形式化的阐释或许可以被称为“周全的**排序观**”。假设个体i对选项集｛a, b, c｝的相对正义偏好排序不仅取决于a和b在根据相关的正义标准进行评价时表现得有多好，还取决于a和b分别到第三个更优选项c(它可能是，也可能不是理想状态u)的相对距离。换言之，在思考a是否比b更正义时，一个人既要考虑a和b的内在正义，也要考虑a和b距离c有多远(我们还是暂时抛开这可能意味着什么)。如果i仍然根据每个要素在这两种维度上的正义达成一种关于｛a, b, c｝的完全传递性的排序，那么“与c的距离”这个信息就会在i的偏好排序，以及a和b所在的位置中得到体现。考虑到这一点，这仍然是完全正确的，即**鉴于**a和b谁更正义的

27 关于二元性，以及它与这种独立性的关系，参见Sen, *Collective Choice and Social Welfare*, pp. 7ff, 16ff。关于更深入的分析，参见Sen, “Choice Functions and Revealed Preference”。

排列，不需要知道什么样的社会世界位于这个排序的顶部；知道这个排序的顶部也与一个成对选择无关。然而，与**内在二元性**阐释不同，达成这种排序需要掌握距离信息，因此有关理想的知识在进行排序的时候就是必要的。

鉴于森十分怀疑有关理想的知识是否真的有用，我们应该明确拒绝对其社会选择路径的第二种阐释。然而，我们也不应该用纯粹的**内在二元性**阐释限制住他。森无须完全忽视所有“距离”或“方向”的信
9 息（让我们再次使用西蒙斯的模糊观念）。例如，假设a的特征比b的更正义，但是对b进行小小的改动就会导致一个正义得多的世界c，而这种情况并不适用于a。我们没有任何理由认为，森会否认经过全面考虑，由于b更“接近”c，所以b比a更正义。尽管如此，我们还是可以有把握地认为，森主张这种判断对于一种正义理论来说并非基础，而且在大多数情况下，当我们确定一个社会世界的正义时，应该关注其基础性的内在特征。因此大体上说，在决定｛a, b, c｝的正义排列时，我们应该关注每个世界内在的（无关于其他世界的）特征，以及人们在其中过得怎样。所以，当对非理想世界进行成对比较时，有关理想的知识用处不大或毫无用处。在追求更大程度的正义时，我们希望攀登到其内在特征更正义的社会世界。要做到这一点，我们不需要看见这种排序的顶部，或做出很多“距离”判断。我们必须认识到，森的攀登路径绝不意味着改进必须是渐进的或保守的；如果我们现在处在第40名的社会世界中，而我们的选项集包含排在第39名和第10名的选项，那么森当然不会认为我们要先移动到第39名那里。我们需要区分两个主张，一个是森主张的关于正义的判断是成对进行的，因此并不依赖它们与理想的关系，另一个主张是对森的常见误解，即改进必然是渐进的。[28]

28　对照Gilabert, “Comparative Assessments of Justice, Political Feasibility, and Ideal Theory”。

与森相对立，西蒙斯的观点最好被阐释为，坚持社会选择排序模型是不恰当的，因为我们在比较a和b的正义时应该区分至少两个评价维度。思考正义的基础不仅在于a和b社会结构的内在正义，还在于a和b在相似性和可行性方面[29]“有多接近”理想（或全局最优解）u。因此，由于存在两个独立的评价维度，[30]所以a很有可能在一个维度（比如，制度 10
结构的正义）上更接近u，但在距离的维度上远离u（在接近度的意义上它比b更远离u）。

于是，根据这个多维度的分析，理想位于何处非常重要，因为到理想的距离，是我们对应该向a还是b移动做出总体比较性判断的一个基本要素。此外，多维度的分析让我们看到为什么理想在为我们的正义判断定向时是必要的；我们不仅希望对两种状态的内在正义做出评价，也希望确定哪种状态让我们更接近理想正义。现在，我们可以找到一种方式，更严格地思考理想如何能为我们的正义判断定向，这是我在接下来的两章中要完成的任务。随后，我将在本书中探索思考正义的多维度方式，因为它们对森精致的一维分析（一种使理想无用的分析）提出了最强有力的回应。

1.4　做梦

正如我所强调的，我们还会在接下来的章节中看到，这种多维度的、通过理想来定向的政治哲学进路很复杂。我们需要知道各种社会状态的正义，还要知道这些社会状态与理想的接近度（它们是不同的、关联性不强的正义维度）。一种避开这些复杂情况的方式是森的方式：解除比较性判断对理想的依赖，从而使理想变得没有必要。[31]这样，我

29　我会在第二章中对它们做出详细的区分。

30　回想一下，对于一个社会选择分析来说，一种可能是考虑周全的**排序观**，它将两个维度汇总到一个总体社会排序当中；因此区分这两者很重要。

31　另一种方式是发展一种单一的排序，其中“更正义”总意味着“更接近理想”，就像在我称为社会选择路径的周全考虑阐释中那样（§ I.1.3）。

们就只需要知道各个社会状态的相对正义。相反的简化策略是仅仅描述理想的正义状态或条件，而不去讨论不太理想的情况下的正义。这里并不存在什么不一致；可能所有不太理想的状态都是不可通约的，或者相同的(除了赢家之外每个人都同样是输家)，因此无法根据在严
11 格意义上比其他状态更好或更差进行排序。说这种理论毫无用处未免太过分了，[32]但一种不能描述除顶部理想以外的任何社会状态的政治哲学，在帮助整理我们面对的正义选项时用处不大。[33]这就好像，我们对理想的正方形有了一个明确观念，但却不能说出三个图形，即一个正方形、一个长方形和一个圆形，哪一个最接近它。

或许有人认为，只有展现完美正义社会的那种政治哲学才是有价值的。这一论点似乎会被马丁·路德·金的“我有一个梦想”演讲所具有的历史意义所支持。然而回想一下，他在美国说了一连串关于正义与和谐的梦想，将其作为希望和信念的来源，帮助听众克服疏离感和痛苦，这是由于这些听众当下对正义的实际要求遭到了蔑视和憎恨。这个演讲并非以纯粹的梦想开头，而是宣称美国的建立者发行过“一张期票，而每一个美国人都要将它代代相传。这张期票是一个承诺，即所有人对生命、自由和追求幸福的不可剥夺的权利会得到保证”。所以，金向游行者宣告：“我们来兑现这张支票了，它会给我们宝贵的自由和正义的保障。”[34]一个完全满足全部正义要求的世界，甚至一个彻底实现美国建立者承诺的世界，或许是一个达不到的理想。我并不是说一种有用的理想理论必须设定可以达到的理想。但金还是坚持主张理想为当前的政治要求定向。虽然金要求兑现的支票远低于它所承诺的价值，但关键点在于理想能在我们这个显然非理想的世界中为政治要求

32 参见 Stemplowska and Swift, “Ideal and Nonideal Theory,” pp. 377—380。

33 斯威夫特(Swift)赞同哲学分析的这种排序功能，参见 Swift, “The Value of Philosophy in Nonideal Circumstances”。

34 King, “I Have a Dream...”

定向。金的“梦想”不是我们从中醒来的一场梦，即一场关于完美社会的梦，与在非理想的社会世界中追求正义无关。我说的“做梦”是另一种与此不同的理想正义观，它不仅提出一个达不到的理想，而且愿意承 12
认这种理想可能且经常与改进非理想状况下的正义完全无关。

脱离了对那些我们身处其中的，以及我们或许向其移动的社会世界的正义判断，理想正义的纯粹梦想可能会刺激人们或给人希望，虽然这些梦想也可能导致失望、绝望和愤慨。如果没有任何方式能将梦想与我们社会世界中出现的问题和疑问联系起来，那么从完美正义世界的梦中醒来并面对我们社会的现实就极有可能会使对正义的思考迷失方向。[35]我们或许认为这是超现实主义的正义，它企图在我们的世界中描绘一个我们无法真正理解的梦想世界。[36]一个人对正义有多少“了解”，与一个人在实际和相近的社会世界中生活而产生的正义问题之间是割裂的。大卫·米勒（David Miller）说得很对：从这种观点来看，“在政治哲学所捍卫的理想与人类生活的实际状况之间有着巨大的鸿沟，除了对此表示哀痛之外，政治哲学别无可为”。[37]

大卫·艾斯特兰德持有这样一种“无望的”正义观：

> 考虑一种理论，它要求个人和制度恪守能力所及的标准，但却没有理由相信他们将会到达那个标准……假如这些标准是不可能达到的，那么这种理论就是道德上的乌托邦，但是根据假设，这些

35 在培根的《新大西岛》中（p. 23），碰巧发现乌托邦的水手中极少数人选择返回不太理想的世界。“我不知道极少数返程的水手可能把［关于我们乌托邦的］什么事情传开。但你一定要考虑到，无论他们对所来之地说了什么，都可能被当作在做梦。”

36 另一方面，布尔什维克先锋派巴克–莫斯断言：“不用缩小梦想和现实之间的鸿沟，先锋派的艺术作品也会让梦想和现实自由地相互批评。”参见Buck-Morss, *Dreamworld and Catastrophe*, p. 65。

37 Miller, *Justice for Earthlings: Essays in Political Philosophy*, p. 231.

> 标准并非不可能达到。很多可能的事情永远都不会发生。那些被构想出来的理论仅仅制造出了事情应该怎样或可能怎样的幻象，即便承认它们不会发生……至此，我认为这种理论不存在可见的缺陷。就我们所说过的一切而言，使人们和制度恪守的标准可能
> 13 是合理且真实的。人们本可以但偏偏不去遵守它们，这是人类的缺陷，而不是理论的缺陷。因为找不到更好的词，我们可以称这种理论为**无望的现实主义**。[38]

我已经说过，这样的理论毫无用处。艾斯特兰德也承认这一点："不切实际的理论有什么价值不是我要讨论的重点……我的重点在于，一种无望的规范性理论或许正是正确的理论。不可否认，不是所有真理都具有很大价值。电话簿就包含很多相对不重要的真理。然而，我们正在谈论有关正义的真理，而且我倾向于认为它的重要性更大，但也许这只是因为我们原本就认为它是有实践价值的。"[39]让我们像正义"要求"的那样行动很可能是不切实际的，因此如果考虑到自己的不完美，询问我们现在应该做什么的时候，这种正义"或许没有一点实践价值"。[40]艾斯特兰德似乎很欣赏这种可能性。他列举出大量"阿尔夫应当做X"的情况，即使对于阿尔夫而言做X是极其不明智的，因为他有可能失败，并且比起追求一个更"现实的"备选项，他在尝试做X的过程中容易导致更糟糕的后果。[41]但是，艾斯特兰德的论点甚至更为激

38 Estlund, *Democratic Authority*, p. 264. 关于对此的详细分析，参见Estlund, "Utopophobia" 和 "Human Nature and the Limits (If Any) of Political Philosophy"。

39 Estlund, "Utopophobia," p. 133.

40 同上，pp. 132—133。

41 Estlund, "Prime Justice." 这种担忧使政治哲学家们抬高了义务论逻辑，以及对"应当蕴含能够"的分析。"即便你'努力'（甚至'不断努力'）也不能做X的话，还能说'你应当做X'吗？" 参见Estlund, "Prime Justice" 和 "Human Nature and the Limits (If Any) of Political Philosophy"；Lawford-Smith, "Non-ideal Accessibility"。

进：它强调，在给出一些理由去寻找（不是现在就是将来）实现X的方式这一层面上，知道应当做X对于实践无关紧要。因此，应当做X的知识可能“没有一点实践价值”。

像其他人一样，艾斯特兰德借用了利普西（Lipsey）和兰开斯特（Lancaster）的“次优理论”。根据这个理论，u是帕累托有效状态，并不意味着与u差不多的事态就差不多是帕累托有效的。[42]因此乍一看，想
要接近理想的目标似乎是没有根据的：如果我们不可能达到理想，那么 14
接近它对于实现正义可能毫无用处。[43]因此，知道理想正义更像是知道深奥的数学定理，而不是知道了行动指南。[44]

大体上说，艾斯特兰德的观点是概念性的：一种正义理论可能是正确的理论，即使它没有实践价值。很多人否认这一点，这当然是一个可以争论的问题。[45]然而，裁决这个争论并不是我所关心的；在大多数情况下，我都把它置于一旁。我最关心的是分析一类理想理论，根据这类理论，在对正义做出相对判断和为实践定向时，确定那个理想是什么至

42　Lipsey and Lancaster, “The General Theory of Second Best”; Estlund, “Utopophobia,” p. 121; Wiens, “Against Ideal Guidance,” p. 441; Wiens, “Political Ideals and the Feasibility Frontier,” p. 22.

43　在经济学领域诉诸利普西和兰开斯特有关次优的工作很有启发，但政治理论家们容易过快地认为效用分析可以直接用在理想理论中。本书第二章会给出一个模型，它解释了在一种理想理论中，什么时候接近理想状态的结构就是在接近它的正义，什么时候不是这样。我们会看到，阐明这一点是这个模型的显著优势。

44　还有一些人将道德探究比作物理学。参见Enoch, “The Disorder of Public Reason”。另一个关于正义探究的模型是“知识论”，即关于知识的理论（参见Swift, “The Value of Philosophy in Nonideal Circumstances,” pp. 366ff）。就连这种显然更合适的比较（因为它也是一种规范性探究）看起来也不太贴切。知识论学者或许向我们解释被证成的信念需要什么条件，但即使一个人一直用灵应盘（Ouija board），从而违背理性的规范，他也没有亏欠别人任何东西，其他人并无权利要求他停止使用灵应盘。马丁·路德·金既没有仅仅妄想完美的正义，也没有向美国白人传授有关合理的种族关系规范的重要理论知识。

45　参见Farrelly, “Justice in Ideal Theory: A Refutation”。

关重要。但是，即使不参与这个争论，我也在想，在它的悠久历史中，政
治思想家经常被乌托邦的理想所吸引，因为他们相信这些理想**确实**有
助于为我们不够理想的判断定向，并且**确实**为如何思考社会和政治变
革提供了建议，就算这一变革从目前，甚至不远的将来看来都是不可行
的。这不是一个概念性的真理，而是一个关于政治哲学中乌托邦传统
的真理。正如我强调过的，把乌托邦思想等同于无望的、不可实现的理
15 想，是对乌托邦思想的一种误解：由此根本得不出，抵制“无望的乌托
邦”的人就是“乌托邦恐惧症患者”。我们很难不对纯理论哲学中的一
种趋势感到担忧，这种趋势以严重背弃上述传统的方式探索“真正的正
义”和“乌托邦”，坚决捍卫这种理论可能毫无用处。

1.5 建议：从无用中挽救正义

在本书的剩余部分，我将那些纯粹做梦式的理想理论置于一边；不管实现理想本身是不是**无望的**，我关心的是政治理论的一种类型，在其中理想不是**无用的**，它作为标准有助于规定、指导或促进对比较性正义做出没那么理想的判断。在这些观点看来，在进行没那么理想的判断时有关理想的知识包含了有用的信息。但即便这种理想理论不是纯粹的做梦，即在其中有关理想的知识影响着对非理想状况的相对优势的判断，它仍可以是一项纯学术工作，传达着关于比较性评估的理论知识，而这些知识并不能给人提供指引。从推进正义的角度看，这样的理论毫无用处：这项事业或许会带来一个美好的正义理论，它可以对被其理想指引的各种不完美的社会进行评价，但它永远不会建议现实的行动者应该做什么，或者应该如何努力。这种理论将是彻底无用的。

我当然不会天真地认为，这个目标不会吸引很多哲学家，但它确实让正义的如下实践变得令人困惑：需求、抱怨、指责、要求、煽动、“正义系统”、惩罚、社论、社会运动、意识提升，以及革命。艾斯特兰德的理论虽然承认“最好的正义”可能毫无希望，但却为“妥协性的”正义留下

了空间，即当阿尔夫知道他不会遵从最好或理想的正义时所应用的正义。一种始终无望的理论只是删减版的正义理论。[46]这种理论搞不清正义如何进入我们的生活。 16

我不是说理想正义本身一定是可实施的；即使根据一种非做梦的论述，理想正义仍可能是一个无望的（但不是无用的）景象，它为我们定向，并激励和指引我们。这也不是在说对于每一个完整的判断，即一种社会状态比另一种更正义的判断，正义理论都必须给出一个切实可行的建议，以帮助我们达到更正义的状况。请注意上一段列出的实践活动范围；要求和需求可以是十分具体的，但社会运动和意识提升却以模糊得多的方式指导着行动。我认为，重点在于理想理论不只是对社会状态做出理论性的评价判断。为正义的**判断**定向并不是故事的全部；我们必须让一种关注正义的政治哲学，为我们前进到更正义的社会状态提供建议。一个理想或许仅仅是远大的志向，但这并不是正义领域的全部。

当聚焦于正义的政治哲学从做出判断走向提供建议时，它就必定会远离纯粹的道德哲学，即它不仅仅是对规范性判断的证明。[47]这时候，政治哲学就必须借助社会和经济理论、政治科学和心理学去制定政策、提供建议和表达需求。[48]根据不同的语境，我们需要不同的社会科学工具和预测模型。一个政治理论家主张某种构成性结构，一个支持税收政策，还有一个倡导法律变革（比如学校隔离），他们显然会借助不同的数据、工具和模型，而不借助任何重要的社会科学才是极其罕见的。即使在司法阶段，“建议”似乎只是法律要求的派生物，法院也经常会援引社会理论和科学。因此，在具有里程碑意义的“布朗诉托皮卡教

46　Estlund, “Prime Justice.”

47　这不是说它必然曾经占据过道德哲学的领域。

48　参见 Wiens, “Demands of Justice, Feasible Alternatives, and the Need for Causal Analysis”。

育局案”中（这个案子无疑与基本的正义诉求有关），最高法院注意到
17 了学校隔离造成的心理伤害。[49]因为一种想要给出建议的正义理论或一种政治哲学需要一套工具、数据和模型，所以分析正义理论的这一方面就需要我们理解政治哲学是如何借用社会科学的。

第二节　社会实现与理想

2.1　完全遵从原则与理想社会

到目前为止，我把“理想”当成最优或完美正义的一个不确定的变量。虽然我希望分析能保持适度的普遍性——它当然不应该依赖某种具体的理想，但重要的是确定在描述一个理想时要受到哪些限制。我的目标是一种足够宽泛的描述，它可以把握住一大堆理论的要点，同时有助于进行前后一致且富有成效的分析。

科恩对正义的论述常常被说成是某种“理想理论”，甚至经常被当作最极端的例子。[50]科恩在这方面与艾斯特兰德有很多共同点。[51]他坚定地认为，即便我们能证明某个基础性的正义原则J处在人类的合理行动范围之外，也不能因此否定J是正确的。也就是说，我们不能因为心理学和其他社会科学发现人们极不可能遵从J，就认为J不是一个基础性原则。关于正义的基本真理不依赖这样的实用性考量，也不来自任何群体当前的意见和信念。[52]这表明了一种对理想的描述，

49 *Brown v. the Board of Education of Topeka*, 347 U.S. 483; 74 S. Ct. 686; 98 L. Ed. 873(1954). 法院专门引入了一项关于儿童选择玩偶的社会科学研究：选择白色玩偶的儿童数量总是高于选择黑色玩偶的儿童数量。

50 Farrelly, “Justice in Ideal Theory: A Refutation,” pp. 846—847.

51 关于他们的差别，参见Estlund, “Utopophobia,” pp. 129—130。

52 Cohen, *Rescuing Justice and Equality*, pp. 20—21, chaps. 6 and 7.

由原则来界定的理想(Principle-Defined Ideal)：假设我们确定了正义原则J，它不依赖可行性限制或社会学事实(比如当下对正义的意见)，那么对于任何社会状态S而言，当且仅当S中的每个人都肯定J，并完全遵从J，它才是一种理想的社会状态，其他所有社会状态都是非理想的。 18

实际上，科恩的文本并不支持对理想的这种阐释。他说道："理想理论是出现在理想社会中的东西，而非理想理论……适用于这样的环境，在其中，**别的不说**，公民并不承认这些正义原则，也不按照这些原则行事。"[53]"别的不说"的意思是，非理想状态不仅仅是缺少对相关原则的支持和遵从。在对比理想的自由主义社会和社会主义社会时，科恩告诉我们："在理想的社会主义社会中，平等的尊重和关心没有被抛到社会之外，也没有被限制在异化的上层建筑力量(国家)之内。如果像马克思认为的那样，正确的原则是那些适用于日常物质生活的原则，而且这些原则按照乌托邦式的社会主义理想成为日常生活的实践，那么国家就可以消失了。"[54]

我们在这里看到，理想不仅以遵从相关原则为特点，还以规定这些原则适用的社会世界的方方面面("那些实践")为特点；社会主义者和自由主义者关于理想的争论不仅仅与原则有关，还与世界的哪些部分要受到这些原则的制约有关。科恩认为，自由主义者把理想正义看作是在管控国家(在更普遍的意义上，我们或许可以加上社会合作的基

53　Cohen, *Rescuing Justice and Equality*, p. 221(强调是我加的)。

54　同上，p. 1。请注意科恩很有趣地把马克思解读成一个乌托邦社会主义者。当然，科恩作为一个乌托邦社会主义者，似乎有这一资格。回顾恩格斯对乌托邦社会主义者的描述："对于这些人来说，社会主义都是对绝对真理、理性和正义的表达……并且……绝对真理独立于时间、空间和人类的历史发展之外。"恩格斯并不喜欢这样的观点(Engels, "Socialism: Utopian and Scientific," p. 693)。

本结构);而社会主义者却认为这些原则适用于日常生活的各种实践。不过这意味着,确定理想社会必然明确各类制度、实践或生活领域;[55]假如不存在国家和基本结构,那么科恩会认为,根本**不可能**存在自由主义
19 正义。但另一方面,一种自由主义理想必须说明国家结构由什么构建,或哪些制度属于基本结构。例如,在罗尔斯的自由主义理想中,家庭(多少有些令人不满地)位于基本结构中。[56]因此,罗尔斯的自由主义理想不同于一个排除家庭的自由主义者的理想,然而两者可能都认可罗尔斯的正义二原则。[57]在概念上,自由主义者和社会主义者或许认同相同的原则,但他们的“理想社会”仍可能在适用于社会生活的哪些部分上截然不同。

我们或许一开始把“理想正义”当作对正确、真实或最优的正义原则的普遍认同,以及与这些正义原则相一致的行动,但为了搞清楚理想正义,我们需要假设一组制度、实践或领域,以及在它们之中的行动者,这一切都要求对制度或行动者如何(或者可能如何、倾向于如何、在没有过度压力的情况下如何)运作,以及对各种领域如何被划定进行说明。[58]亨利·西季威克观察到,“就算是极端的直觉主义者也不得不承认,正义和其他义务的细节会随着社会制度而变化”。[59]甚至能动性的概念本身也需要被确定下来。例如,我们需要确定某些群体是不是由

55 参见 Habermas, “Reconciliation through Public Reason,” p. 129。

56 Rawls, “The Idea of Public Reason Revisited,” pp. 595ff.

57 “(1)每个人都有平等的权利,拥有与其他人所有的最广泛的基本自由系统相容的类似自由系统。(2)社会和经济的不平等应这样安排,使它们:(a)最有利于处境最差的人,与一种正义的储蓄原则相一致[差别原则];(b)根据机会平等的条件,职务和位置对所有人开放。” Rawls, *A Theory of Justice*, p. 266.

58 有人可能会指责,这么说将正义与“管控的规则”(rules of regulation)混淆了(§V.3)。这里的重点在于,即使一个人企图将正义原则与这些原则在制度上的体现截然分开,一个理想也不能简单地等同于最大限度地实现正义原则。

59 Sidgwick, *The Methods of Ethics*, p. 20.

正义原则支配，如果是，什么**是**群体行动者，以及这些群体行动者可能
对什么负责。[60]在最低的限度上，我们的“天堂”图景必须确定这些原 20
则适用的社会世界具有什么特征，以及被管控的行动者的运作方式。[61]

2.2　正义及其社会实现

我一直在强调，即使是那些从表面上看用完全遵从原则来确定理想的理论，也要参考社会制度及其运行方式。不过从更根本上讲，任何关于理想正义社会的合理概念都必须认真考虑如何实现这个社会的问题。我们可以回想一下森对罗尔斯“制度基础主义”(institutional fundamentalism)的指责。虽然森主要关注制度主义和规则，但他所抨击的一般范畴却相当宽泛，涵盖很多所谓“义务论”的东西，无论是制度、规则，还是对原则的忠诚。[62]森拒绝这种“基础主义”，因为“正义不仅与判断制度和规则相关，也与判断社会本身相关”。[63]我认为森是正确的，如果一种正义观念完全不考虑符合其规则的社会如何实现，那么它就是极其恶劣和令人反感的，就好像正义只关心让人们无条件地遵守一套原则。森说得对，这样的观点是不合理的。然而，他的错误在于指责罗尔斯或其他合理的基于原则的正义完全不考虑社会实现问题。[64]罗尔斯确实试图将“一个纯粹程序主义的**重要因素**”包含在制度设计中：在很大

60　例如，参见 List and Pettit, *Group Agency*。关于群体行动内存在的多样性在程度上可能远远超出里斯特和佩蒂特的模型所容纳的多样性，尤其是就道德责任而言，参见我的“Constructivist and Ecological Modeling of Group Rationality”。

61　例如，艾斯特兰德写道：“对社会正义的要求在道德上要求社会事物本身。”就像他认识到的，这意味着集体责任与理想理论相关；见“Human Nature and the Limits (If Any) of Political Philosophy,” p. 210。

62　Sen, *The Idea of Justice*, pp. 21, 210. 借用印度的哲学传统，森把这些观念与 niti，即一种严厉的、基于规则或原则的正义路径联系在一起，参见 § Ⅳ.1.2.3。

63　Sen, *The Idea of Justice*, p. 20.

64　但是，参见 Sen, “A Reply,” pp. 327—328。

21 程度上，他的目的在于发现一套制度，其后果（不管这些后果是什么）将是正义的。[65]但这些制度是根据已知和预测的后果来设计的：目标是一个“经久不衰”的“公平、有效率且多产的社会合作系统”。[66]我们可以回顾一下罗尔斯对目的论和义务论的描述：“功利主义是一种目的论，而作为公平的正义则不是。根据定义，后者是义务论的，它没有脱离正当去定义善，也不把正当阐释为善的最大化。（应当注意，各种义务论都被界定为非目的论，不同于以制度正当性为特征且不考虑结果的那些观点。所有值得我们关注的伦理学说都在判断正当性的过程中将后果考虑在内。如果这些学说不这么做，那就绝对是非理性的、疯狂的。）”[67]

关注原则的理想理论与关注社会结构的理想理论之间本质上不存在明显的区别。所有“值得我们注意的”基于原则的理论都对其社会实现很敏感。[68]这也包括康德的原则性理论。我们可以观察一下罗尔斯如何阐释康德定言命令的普遍法则公式，从而更好地理解何以如此。罗尔斯以一个四步的“定言命令程序”（CI procedure）来建构康德的公式。定言命令程序的前三步非常直接：

> 第一步：为得到Y，我要在情况C中做X。（在这里，X是一个行动，Y是一个事态。）
>
> 第二步，将最初的准则普遍化：为得到Y，每个人都要在情况C中做X。
>
> 第三步，我们将第二步中的普遍规则转变为一种自然法则：为得到Y，每个人总是在情况C中做X（就像自然法则一样）。[69]

---

65 Rawls, *A Theory of Justice*, pp. 57—58（强调是我加的）。

66 Rawls, *Justice as Fairness*, p. 50.

67 同上，p. 26。

68 同上。

69 Rawls, “Themes in Kant’s Moral Philosophy,” p. 499.

在第四步中，我们要考虑因为加入了这种新的自然法则而产生的那个“被扰乱的社会世界”。我们要试图理解那种被扰乱的社会世界 22 选定了的新的“平衡状态”。然后，我们要扪心自问，当我们把自己视为这个新社会世界的一员时，我们是不是“想要这个被扰乱的社会世界，并且假如我们属于它的话，我们是不是可以肯定它”。[70]

因此，根据罗尔斯对康德“义务论”的分析，我们对道德命令的认可产生于社会世界模型的背景和引入准则的结果。描述理想的正义条件不仅仅要假定某些原则事实上是被遵从的；我们也必须考虑遵从的社会实现，以及我们是否可以判断实现出来的世界将是理想的正义。让我们来考虑罗尔斯担心的一种情况：我们假定一个特定的原则是最好的正义原则，并且思考这样一个社会世界，在其中每个人都遵从这个原则。然而，我们也假定，当完全遵从这个正义原则的社会得到实现时，人们却严重丧失了他们的正义感。[71]也许，他们咒骂自己特有的正义感，哀叹他们发现真正正义的那一天，因为这个发现与他们关于自己在宇宙中的位置的最深层信念相冲突。于是，犬儒主义与异化盛行起来。我们可能会问：这是一个正义的世界吗？哪怕其中那些致力于实现正义的人会感到痛苦？如果我们认为不是，那么我们就至少有两个选项：要么断定在这些社会实现之下完全服从这一原则并不是理想的正义；要么假定一个社会世界，在其中普遍正义的社会实现没那么糟糕，并认定**该社会世界**才是我们的理想。[72]这两个选项都承认，普遍服从我们所提出的原则的社会实现与该原则管控着理想社会世界的主张相关。

在一系列重要的论文中，大卫·威恩斯也质疑我们是否可以构造

70　Rawls, “Themes in Kant’s Moral Philosophy,” p. 500.

71　Rawls, *A Theory of Justice*, p. 295. 另参见Weithman, *Why Political Liberalism?*, p. 53，以及我的“The Turn to a Political Liberalism”。

72　巴里和瓦伦蒂尼采纳了第二个选项，参见Barry and Valentini, “Egalitarian Challenges to Global Egalitarianism,” p. 509。

出一个合理的理想理论，它完全由一套实质性原则构成，只根据满足这
23 些原则的程度高低就能确定正义程度的高低。[73]威恩斯将**评价标准**与**指导原则**区分开。例如，根据他的阐释，“罗尔斯的原则旨在刻画某些基本价值的一种理想的平衡状态，也就是说，这些基本价值的平衡状态是由一套完全正义的制度方案来实现的”。[74]因此，原初状态被理解为一种方式，以这种方式，一套复杂的标准，即自由、平等、互惠、公平等，能够被用于为一套制度生产指导原则。“这些由原初状态所建构的道德条件使‘普遍共享的’基本价值开始运转，因此代表了基本的评价标准（按照我对那个概念的理解）。”[75]威恩斯认为，存在一些社会世界，在其中最大程度地满足罗尔斯正义二原则的制度并不会最大程度地满足这两个原则背后的那套价值。例如，考虑a和b两个社会世界。在a中，差异原则得到了最好的满足；在b中，它没有得到那么好的满足，但却保证了更大程度的平等。威恩斯在表1-1中假定了这种关系。

表1-1　两个原则之下的分配份额

	原　则	最不利者	最有利者
社会世界a	差异原则	x	130x
社会世界b	更严格的平等	9/10x	45x

（Wiens, “Against Ideal Guidance,” p. 443）

让我们规定，这种差别不对满足正义第一原则或机会的公平平等原则产生影响：它们在a和b中都得到了很好的满足。威恩斯的洞见是，原初状态试图建构的价值将会合理地支持b而不是a，即使按照假

73　Wiens, “Against Ideal Guidance”; “Will The Real Principles of Justice Please Stand Up?”; “Prescribing Institutions without Ideal Theory.”

74　Wiens, “Against Ideal Guidance,” p. 436.

75　同上，引文来自Rawls, *A Theory of Justice*, p. 16。

设，这两个原则在a中得到了更好的满足。我们可能认为，两个正义原则只在要被评价的社会世界的一个（恰当）子集中充分地建构了罗尔斯的基本评价标准。这一解读得到了罗尔斯的证实，他认为在一些经验性的情况下（基本上是在极度稀缺的情况下），“正义的一般观念”而非两个原则才是对原初状态中所建构的基本价值的最好表达。[76]因此，罗尔斯明确承认，根据这两个原则（他称之为正义的“特殊观念”）评 24
价所有社会世界的正义是不够的。如果他要提出前后一致的理论，该理论有时采用这两个原则来评价社会制度，有时又用“一般观念”来评价，那么就必然存在比“特殊观念”更深层的基本评价标准。

我们或许会质疑罗尔斯这个例子的重要性。有人或许赞同，罗尔斯的“四步定言命令程序”和他对这两个原则在一些情况中不适用的认识都表明，考虑到基本价值或评价标准，罗尔斯确实会用社会实现的可接受性来测试这些原则。但我们可能会认为，由于罗尔斯坚信正义是社会制度的首要美德，所以他别无选择：对于罗尔斯来说，如果制度的总体可接受性在本质上依靠它们的正义，那么正义的要求必须与我们对一个社会世界及其制度的总体可接受性判断相靠拢。因为罗尔斯坚持把正义当作社会生活和制度的核心美德，所以对一个社会世界的总体评价必须紧随正义。然而，其他人可能会认为，正义只是众多美德之一：[77]即使从政治哲学的角度看，他们也认为我们对一个社会世界的总体评价取决于很多价值，正义只是其中之一。我们再来考虑一下威

76 “所有社会价值，即自由和机会、收入和财富，以及自尊的社会基础，要被平等分配，除非任何或所有这些价值的不平等分配对每个人都有利。”参见Rawls, *A Theory of Justice*, p. 54。在《正义论》1999年的修订版中，一般观念的地位被削弱了；要注意，“一般观念”出现在1971年版对原则的最后陈述中（p. 302），但在1999年版的相关段落中（p. 267）被删掉了。

77 对比Rawls, *A Theory of Justice*, p. 3; Cohen, *Rescuing Justice and Equality*, pp. 302ff。

恩斯的社会世界a和社会世界b，并假设我们和他一样认同b在道德上优于a，虽然a更好地满足了罗尔斯的差别原则。但是，如果正义只是社会制度的众多美德之一，那么我们就可以说，虽然b更好，但它却不是
25 “完全正义的”，[78]它和a一样没有满足正义原则。

这是一种可以想到的观点。然而，正因为正义只是众多美德之一，关于它的“真理”才没有告诉我们很多与我们社会世界的可接受性有关的信息。一个人或许说：“是的，是的，这个社会世界非常低效，但低效不是那么重要”；他可能接着说：“是的，是的，这个社会世界确实不怎么正义，但正义不是那么重要”。理想正义仅仅与每个人都遵从某个原则有关，但实现这种理想可能并不是特别值得称赞的。在这种情况下，虽然理想仍然可能为我们思考正义定向，但正义不再为我们评价社会和政治世界定向。通过减少其重要性，正义与社会实现相隔绝。[79]当然，在正义是首要美德与正义只是众多美德之一这两种极端情况中间，正义可能非常重要，但未必是社会制度的首要美德。但是，正义对我们的总体评价越重要，它的社会实现也就越重要，因为我们更期望对正义的评价紧随我们的总体评价。

2.3 我们的正义原则可以在多大程度上得到证成？

我们或许会强调一种更为根本的担忧：我们真的对任何被推导出的正义原则都如此自信，以至于我们敢说一个悲惨的、运转极度不正常但完全遵从正义原则的社会就是理想的正义社会世界吗？[80]如果要为

78 Cohen, *Rescuing Justice and Equality*, p. 7；也大致参见第二章。

79 我们可以说，虽然科恩试图从罗尔斯那里拯救正义，但他是通过削弱它来实现的。

80 对比Gilabert and Lawford-Smith, “Political Feasibility”, p. 811：“这是可行或不可行的世界中实施原则的方式，而不是原则自身”。另见Barry and Valentini, “Egalitarian Challenges to Global Egalitarianism,” pp. 507—511。

正义判断的证成与社会实现之间的极端隔绝寻找某个合理的解释，我们似乎就要接受某种关于证成的强基础主义论述。大体上说，根据一种强基础主义论述，某一信念 β_1（1）是其他信念 $\{\beta_2 \ldots \beta_n\}$ 的证成基础（比如关于正义制度的信念）；（2）β_1 不由其他信念所证成；（3）考虑 26
到 β_1 的自明程度，其他信念 β^* 不可能击败（削弱）对 β_1 的证成。根据在道德和政治哲学中更常见的说法，β_1 可能是我们的"深层直觉"之一，[81] 这些直觉不能因为指出其他冲突的价值而被击败，这些价值也包括与 β_1 的社会实现的"事实"相关的价值。[82] 所以按照这种观点，如果完全遵从正确的正义原则（它在社会世界S中表达了 β_1）的人们，是极度异化和愤世嫉俗的，或过着贫穷的生活，那么我们可以认为S中的人们不适合过正义的生活，却不能让我们严重质疑自己对正义原则的理解。正确的原则近乎是自明的，以至于执行它导致的灾难，或者有反思能力和善意的人们不想要这个世界，都不可能击败对它的证成。[83]

这种对信念证成的强基础主义论述面临一些棘手的问题，其中最重要的是这些论述的核心主张，即"深层直觉"具有非常高的可信度（接近100%）；正是这一点使它们免于被其他价值，包括那些在社会实现的事实中体现的价值所击败。虽然根据某些论述，知觉信念可能接

81 Cohen, *Rescuing Justice and Equality*, p. 22；另参见本书§V.3。

82 我在*Justificatory Liberalism*的第五章至第七章详细考虑了击败这些直觉的想法。关于基础主义，参见*Justificatory Liberalism*, pp. 91ff。我在后面的段落中所说的并不直接适用（也不是完全无关）于科恩的"原则对事实不敏感"，该论点包含了一些主张，它们与证成的结构和"原则"本身的作用有关。详细讨论这个被大量讨论过的问题会让我们偏离正题；我所关心的是：（1）一些原则是对正义的正确解释这种主张是否可以被有关社会实现的事实所击败；而不是（2）那些原则的证成是否有赖社会事实。这两个主张之间的关系太复杂，不能在这里深究。

83 对照Estlund, "Human Nature and the Limits (If Any) of Political Philosophy," p. 210。他似乎赞同，只有关于不可能性的事实可以击败一种正义主张。然而我不清楚他是否认为，一个不受可怕的社会实现影响的正义原则是合理的，或者根本不矛盾。

近于“深层直觉”(**一些人**想要说:“如果我相信我感知到红色,我就不
27 可能是错的,并且这不可能被其他信念所击败”),[84]我们很难接受关于社会正义的直觉可能具有这样的地位。基于任何合理的看法,正义信念的自我证成标准应该被设定得足够低,以便可以容许被击败。请注意,这并不意味着正义的基本信念不可能是自明和基础性的(所以**在这个意义上**它们仍然可以有“独立于事实的”证成),而仅仅是说,无论自我证成的程度高低,它的可信度都远远达不到100%,因此它的(自我)证成就可以被其他考量击败。[85]一旦我们承认,不管对正义的直觉有多深都有可能被击败,我们便可以主张,如果一个社会世界将我们直觉中的正义原则最好地实现了出来,但却是卑劣的,那么我们至少在原则上可以否定满足这些原则的社会世界是正义的(或者根据康德说法,我们不能期望这些原则在那个社会世界中成为一种自然法则)。

我并不是说我们的道德判断在形式上必须是“融贯论的”,也不是说我们必须接受“反思的平衡”。然而我相信,我们有非常充分的理由去:(1)否认将某个实质性正义原则视作正确的直觉具有无法被其他考量所击败的可信度;(2)在确定一个正义的社会世界时,对普遍或广泛奉行的原则的实现,可以成为该原则是这一社会世界中最正义的原则这种主张的驳斥论据(defeaters);(3)对于理想的正义社会而言也是如此,即普遍遵从一个原则是理想正义社会的一个方面,这种说法可以被在理想社会世界中奉行该原则的社会实现击败。这并不是说,任何不利的社会实现都会使得一个原则无法正确地识别正义(比如说,一个社会世界里有很多邪恶的行动者,但是那个原则仍然可能是正确的);而只是说,社会实现总是具有潜在的相关性,因此不能仅仅基于“既然我

---

84 甚至这也是不合理的:一个人的知觉或许不能被击败,但他的知觉信念并非不可被击败。当一根棍子有一半浸在水里时在我**看来**它是弯的,这似乎只有我知道,而且不可能是错的;但是说这是一根弯棍子通常都是错的。

85 我在*Justificatory Liberalism*的第七章比较深入地探究了这些重要问题。

们知道关于正义的真理，就没有任何事实可以改变这一点”就不被我们纳入考虑。

我相信，这是关于正义原则的证成及其社会实现的重要问题。这 28
是我们为什么应该拒斥森所说的“原则基础主义”的深层原因：根据这种理论，只要原则得到了满足，正义就不关心人们的生活方式。然而，本章和后面章节的核心分析并不依赖这个观点。严格说来，我们只要求理想理论家承认（无论出于什么原因），不同社会世界中正义的高低，部分取决于这些社会世界的制度结构及其动态变化，毕竟生活在其中的人们发挥着作用，并受到这些东西的影响。

第三节　建构理想（与非理想）模型

3.1　设定限制，管控一致的社会世界（一个意义上的可行性）

现在我们可以看到，我们最初在发挥定向作用的理想理论与提供建议的政治哲学之间做出的区分过于截然（§Ⅰ.1.5）。我们起初或许只是把理想理论的定向功能当成一种“纯粹的道德哲学”，这种道德哲学不关心为迈向新的社会结构提供建议，因此也不关心社会世界的预测模型，但现在我们看到，即使最理想的正义理论也必须参与建构理想的社会世界，因为我们需要努力探索理想原则的社会实现。柏拉图的《理想国》是建构理想理论的范例，因为它企图基于真正正义建构理想国家：如果我们接受柏拉图的论述，那么我们会对理想正义至少在理想状况下如何取得进展有一些想法。我们要注意，柏拉图并没有说，在理想情况下，按照理想的正义原则行动一定进展顺利——毕竟它们是理想的！相反，他确定一些条件（经济生活、人类心理和国家关系的本质等），然后进行一个长期的建构活动，表明在这些条件下他所理解的正义的社会实现是可接受的。

这对于罗尔斯而言甚至更重要，他不仅强调正义的理想必须假设

某一特定背景的社会世界，而且这个社会世界的基本特征还不能缺乏
29 可信度：

> 一些哲学家认为，伦理的首要原则应该独立于所有偶然的假设，不应预设任何真理，除了那些逻辑真理和那些通过概念分析、由逻辑真理推论出来的真理。道德观念应该在所有可能世界中都是成立的。这种观点使道德哲学变成对创造的伦理学（the ethics of creation）的研究：考察一个全能的神在决定哪一个是最好的世界时所做的反思，甚至连一般性自然事实也要加以选择。当然，我们对创造的伦理学有一种天然的宗教兴趣。但它似乎超出了人类的理解范围。[86]

罗尔斯放弃了创造的伦理学，在其中可能的社会世界几乎所有的参数，包括自然法则，都可以进行详细说明；相反，他试图“在人类生活的固定条件下……发展出一种关于完美正义的基本结构的观念”，并假设在这些条件下用“相当理想的”环境刻画社会世界。[87]

近十年来，我们目睹了政治哲学家之间的一场激烈争论，关于一种“理想的分配正义”理论是否应该像罗尔斯的那样，假定在缺少激励的情况下人们不会自愿从事对社会最有益的工作，或者他们在缺少强制威胁的情况下不会自愿缴税。[88]这通常被理解为一个关于可行性（在这个复杂概念的其中一个意义上）的争论：在确认一个由社会、经济和政
30 治上可信的参数固定的社会世界这个意义上，什么被算作一个“可行

86 Rawls, *A Theory of Justice*, pp. 137—138.

87 同上，pp. 216, 211。

88 “因此，即使在相当理想的条件下也很难想象，比如，一个成功的基于自愿的所得税方案。”参见Rawls, *A Theory of Justice*, p. 211；对照Cohen, *Rescuing Justice and Equality*, chap. 1。

的理想”。[89]出于我们当前的目的，重点不在于罗尔斯是否正确地确定了这些参数，而是在于如果不想让理想“超出人类的理解”，那么在建构正义原则的社会实现时，任何有关理想的论述都必须建立在一些参数或限制之上。罗尔斯所谓“创造的伦理学”让社会哲学家们认为，几乎任何参数都对他们认为合适的价值设定开放：天上掉馅饼，因此一切资源都可以无限量获得；性别可以任意改变；一个人可以同时是评论家和渔夫（因为时空变量容许任意时空坐标上的同一个人同时进行活动）；一个人永远活着；我们拥有多个世界，在其中行动没有任何机会成本；或者一个人可能在不同的人世间轮回，以至于他的所有坏运气最终都将被抵消，诸如此类。如果正义原则在所有可能世界中都成立，那么它们就在所有这些创造物中都成立，因为“可能性”的观念本身就是在一系列限制之下设定的。没有什么是“绝对不可能的”——关于可能性的所有主张都符合如下形式：“在一系列限制（包括法则）L之下，X是可能的（或者不会被排除的）。”[90]

89　我们可以对适用于理想世界u和其他世界a（比如说我们自己的世界）的“可行性”概念做出很多区分：（1）在u中，“应当”是由对人类可行的支配原则产生的吗？（人类能/会遵从吗？）（2）在我们的当前世界a中，刻画了u的那些“应当”哪怕不可行，但依然是真的/成立的吗？（3）从世界a移动到世界u是可行的吗？（4）一种理想理论对世界u（我们也可以加上a）运行的描述方式是可行的吗？近期的著作往往聚焦于（1）和（2）。重要的是（1）不同于（4）：在世界u中，每个人可能都遵从“应当”（所以期待他们这样做就是可行的），然而结果可能不像理想理论家们设想的那样，即社会实现或许并非理论家们预料的那样（我在 §Ⅰ.2.2中的观点）。我目前关心的是（4）；我在第二章的 §1.3中考虑了（3）。对于有关（1）和（2）的大量争论，我没有什么要补充的，在我看来这个争论与其说是政治哲学的，不如说与道德哲学关系更密切。可行性（4）比（1）重要得多，它大体上涵盖了政治哲学对（1）的兴趣。甚至在（3）和（4）中，也存在许多可行性的维度。马约内在“On the Notion of Political Feasibility,” p. 261中将“可行性”描述为一个“集群概念”（cluster concept）。参见Hamlin在“Feasibility Four Ways”中的精彩分析。

90　这就是为什么当下对“应当蕴含能够”的迷恋不可能带来什么洞见。一个人“能做”什么，在重要的意义上并不取决于一种理论是否根据可能性或条件概率来界定“能够”，而是取决于这种理论为“能够”设定的限制。这一点至关重要。

当然，没有哪个关于理想正义的理论会让**那么**多变量保持开放。当前，一个合理的建议是区分“硬性”限制，比如自然法则和自然科学；与“软性”限制，比如那些关于目前人类动机的限制。[91]这背后的想法
31 是，硬性限制因某些社会实现不可行而将其彻底排除在外，而软性限制可以从更基于概率的方面来理解，产生或多或少可行的判断。人们还认为，硬性限制不能被人类移除，而软性限制表明，“某些特定事实可以在现在或将来的某个时间点被改变”。[92]虽然这么说毫无疑问是有道理的，但当我们开始建构社会世界并预测社会实现的时候，这一区分几乎就消失了，原因至少有三个。

（1）在确定社会世界u是否可行时，我们不仅要知道不能违背限制C，也要知道C排除了什么样的社会状态。例如，一旦我们加入技术创新，C是不是一种对社会状态u能否被实现的限制，就可能彻底改变并被操纵，这常常比改变一些“软性”限制（如人类具有多少公益精神）更容易。考虑托马斯·马尔萨斯在《人口论》中的两个“硬性”限制：

> 其一，食物是人类生存所必需的。
> 其二，性别之间的激情是必需的，而且几乎保持不变。[93]

对马尔萨斯来说，“自从我们有了关于人类的任何知识，这些法则似乎就一直是关于我们本性的固定法则；因为我们至今都没见过这些法则有任何改变，所以我们无权推论，如果没有最初安排宇宙系统的那个存在的即时行动，这些法则就不再会是现在的样子；而且，为了对其

91 参见 Gilabert and Lawford-Smith, “Political Feasibility,” pp. 812ff; Carey, “Towards a ‘Non-ideal’ Non-ideal Theory,” pp. 149ff; Räikkä, “The Feasibility Condition in Political Theory,” p. 32; Wiens, “Political Ideals and the Feasibility Frontier,” p. 7。

92 Carey, “Towards a ‘Non-ideal’ Non-ideal Theory,” p. 150.

93 Malthus, *Malthus-Population*, p. 4.

创造物有利，这个存在仍然根据固定法则执行所有操作”。[94]相比之下，威廉·葛德文（William Godwin）的乌托邦无政府主义（马尔萨斯曾对其进行部分回应）把上述第二个限制视为“软性”限制，该限制可以通过智力发展而被克服。[95]葛德文接受，他那种反对生存斗争的无政府社会主义（anachist-socialist）理想，需要某种方式来控制人口。[96]所以，何 32
为硬性何为软性绝不是没有争议的。抛开这一争论，假定一个人确实认为性享受和性生活是一个硬性限制。为了应对这个限制，一种“社会主义”乌托邦，比如托马斯·摩尔的乌托邦，包含了例如殖民的制度，用来控制人口。[97]然而，约翰·斯图亚特·密尔认识到，一个人可以接受马尔萨斯的“硬性限制”（比如人们还是会持续享受性），但否认它阻碍了通过技术变革——避孕工具——来实现更加社会主义的理想。[98]因此在某些技术条件下，人们会持续享受性的这个硬性限制并没有限制乌托邦的社会世界。

（2）因为技术变量很难确定，所以理想理论家们几乎不能断言某个硬性限制会绝对排除他们想要的社会状态。而且，常常很难确定某个硬性限制是否“多余”，因为虽然该限制是一个对可能的社会实现的限制，但它并不限制一种理想理论内部的相关选项。假设我们不能超过光速是一个硬性限制，但它很可能不会影响到任何乌托邦的方案，因此会被忽略。但如果即时交流是理想社会的一部分，这**可能会**影响到社会实现。贾恩多梅尼科·马约内（Giandomenico Majone）总结道，因为

94　Malthus, *Malthus-Population*, p. 4.

95　Godwin, *An Enquiry concerning Political Justice*, vol. 2, pp. 850ff.

96　关于他反对马尔萨斯的“斗争”，参见Godwin, *Of Population*, pp. 619ff。

97　More, *Utopia*, “Of Their Traffic.” 直到19世纪，殖民仍被视作控制人口的办法，这可以帮助劳动阶级。参见Mill, *Principles of Political Economy*, pp. 194—195, 748—749, 958ff。

98　由于分发建造这种装置的说明，密尔在年轻的时候还曾经被捕。参见Schwartz, *The New Political Economy of J. S. Mill*，附录二“The Diabolical Handbills”。

"往往很难事先确定哪个限制是有约束力的……所以可行性的说法必须用概率来阐释"。[99]这就意味着，在对乌托邦运行方式的理论理解方面，区分有可能被克服的概率性"软性"限制与明确排除可能性的"硬
33 性"限制并不是很重要。

（3）最后，因为社会实现取决于许多变量的相互作用，所以那些看上去像是软性限制的变量加在一起就可能成为一个很硬性的限制。例如，假设一种理论有五个软性限制，每个软性限制有20%的概率催生出乌托邦，而且这些限制都在发挥作用。由于联合概率，只有0.032%的概率会出现乌托邦。

一旦给定了约束某个社会世界行为的限制集合C，那么无论这个社会世界是否可行，在建构它的过程中，几乎所有限制都应该从概率的角度来理解。鉴于此，对于任何限制集合C，都存在一种关于可能社会世界的概率分布，这些世界可能会在一个特定模型中出现。让我们称这种概率分布为**对满足C的社会实现的理想理论预测建模**（the ideal theory's predictive modeling of the social realizations of meeting C）。最重要的是，我们不应该落入一个陷阱，认为对于每个限制集合C来说，理想理论都可以预测一个由它产生的独特社会世界。每个理想都包含确定的限制或参数（我在这里不会对这些进行区分），并认为某一些限制或参数很有可能影响社会结果，而另一些则没那么容易影响社会结果。

3.2 理想理论的目标

根据一种天真但在政治哲学领域被广泛接受的观点，理想政治理论的目的在于揭示"真理"，就好像我们都基于一个清晰且单一维度的

99 Majone, "On the Notion of Political Feasibility," p. 261. 另参见Hamlin, "Feasibility Four Ways"。

目标——真理——在不同的理论之间作决定。我们现在甚至不认为自然科学有一个单一的目标，即“真理”。托马斯·库恩（Thomas Kuhn）表明，真正的科学理论旨在将一套价值最大化：与数据相符合的精确度（这当然要求确定什么是相关数据）、简洁性（这可以意味着不同的东西，比如简单的计算或简约的公理）、前后一致性（不仅是内部的一致性，还有相关理论之间的一致性）、范围（该理论是否能对一系列现象做出全面解释），以及繁殖力（该理论能开辟出丰富的研究路线吗？），[100]在某些领域，或许社会效用也是人们追求的东西。[101]有些人认为只有精 34
确度是必要的，但库恩强调，只看精确度的话，哥白尼系统直到被开普勒修正之后才比托勒密系统更精确，然而开普勒在开始修正之前就已经做出了理论选择，支持哥白尼系统。[102]在某些情况下，一种理论在所有这些方面都优于其他理论，因而在竞争者中占据压倒性的优势；但通常情况下，一种理论只在一些标准上更好，而其他理论会在其他标准上更好。库恩有效地论证过，根本就没有一种算法可以将这些价值组合成一种最大化的单一价值。[103]不同的科学家会以不同的方式权衡这些价值，甚至那些共享相同价值且认同相关数据的科学家也会如此，这有时导致不同的理论选择。

同样地，政治哲学领域的理论选择有不同的追求。按照罗尔斯的说法，政治哲学的目标应该是：（1）“聚焦于激烈争论的问题，而且不管表面如何，去考察是否可以发现哲学和道德认同的某些基础”；[104]

100　Kuhn, *The Essential Tension*, p. 322.

101　库恩注意到，社会效用进入到了化学领域的理论选择之中，参见Kuhn, *The Essential Tension*, p. 335。当然，这与社会科学明显相关。

102　同上，p. 323。

103　同上，pp. 328ff。另参见D'Agostino, *Naturalizing Epistemology*, esp. chaps. 3, 5, and 6。

104　Rawls, *Justice as Fairness*, p. 2.

（2）“在由各种可能目的——不管是个人的还是团体的，政治的还是社会的——构成的（概念）空间里为我们定向”；[105]（3）“和解……平息我们对社会和历史的沮丧与愤怒”，使我们“积极地接受和肯定我们的社会世界，而不仅仅是顺从它”；[106]以及（4），作为和解的一种变体，提出一个现实的乌托邦，“探索实践的可能性界限。[107]我们对未来社会的希望有赖于一种信念，即该社会世界至少容许一种良好的政治秩序，由此一种
35 即便不完美但基本正义的民主政体是可能的”。[108]只要不主张这些是带有正统意义的追求，我们就可以轻易看到，根据如何权衡这些追求，不同的理论家会认可不同的理论，以不同的方式建构理想。重要的是，重视第三和第四个目标的政治哲学家不可能选择一种无望的现实主义政治哲学作为前进的方向（§ I.1.4）。艾斯特兰德关于“无望的理想”的理论，很难通过引导我们去“积极地接受和肯定我们的社会世界，而不仅仅是顺从它”来“平息我们对社会和历史的沮丧与愤怒”。考虑到罗尔斯对政治哲学目标的理解，他忠于一个在某个合理范围之内（但在界限处）确定参数的理想。相比之下，强调定向的理论，或者注重遵从强烈正义直觉的理论，则倾向于在被建构的社会世界中确定更少的参数，容许可能但无望的理想。[109]必须强调的是，引入“可能性”作为一种限制，这本身就是为了确定**某些**参数；恰恰是固定参数所界定的区域（该区域可能是概念的、经验的，等等）界定了可能性空间，或一种理想理论

105 Rawls, *Justice as Fairness*, p. 3.

106 同上。

107 这一点在Rawls, *The Law of Peoples*的§1中特别清晰。

108 Rawls, *Justice as Fairness*, p. 4. 我认为罗尔斯所说的“可能性”不仅仅是“并非不可能”，而是一个现实的可能性。罗尔斯是在寻求一个在我们掌握之中的具有合理程度的正义的社会世界，关于这一点的重要性，参见Weithman, *Why Political Liberalism?*, pp. 8ff。

109 艾斯特兰德在“Human Nature and the Limits (If Any) of Political Philosophy”中给出了大量的可能性限制。

的选项空间。所以，并非罗尔斯在他的理想社会世界中确定了参数，而艾斯特兰德的乌托邦没有这么做：他们的差异在于确定下来的参数，以及其他参数容许的变化范围，而这又取决于理论选择过程中采用的标准。

3.3 抽象与理想化

奥诺拉·奥尼尔（Onora O'Neill）强调了抽象和理想化之间“根本但常被忽视的”区别，很多人把理想化视作理想理论的核心。[110]在严格的意义上，她认为抽象是“适用于当前讨论的问题的一种表示**排除**而非**否定**的谓词形式”。[111]奥尼尔认为，从抽象开始推理，既不是说这些谓词成立，**也不是**说它们不成立，因此始于一个抽象前提的推理不会以有效的方式从真理推出谬误。“理想化是另一回事：它可以轻易导致谬误。一个假设，乃至一个理论，在理想化的同时引入一些对当前讨论的问题来讲为假的谓词（它们经常被视为加强了的‘理想’谓词），因此否定了那些真的谓词。”[112]在她看来，罗尔斯对正义的论述基于（可疑的）理想化假设。“例如，《正义论》中的无知之幕构成了原初状态，并形成了确定正义的部分程序，对无知之幕的界定就参照了一个**理想**，这个理想要求不同行动者的偏好是相互独立的，而且它假定存在有限的基本善品，行动者总是希望得到更多这些善品。”[113] 36

无论在一些语境下这个区别有什么优点，当我们用它来为选择的

110 参见O'Neill, *Towards Justice and Virtue*, p. 40; O'Neill, “Abstraction, Idealization and Ideology in Ethics”; O'Neill, “Justice, Gender and International Boundaries”。关于聚焦于理想理论的讨论，参见Valentini, “On the Apparent Paradox of Ideal Theory”; Lawford-Smith, “Ideal Theory: A Reply to Valentini”; Jubb, “Tragedies of Non-ideal Theory”; Estlund, “Utopophobia”。

111 O'Neill, *Towards Justice and Virtue*, p. 40.

112 同上，p. 41。

113 同上，p. 45。

情景和社会世界建模时，把握起来都极其困难。[114]用建模的语言来说，我们可以将“抽象”定义为将某个变量剔除出我们的模型（我们将它排除并置于一旁），然而“理想化”采用一个变量，但赋予这个变量远离最佳估测的价值，从而“否定……适用于当前讨论的问题的谓词”。假设我们要为某个社会世界中正义原则的实现建模，有这样两种情况：（1）我们完全不考虑某个变量，比如人们有不同的性别；（2）我们错误地假定所有人在其一生中都保持单一性别。很显然，在尝试把握正义原则的社会实现时，比起（2）中的理想化，（1）中的抽象更可能导致我们偏离合理的理解。抽象掉某些因素可能会导致根本性的错误，而为一些变量设定错误的价值实际上可能改进这个模型。例如，假定每个人
37 都偏向于得到有限列表中更多而非更少的基本善品——这一点严格来说是错误的，但尝试为人们在所有可能的基本善品上的完整偏好分配建模，可能使我们陷入过于复杂的情况，以至于我们最终不得不绝望地举手投降。当然，这不是说所有的抽象都会遭到反对，而所有理想化都有帮助；这是说所有理论性的理解都假设我们将一些问题置于一旁，所有的模型都需要我们设定一些我们明知道过于统一、过于乐观，或过于简单的价值，但这些价值可以使我们很好地理解一个社会世界，无论它是理想的还是现实的。[115]因此，把“理想”理论等同于以“理想化”的方式建构的理论，就是带有误导性的。[116]

在经济学领域，“理想”有时候指的是做出极端理想化假设的模型，

---

114 参见Hamlin and Stemplowska, “Theory, Ideal Theory and the Theory of Ideals,” pp. 50—51。

115 经济学领域对“理想化”的经典辩护当然是Milton Friedman, “The Methodology of Positive Economics”。

116 “尽管理想理论的概念很普遍，它还是经常被多少有些不精确地使用着，用以表明基于错误，即理想化的假设，而被构建出来的理论，它使社会现实看上去比实际‘简单得多，也好得多’。”参见Valentini, “On the Apparent Paradox of Ideal Theory,” p. 332。

比如完美信息或零交易成本。作为一种理解现实世界经济的重要动态变化的方式，这样的“理想模型”创造出一个完全被简化且十分不可能的世界（不存在零交易成本的世界）。在这里，不是模型做出了错误（理想化）的假设，而是严格来讲，该模型描述的世界是不可能的。我们不应该把这个意义上的“理想化”世界与一个理想的正义社会世界混淆在一起，我们要用反事实和简单化的假设来分析后者。在建构理想世界的过程中，我们尽自己所能地理解它将如何运行，而这么做需要某种抽象和理想化。但如此描述的世界是我们对现实且理想的世界真正是什么样子的最佳估测，而不是一个用来评判我们世界的不可能世界。几乎没有人认为理想的正义社会世界是绝对不可能的，尽管很多人都认为这样的社会至少暂时还非常不可行。几乎所有人都坚持认为“应当蕴含能够”，所以如果理想的正义社会世界要为任何一种“应然判断”奠定基础，那么这里的“应当”一定不是绝对不可能的。[117] 38

第四节　理想理论的两个条件

我在本章中阐述了，对于一种试图从政治角度来确定最正义，或更加宽泛地说，最好的社会世界的政治哲学来说，最有力的情况是什么。[118]这种政治理论会指导我们思考自己社会中的正义；理想或许超出了我们完全将其实现的能力范围，但它仍会充当我们的“神秘天堂岛”，为我们提供目标，使我们在可以实现的世界中追求更大的正义。所以我说过，在一种有用的政治理论中，理想不能仅仅是**梦见**一个乌托邦，这个乌托邦与我们对没那么好的社会世界的评价脱轨

117　参见 Estlund, “Human Nature and the Limits (If Any) of Political Philosophy”。

118　简而言之，我只会讨论“最正义的”社会世界，但是这本书的分析可以普遍地用于讨论“政治意义上最好的”社会世界，包括实现正义之外的价值。

（§Ⅰ.1.4）。我并不是认为这样的梦毫无价值，而是认为它对于回答政治理论家面临的问题没有什么宝贵的价值，这个问题是：我们如何排列那些对我们开放的（至少是潜在开放的）备选项，以及我们的政治哲学建议怎样的迁移（改革）？此外，我还表明了，如果通过理想定向确实是必要的，那么政治理论面临的任务就必然比森所说的向上攀登更加复杂（§Ⅰ.1.3）。我所说的“最优化”问题一定不只是包括简单的成对判断（社会世界a比社会世界b更正义吗？）；而是要问“是a还是b更接近理想？”除非第二个问题有别于第一个问题，并且它本身就很重要，否则森说的就是对的：“问题出在了我们通常的信念上，即我们误以为不事先确认一个最优的选项，就无法合理地比较两个备选项。”（§Ⅰ.1.3）。因此，如果一种理想理论没有沦为森的攀登模型的版本之一，那么除了在理论的选项空间中比较不同社会状态的正义这一维度之外，它还必须确定另一个维度，在某种程度上以不同的方式将当前的世界与理想的世界联系起来。如果理想理论要成为一项独特的事业，就必须有至少
39 两个不同的评价维度。在这个条件下，有关理想理论的判断不能被简化为森的一维模型。

我也强调了，对理想的追求不能漠视我们正义原则（更宽泛地说，我们的评价标准）的社会实现。罗尔斯说过，正是“通过表明社会世界可能如何实现现实乌托邦的特征，政治哲学提供了一个政治努力的长期目标，并在为之努力的过程中给我们今天可以做的事情赋予意义”（§Ⅰ.1.2）。[119]但由于希望实现更大的意义，我们必须理解被我们指定为现实的乌托邦的社会世界，并且我们必须理解，经过长期努力，我们创造的那些不够理想的社会世界如何沿着这条路接近那个社会世界。如此看来，理想理论是一项复杂的工程：我们需要弄明白选项空间，即我们用来确定社会世界的那些参数（人性、经济规律、生态学、生物学法

119 Rawls, *The Law of Peoples*, p. 128.

则、能动性的本质，等等)，以及这些参数可以如何变化。在确定理想的社会世界之后，我们必须能够将它与我们自己的世界进行比较，并理解它与中间社会世界的关系。如果这些我们都可以做到，那么就可以为我们寻求更大的正义定向，知道我们在哪里、我们想去哪里，以及在通向最优社会世界的路上有哪些社会世界。

我们可以根据两个条件将这些要求形式化，而任何可接受的理想理论(T)都必须满足这两个条件：

> **社会实现条件**(The Social Realizations Condition)：T必须评价一个由不同社会世界组成的集合(或域){X}。对于所有属于{X}的社会世界i，T根据i对正义的实现(或更宽泛地说，与此相关的评价标准)对它进行评价。这必然产生关于{X}的成员在总体正义方面的、前后一致的比较性排名，其中必定包括当前和理想的社会世界。
>
> **定向条件**(The Orientation Condition)：要对{X}中的非理想社会进行总体评价，T就必须参考这些非理想社会世界与{X}中的理想社会世界u的“接近度”(u也是{X}中的一员)。这种测量接近度的方式不能像在“社会实现条件”中那样，仅仅被简化为{X}的 40
> 成员在其内在正义上的排序。

我强调过，理想理论不要求{X}中的所有社会世界都可以实现(例如，从某些观点看来，理想u或许就不可实现)。我们也可以接受，无论“现实的”或“可行的”标准是什么(参见§Ⅱ.1.3)，T都无须主张，向{X}中的所有社会世界迁移(考虑到我们在哪里)对我们来说都得是可行的。但除非T认为，{X}中的很多社会世界对于我们来说不只是无望的可能情况，而是某种意义上真实的选项，否则T就不能发挥为我们寻求正义定向的功能。除非{X}中一些社会世界是现实的备选项，否则T就不能提出任何改革建议，这再次表明T不能为我们寻求正义定向。

这些补充说明是“定向条件”的一部分。

“社会实现条件”表达了这样的要求：理想理论的目的在于评价各种社会世界的正义，这些社会世界在不同程度上以不同方式实现了相关的正义原则或标准。这是我们的社会实现命题（§Ⅰ.2）和反对做梦的结论（§Ⅰ.1.4）的一种体现。“定向条件”表达了这样的观念：虽然对每个社会世界的内在正义进行简单排列（以森的方式）可以满足“社会实现条件”，但对{X}中的任意两个成员a和b的相对吸引力进行总体判断必然（即使不是决定性地）取决于a和b与u的相对距离和方向。当然，这意味着T必须提供某个有关社会世界接近度（或一般来说，位置）的一致概念，而这个概念不会沦为一种内在正义的排序（再次回想森的论述和西蒙斯的回应，§Ⅰ.1.3）。这一补充说明，即我们必须有现实的机会实现{X}中的一些世界，解释了为什么一种理想理论不光要为我们判断正义定向，也要为我们寻求正义定向。

理想理论接下来面临的问题是：“社会实现条件”和“定向条件”能否都可以得到满足？或者更有用的是，基于什么假设它们可以同时得到满足，以及这些假设是否合理？
41 现在我就转向这些问题。

第二章

难以捉摸的理想：单一视角的探索

“请问，我从这里出发应该走哪条路？”
那只猫说道：“那主要取决于你想去哪里。”

——刘易斯·卡罗尔

第一节 不同的正义视角

1.1 评价视角与社会实现条件

在《政治哲学史讲义》(*Lectures on the History of Political Philosophy*)中，罗尔斯告诉我们，“对各方利益进行一种归一化(normalization)处理在社会契约学说中司空见惯”。[1]这条评论出现在讨论卢梭“公意”概念的语境中，公意也被认为是要求一种共享的“观点”。[2]根据罗尔斯对卢梭的解读，个人有很多不同的利益，这些利益被自我偏见和自私放大。这样的个体只有在“共享一种共同善观念”的前提下才能在自愿

1 Rawls, *Lectures on the History of Political Philosophy*, p. 226.

2 同上，pp. 229ff。

认可的普遍法则下一起生活。[3]这种共享的观念又产生于个体共同的根本利益和才能，这些利益和才能源自他们共同的人性。罗尔斯观察到，这些共同的根本利益将个体从他们的差异中抽象出来，拥有了一种**共享的立法观点**，而这种观点以一种共享的共同善观念为基础。[4]此外，一旦
42 拥有了这种共同观点，各方就有了他们审议的相同基础，每个人都偏好相同的法则，这就是他们能在自愿认可的普遍法则下一起生活的原因。

罗尔斯曾以非形式化的方式阐明过视角，或者我所谓**评价视角**的概念。这一概念在过去十年里得到了更彻底的探索和形式化的建构。[5]本书的剩余部分将会发展并分析一个有关理想正义的评价视角。虽然我们会看到，评价视角暗含在大量政治理论中，尤其是在思考理想正义的过程中，但大多数政治哲学家对它们并不熟悉。我会努力让形式化的观念在不牺牲过多严密性的前提下尽量符合直觉。更形式化的问题会在附录中得到处理。尽管如此，要理解视角的观念，以及它如何进入政治哲学，要花费不少工夫，但这是非常有益的：一旦我们把注意力放在各个视角上，那些尚不明显的正义理论的很多特征就会显现出来。

按照我的理解，一个评价视角 Σ 包含三个基本要素(我们将在§Ⅱ.1.2 中看到，理想理论需要两个额外的要素)：

(ES)一套**评价标准**(evaluative standards)或尺度，用以评价{X}域中的备选社会世界。

(WF)对{X}域中的全部世界i而言，确认i的**世界特征**(world features)与根据评价标准ES做出的评价相关。确定相关的世界特征WF需要一组分类，而这组分类以视角 Σ 来构建对世界i的正义

---

3 Rawls, *Lectures on the History of Political Philosophy*, pp. 224.

4 同上。

5 参见 Page, *The Difference*, pp. 30ff; Muldoon, *Diversity and the Social Contract*。

相关描述。对一个社会世界的描述包括它的制度、社会和经济动态变化，以及相关的背景条件，而相关的背景条件又包括相关的经济和心理事实（§§Ⅰ.2.1—2.2，Ⅰ.3.1）。{X}域既包括当前的和理想的社会世界，也包括选项空间中的其他非理想世界。

（MP）一个**映射**（mapping）函数采用一些评价标准（ES），并将这些标准按照WF确定的方式应用于社会世界i，从而产生我所谓i的**正义分数**（justice score），而i就是具有世界特征WF_i的世界。这个映射函数有两个作用。（1）它必须采用一个或多个模型，预测一个社会世界与正义相关的世界特征WF_i将如何通过互动来产生一种社会实现。这是映射函数的**建模任务**（§Ⅰ.3.1）。（2）它必须采用一套评价标准（ES），并确定它们的相对重要性，从而为这一社会实现提供单一的评价。这可以被称为映射函数的**总体评价任务**（overall evaluation task）。考虑到（1）和（2），映射函数采用ES，并且把ES映射在一种基于WF的实现上，为某个社会世界生成正义分数。 43

对于所有社会契约都假定的那些被归一化了的利益，罗尔斯的描述似乎只参考了一套评价标准（ES），即各方共享的利益。但是，如果不确定要评价的世界特征（WF）和映射函数（MP），一套共享的评价标准就不足以对一个社会世界的正义做出共享的评价。如果人们要采纳一种**共享的观点**，他们也必须认同他们要去评价什么（是基本结构、家庭，还是教派？），[6]最终的社会实现，以及他们共享的标准如何应用于被评价的东西。要强调的是，视角的这些要素不是任意的，也不只是我们模型的产物，这些要素共同满足了我们在第一章讨论的那种理想理论的要求。如果一种关于理想正义的理论T包含ES、WF和MP，它就满足

6　参见§Ⅰ.2.1。

“社会实现条件”(§Ⅰ.4),即:

> T必须评价一个由不同社会世界组成的集合(或域){X}。对于所有属于{X}的社会世界i,T根据i对正义的实现(或更宽泛地说,与此相关的评价标准)对它进行评价。这必然产生关于{X}的成员在总体正义方面的、前后一致的比较性排名,其中必定包括当前和理想的社会世界。

44 一种满足ES、WF和MP的理论会根据其对正义的实现来评价{X}集合(或域)中的社会世界。基数性的(cardinal)正义分数确保了{X}成员的可比较性(非循环的)排名,这个排名包括了当前和理想的社会世界。

对于评价性视角的各个要素,我还要做出一些解释性评论。首先考虑世界特征(WF)。我假设,在视角Σ中没有任何两个社会世界共享完全相同的正义特征。社会世界a可能具有正义特征{f, g, h},而社会世界b只具有a的一些特征(例如,有f和g,但没有h),c又具有一组不同的特征(例如,有f和h,但没有g)。因此,各个社会世界因它们的正义特征不同而不同。要注意的是,WF只涉及社会世界的正义特征及其实现,因为只有这些特征对于产生理想理论所要求的评价而言才是必不可少的。[7]不过,我们不应该认为,我们的模型意味着一个理想理论家一开始就知道哪些世界特征与正义相关。在视角Σ的发展过程中,它毫无疑问要先识别很多特征,然后根据自己的评价标准,确定哪些特征与正义相关。我稍后会强调(§§Ⅲ.2.4—2.5),评价标准与世界特征

7 关于在正义理论中确定可能世界,参见Wiens, “Against Ideal Guidance,” pp. 437ff; Lawford-Smith, “Non-ideal Accessibility”; Goodwin and Taylor, *The Politics of Utopia*, pp. 210—214; Elster, *Logic and Society*。

是如何在一个视角中相互联系的，即视角的评价标准影响着它将哪些世界特征视作与评价相关，反之亦然。当然，我在这里并没有假设，某个视角中的这些特征是相互独立的，而且我们实际上会看到完全相反的情况。这个模型需要的只是，在可以对任何社会世界i的正义做出最终判断之前，视角Σ必须选定好评价标准（ES）和要被评价的特征（WF）。

为了阐明非常重要但经常被忽视的、社会世界的评价标准与其正义特征之间的映射关系，我们需要考虑三个会被采用的程序。第一个程序可以被称作“直言”（categorical），它可能是哲学领域最常见的评价类型。直言判断与一个社会世界是否正义有关；采用这个程序会产生一系列的是非判断。[8]无论这些判断在其他语境下有什么吸引力，它 45
们对于理想理论没什么用处，这里讨论的理想理论要把我们引导到更好的（更正义的）世界那里，虽然这个世界还达不到理想。根据“社会实现条件”，我们需要一个评价函数，它能够生成一系列正义判断。约翰·布鲁姆（John Broome）将哲学家们使用的“直言”判断与经济学家们使用的“比较性”判断进行对比。哲学家们会问：“a是正义还是不正义？”经济学家们会问：“a比b更正义还是更不正义？”[9]

然而，比较性判断的观念本身就很模糊，介于**严格比较性**阐释（strictly comparative interpretation）与**标量**阐释（scalar interpretation）之间。根据严格比较性阐释，一个人仅通过比较一个特定社会世界a与另

8　因此，它们产生了义务判断，将行动划分为可允许的、被要求的和不允许的。关于义务判断与最优化评价之间的对比，参见Wiens, “Against Ideal Guidance,” pp. 437ff。这种义务判断对于艾斯特兰德和其他人对理想正义的评价至关重要。例如，参见Estlund, “Human Nature and the Limits (If Any) of Political Philosophy”; Lawford-Smith, “Non-ideal Accessibility”。重要的是强调，这种义务判断很可能是构成一个社会世界及其评价原则和规则的一部分。我的重点在于，对这个社会世界的正义进行总体评价是社会实现条件要求的，它采用一个更丰富的分类系统。

9　Broome, *Ethics Out of Economics*, p. 164.

一个社会世界b，就可以形成关于a的判断。根据这一解读，正义判断具有和偏好一样的逻辑结构：它们是原始的二元关系。虽然哲学家们经常在最基本的层面上将偏好设想为跟欲望一样的一元状态，因此一个人可能只有“对x的偏好”，但在决策理论中它们必定是二元的：一个人只可以相较另一个东西（比如说y），拥有对x的偏好。因此，在决策理论中，对x的偏好超过y，不是在比较一个人对x与对y的偏好强度（这些概念并没有成为决策理论的一部分）；“相比y，偏好x”就是最原始的偏好判断。同样，一个比较性正义概念或许表明，最原始的正义判断是二元的：“a比b更正义”。这种比较性判断是原始的，因为它不是在比较两个判断，即对a的正义判断和对b的正义判断。此外，基于对
46 正义的这种比较性理解，因为所有正义判断都和偏好一样，有这种原始的二元比较结构，所以就像我们可以有非传递性偏好（相比y，偏好x；相比z，偏好y；但相比x，偏好z）那样，我们也可以得到关于正义的非传递性判断（a比b更正义，b比c更正义，但c比a更正义）。[10]众所周知，除非我们加上某种传递性公理（像森的社会选择理论那样；§Ⅰ.1.3），否则根据多维的基本考虑来做出成对判断会导致一大堆这样的弊病。[11]

出于这个原因，在不做任何修改（比如，采用一致性条件）的情况下，这种严格比较性进路不适合作为建立理想理论的模型：“社会实现条件”很可能无法得到满足。大体上说，除非我们把某种传递性强加于｛X｝中的二元判断（从而产生一种对｛X｝的排序），否则我们就不

---

10 关于论证我们的道德思考以这样的循环为特征，参见Temkin, *Rethinking the Good*。

11 孔多塞悖论是这种弊病的一个重要例子。然而，如果人们根据单一的评价维度（比方说，根据左右的连续区间）来评价选项｛x, y, z｝，那么就不能产生关于｛x, y, z｝的非传递性社会偏好。参见我的*On Philosophy, Politics, and Economics*, pp. 154—164，以及D’Agostino, *Incommensurability and Commensuration*。

能保证那些二元判断会得出一个最佳要素，即理想。如果{X}的排序存在循环，它就不会给我们留下一个理想，而且如果循环涉及{X}中的很多要素，那我们在追求“更正义”的过程中也可能会兜圈子。[12]为避免这些问题，我基于标量函数为社会世界的正义评价建模，这种函数是由评价标准、世界特征和映射函数共同界定的，这类评价不是比较性的（它也并非直言判断，这一点很重要）。根据我的模型，评价性视角 Σ 拥有一套评价标准（ES），以及将这套标准应用于社会世界的一致方式（MP），它们可以为任何社会世界给出正义分数，而这个分数只关于**这个**社会世界的正义，不涉及与其他社会世界的比较。因此，比较两个社会世界的正义不是一种原始的二元关系，而是在比较两种不同的正义评价。如果我们要为“社会实现条件”建模，就有必要沿着这些思路来理解比较性正义：我们的理想理论需要{X}域中的一个最优要素（理想），也要求对一组非理想要素进行一致的比较性排序。如果我们要弄 47
明白包含“高峰”的山脉的隐喻，我们就要尽力去设想某种基数体系，即便只是为了理解理想理论的纯粹逻辑。

一个典型的哲学家可能会认为，这种比较性的（非绝对的）进路丢掉了某些东西：我们只有对正义程度的比较，没有对“正义”和“不正义”两个范畴的比较，后者需要以非常不同的方式来作答。因此，这个典型的哲学家可能希望至少在正义分数上引入“正”和“负”，确认哪些是“正义的”社会，哪些是“不正义的”社会。虽然在一些语境下，正义与不正义的二元对立可能至关重要，但在理想理论中，我们要做的是制定一条路线，从我们所处的位置出发，到达更加正义的社会状态。虽然我们也希望找到一条到达正义制高点的道路，但是我们同样希望避免远不如我们当前状态的情况出现。为了理解对理想的这一追求，区

12　比完全传递性稍微弱一点的条件就足以避免这一结果。参见 Sen, *Collective Choice and Social Welfare*, pp. 7—20。

分正义与不正义就不是必需的了。话虽如此，在严格的标量进路（比如范围是0到100）中，一种理想理论可以拥有这样一个映射函数：除非评价标准达到了某个门槛，否则总体正义分数就非常低；而在某个门槛之上，总体正义分数会变得非常高，而且它们有可能相差无几。[13]关于理想正义的视角容许但不要求这类评价。

映射函数有许多重要的任务。假设存在多个评价标准，那么映射函数就必须确定某种权衡系统；它采用多个标准，并用这些标准来评
48 价一个社会世界。[14]在罗尔斯的理论中，映射函数可以被理解为原初状态。[15]我在第一章（§§2.1—2.2）中质疑了用原则界定的理想：即使罗尔斯非常热衷于自己的正义二原则，他也认为“一般观念”在某些社会世界中更恰当。假设我们要评价两个社会世界a和b：a的各个特征，以及这些特征的实现包含对整个社会的严重经济剥削，而b富足得多。罗尔斯表示，a的正义应该由“一般观念”确定，而b应该根据“特殊观念”来评价。由于它们同属一个正义理论，所以必定存在一套约束相关选择的基本价值（自由、平等、互惠、生活前景的质量）。实际上，在决定用一个原则评价世界a，而用另一个原则评价世界b的过程中，原初状态的各方在两个世界中的自由和收入方面使用了不同的权衡率：在世界b中不允许为了更多资源而牺牲自由的平等，而在世界a中允许这样的牺牲。因此，原初状态的模型属于我所谓“映射函数”，它采用一套基本价值，并用它们来评价不同的社会世界。

13　这是说，映射函数MP（第2部分）无须与评价标准的满足呈线性关系。这是区分映射关系MP与评价标准ES的另一个原因；两种理论可能共享相同的评价标准，并对社会世界相关特征WF有相同的理解，但一种理论以（与满足原则相关的）完全线性的方式来评价社会世界，而另一种明显是非线性的，它们提供了非常不同的正义视角。

14　参见Hamlin and Stemplowska, “Theory, Ideal Theory and the Theory of Ideals,” pp. 53ff。

15　我从威恩斯那里受益匪浅。参见Wiens, “Against Ideal Guidance”。

即便如此，我们要发展的模型并不依赖于把这套基本价值和理想（这是哈姆林和斯坦普洛斯卡称之为"关于不同理想的理论"的一部分）当作比正义原则更基本的东西。一个理论或许采取相反的进路。一个视角可能认为，"在政治哲学领域和在美学领域一样，比较某些对象的价值（比方说，社会或绘画）取决于某些原则"，而不是将原则视为通约不同社会世界中的基本价值的方式。[16]这样的视角把正义原则作为评价标准的基础。只要确定了适用于评价{X}域中所有社会世界的原则，[17]并且映射函数可以根据这些原则的满足程度来为社会 49
世界评分，我们就可以给一个基于原则的视角建模。所需要的是，这个视角要想办法用被认定为理想的全局最优解（{X}中的最优解）来优化对评价标准的满足。由映射函数所权衡的评价标准为各个社会世界产生正义分数，从而界定（作为最优解的）理想，同时也允许对次于理想的情况进行比较。[18]需要类似于最优解的东西来满足"社会实现条件"。

我们不应该认为这是根据某些明确的公式产生的一个"呆板的"最优解。映射函数可以包含一些权重和词汇原则，可以为许多关系留有余地，还可以对语境敏感。[19]不同的权重可以被用于不同的状况（再次考虑罗尔斯的**一般观念**）。

对于一种映射关系而言，同样重要的是一个或一些预测模型（第

16　Gilabert, "Comparative Assessments of Justice, Political Feasibility, and Ideal Theory," p. 45.

17　Wiens, "Will the Real Principles of Justice Please Stand Up?"

18　威恩斯已经有力地提出了一个有关理想的最优化模型。参见Wiens, "Against Ideal Guidance"和"Will the Real Principles of Justice Please Stand Up?"。在后一篇文章中，威恩斯试图以它可能应用于被评价的社会世界的最大范围来确认正义的原则，就像我所说的那样。

19　我在注释13中指出，它可能是非线性的，可能会给"相当正义的情景"打很高的分数，而为"低于相当正义的社会世界"打很低的分数。

2部分)，这样就可以评估一个社会世界的正义特征的社会实现了。我们看到(§Ⅰ.3.1)，在一个或一些特定模型中，每组世界特征都与社会实现的一种概率分布相联系。认为我们对那些并不存在的社会世界有着过于精练的理解，以至于每组特征WF都有且仅有一种与正义相关的社会实现，这是完全不合理的。[20]这就是我们为什么要假设，每个发展良好的理想正义视角都一定包含与一组特征的实现有关的一个或一些模型。如此假设，映射函数就必定会考虑任何一组相关特征WF的一系列可能的社会实现，并生成某种预期正义分数。我们可以想象一些乐观的函数，这些函数用那些最好的社会实现来确认
50 一组特征(也就是一个社会世界)的正义，而这些社会实现或许就产生于这组特征，[21]我们还可以想象一些悲观的函数，这些函数聚焦于那些最令人讨厌的社会实现。[22]当然，一些理论的目的在于权衡这些风险。[23]

1.2 有意义的结构与定向条件

回顾一下“定向条件”：

---

20 这将意味着社会世界与实现之间一对一的映射关系。假如一种理想理论有这样的信心，它就可以被包含在这个模型之中。

21 在某种意义上，一种理论可以是“乌托邦的”而不是“不切实际的”，即检验一组特征时，这种理论假设这些特征都以即便不是最佳可能但也很相近的方式起作用。例如，这是培根《新大西岛》的明显特征：船到达了一个几乎是“天使之地”(Land of Angels)的地方。

22 因此，这是反乌托邦。相对于乌托邦，即通常离我们很远的世界(一个例外，见Bellamy, *Looking Backward*)，反乌托邦经常是离我们(太)近的世界，情况糟糕到令我们恐惧的程度。奥威尔的《一九八四》是一个好例子。相反，在兰德的反乌托邦小说《一个人》(*Anthem*)中，主人公的自我没有被摧毁；我们可以理解为，这没有描绘出最坏的可能实现，或者没有描绘出彻底摧毁灵魂的实现在内部可行性上存在差异。

23 关于一个试图权衡好坏实现概率的模型，参见Brennan, “Feasibility in Optimizing Ethics”。

> 要对{X}中的非理想社会世界进行总体评价，T就必须参考这些非理想世界与{X}中的理想世界u的“接近度”。这种测量接近度的方式不能仅仅被简化为{X}的成员在其内在正义上的排序。

“定向条件”要求，一种理想理论必须搞清楚社会世界a和社会世界b的“接近度”是什么意思，以及它们离全局最优解u有多远，而且该接近度不能只表达它们的内在正义总体分数。我强调过，除非满足了定向条件，否则就算T可以满足“社会实现条件”，它也只不过是一种森意义上的“攀登理论”（§Ⅰ.1.3），仅仅根据社会状态的内在正义对它们（和这个意义上的接近度判断）进行排序；在{X}域中，最接近a的世界就是最接近a的正义分数的世界。定向条件要求我们对各个社会世界的接近度判断不能只反映它们的内在正义。 51

到目前为止，我认为在思考两个社会世界之间的“距离”时最好的方式是依据它们的基本特征有多相似（进一步的讨论参见§Ⅱ.1.3）。当我说世界a“非常接近”世界b时，我的意思是它们非常相似。这就说明了一个重要的观念，即理想通过提供我们努力的方向来为追求正义定向。通过让我们的世界更像理想世界，通过改变我们的制度和背景事实让它们更符合理想世界，我们就在朝理想世界前进了。我们需要用理想为改革提供方向，但这并不仅仅意味着我们要通过改革把我们的社会变得更正义。这么说显然是对的，但是我还是要再次强调，森的攀登模型可以完全与之相容。说理想为改革提供方向，就等于说我们知道描绘理想的那种社会（也就是它的世界特征）是什么样子的，而且这种知识应该有助于改造我们社会的特征。

因此，我们需要将第四个要素加入正义视角中，该视角为一种理论奠定基础，而理想在这种理论中是不可被消除的：在正义特征方面，该视角必须能够在“世界a更相似于世界b而不是世界c”这样的判断上形成前后一致的看法，我用$[(a \sim b) > (a \sim c)]$来表示。[24]考虑到社会世界a、b，以及理想社会世界u的基本特征WF，一个不可消除的理想视角必须能够判断a和b谁在这些特征上更接近u。这似乎很符合直觉。根据视角Σ所确定的世界特征WF，那些世界若具有几乎相同的正义属性，则会被Σ视为非常相似的世界；如果a的正义属性与b的几乎相同，那么a和b就非常接近；如果a的正义属性与u的非常不同，那么a就离u非常远。说乌托邦离我们当前的世界非常远，就是在强调它的特征与我们世界的特征非常不同；如果乌托邦（或反乌托邦）就在不远处，
52 那么只要对我们当前的世界稍加修改就会实现它。在边界情况下，这很容易用直觉来把握：a与它自身是最接近的，因为它恰好具有和自身一样的正义特征。在{X}域的成员中，谁的正义相关属性与a最相似，谁就最接近a。有必要强调，这些相似性判断内在于一个视角：界定一个正义视角，不光要看该视角认为哪些世界特征与正义相关（WF），还要看哪些世界与其他世界非常相似。

用“距离”来表示成对比较中的相似性，这在测量不同系统间的“距离”的文献中是常见的做法。马丁·韦茨曼（Martin L. Weitzman）强调：“在测量相异性时，距离是一个非常基本的概念，以至于它必定在任何有意义的多样性或分类理论中都扮演着重要角色。因此，在我看来，理论性讨论必须关注一组特定距离是否适用于特定语境下的成对相异性测量，而不是这样的距离是否一开始就存在。”[25]我假定，成对相似性是基本的关系，而更复杂的距离测量就建立在这种关系之上。为简单起见，我假设这样一种理想理论，它可以对{X}域中要被评价的社

24 这样理解的相似性是重叠配对之间的一种成对关系，这是一个共识。参见Morreau, “It Simply Does Not Add Up,” p. 484。他的定义多少有些不同，但也关注配对之间的成对关系，也可参见Keynes, *A Treatise on Probability*, p. 36。关于这种排序的属性的进一步说明，参见附录A。

25 Weitzman, “On Diversity,” p. 365.

会世界做出前后一致的相似性排序，排序的端点与其他点是最相异的。(有各种方式可以产生这个排序，而且每种方式都具有独特的形式化特征。对此感兴趣的人可以参见附录A，我在那里探索了不同的进路和出现的问题。)我将之称为理想正义视角 Σ 的“**相似性排序**”(SO)。

根据社会世界的总体相似性对它们进行排序似乎是高度人为化的，仅仅是接受“定向条件”的一个结果。其实并非如此。除了确认一个社会世界的相关特征并评价这些特征(这些是评价标准、世界特征，以及某个视角的映射函数要完成的任务)，对于一个域中的任何最优化问题，如果某个视角是有用的，那么它就必须创造出斯科特·佩奇所谓“有意义的结构”(meaningful structure)或“有意义的关联”(meaningful 53
relatedness)。[26]在寻求正义这样的问题上，某个视角不是把选项空间看成一组随机的、具有不同正义特征的社会世界，而是认为，这些选项之间的差别是其基本属性上的系统差异。根据基本结构上的系统差异对选项空间进行组织，是一个视角让这个域变得有意义的方式。给定某些与正义相关的属性WF，Σ 会根据这些基本属性上的差异来安排这些选项。这样就能搞清楚理论面对的最优化问题了。因此，Σ 能够做出定向条件所要求的相似性判断，这一点对于{X}域的“有意义的结构”而言至关重要。

“定向条件”涉及与理想社会世界u的“接近度”。总体的相似性排序是一个粗糙的“距离”概念，相当粗糙。假如有五个被排好序的社会世界{a, b, c, d, u}，在一个意义上我们可以说b和u离得很远，但也可能是表2-1中的那种关系。因此我假设，一个复杂的理想正义视角用**距离度量**(distance metric)来加强它对{X}域的相似性排序。我们可以回想一下韦茨曼的观察，“在测量相异性时，距离是一个非常基本的概念，以至于它必定在任何有意义的多样性或分类理论中都扮演着重

26 Page, *The Difference*, pp. 48, 33.

要角色”。[27]就像他说的那样，在为相似性建模的各种理论中，真正的争论并不在于是否使用距离度量，而在于使用哪一个距离度量。韦茨曼认为，不同视角会得到不同的距离度量；因此，我不为一个视角假定任何明确的度量。然而，为了帮助确定有关距离度量的大致想法，我们可以提供一种形式化的描述：Σ 界定了一个度量空间，即被排好序的配对（X, d），其中｛X｝是社会世界的域，而d是一个关于｛X｝的函数，这个函数界定了｛X｝中所有点之间的距离。至少就现在的情况而言，我们认为，｛X｝的完整相似性排序（SO）在先，距离度量（DM）在后，而后者受到前者的限制。遵循韦茨曼的观点，我们可以说，这样的距离（X,
54 d）必须满足三个核心条件。$\forall i, j \in \{X\}$: (1) $d(i, j)$[28] $\geqslant 0$; (2) $d(i, i) = 0$; (3) $d(i, j) = d(j, i)$。此外我们再加上 (4) $\forall i, j, k \in \{X\}$: $[(i \sim j) > (i \sim k)] \Leftrightarrow d(i, j) < d(i, k)]$。[29]

表2-1　排序及度量

a	b, c, d	u

有了最后这两个特征（完整相似性排序和距离度量），我们就可以完全满足“定向条件”了。一个包含最后两个要素的视角可以对｛X｝中的非理想成员进行总体评价，这是因为它不仅参考这些非理想成员的个体正义分数（就像“社会实现条件”要求的那样），还参考它们与理想社会世界u（｛X｝的成员之一）的相似性距离。我们可以说，社会世界u是｛X｝中的全局最优解，它的正义分数最高。但距离度量意味着，

27　Weitzman, “On Diversity,” p. 365.

28　读作“i和j之间的距离”。我在（4）中假定i、j、k是不同的社会世界。参见Weitzman, “On Diversity,” pp. 364—365。韦茨曼用了一些有吸引力的特征来发展相似性的距离度量。

29　条件（4）确保距离度量被相似性排序所限制。

一个在正义分数上接近u的某个世界i或许不在第二种意义上接近u，即它在基本结构上可能离u很远。我们需要再次强调，引入距离度量绝不仅仅是由定向条件促动的人为想法。如果我们的目的是理解我们的社会世界和其他社会世界有多相似，以及哪个社会与理想最相似，并且要避免陷入森的非理想攀登模型（§Ⅰ.1.3），那么对总体结构相似性有所了解就至关重要，而且在为某个给定的域（例如生态系统）中不同要素的相似性（或多样性）建模时，距离度量就是重要的标准。

我们现在已经明确了，适用于理想正义的任何评价性视角都要有这五个要素：

（ES）一系列评价标准；
（WF）对社会世界相关特征的确认； 55
（MP）从评价标准到社会世界的正义特征的映射关系，它为每个社会世界产生正义分数；
（SO）关于在WF那里被确认的基本结构的排序，它在完整的、前后一致的相似性排序上与{X}中的社会世界相关；
（DM）应用于这一相似性排序的距离度量。

ES、WF和MP共同满足“社会实现条件”，而SO和DM满足“定向条件”。

1.3　为什么不是可行性？

根据我的阐释，“定向条件”要求第二个维度的评价（除了社会世界的内在正义），即对正义相关结构的相似性，以及背景事实的评价。一些读者无疑会感到困惑，认为第二个维度必须是某种可行性度量或空间。确实，在西蒙斯对森的“攀登模型”的反驳中，他认为仅仅根据事态的内在正义对它们进行排序是不充分的，因为除了各个位置的高度（正义分数），我们也对“通往完美正义最高峰的可行路线”（§Ⅰ.1.3）感兴趣。[30]所以：为什么不是可行性，而是相似性呢？

我当然不会否认，在很多方面和很多语境下可行性都是非常重要的。我认为，某种可行性概念（不管多么乐观）始终是建构可能世界及其正义的一部分（§Ⅰ.3.1）；因为映射函数包含这样的世界模型，所以论述正义视角就要论述可行性概念。当然，要给一个人、一个政治体或一个集体提供合理的行动建议，另一种可行性考虑至关重要，即从一个社会世界移至另一个社会世界的可行性。在很多语境下，可行性的重要性都是不可否认的。[31]然而，我们目前关心的是，在有关正义的理想理
56 论中，像“可行性度量”这样的东西是否可以满足“定向条件”。

我认为很明显，虽然近来的政治理论研究已经把注意力放在了可行性上，将它作为“理想/非理想争论”的中心，但可行性并不是一个用来满足“定向条件”的恰当度量。吉拉伯特和劳福德-史密斯对可行性进行了分析，认为它是以下这种形式的四元谓词（four-placed predicate）：“为了在Z中实现O，让X进行 ϕ 是可行的。”这里X是一个行动者，ϕ 是一组行动，O是一组结果，而Z是一个语境，这个语境“可能很宽泛，覆盖所有人类历史，也可能很狭小，只限于某一特定时间和地点”。[32]要注意，可行性与行动者、时间跨度和语境挂钩。因此，对于阿尔夫而言，结果O可能在情景 C_1 中的时间 t_1 可行，但在 t_2 不可行，或许又在 t_3 可行，但可能情景又发生了变化。对于贝蒂而言，O可能只在情景 C_2 中的时间 t_2 可行。如果一种理想理论要通过规定合理的可行性空间来为我们寻求正义定向，它就必须不仅确定行动者（例如美国国会、美国人民、西方社会），还要确定时间段。接下来，假设一种理论将Z确定为“未来十年中的任意

30 Simmons, “Ideal and Nonideal Theory,” p. 35.

31 参见 Brennan and Pettit, “The Feasibility Issue”。

32 Gilabert & Lawford-Smith, “Political Feasibility,” p. 812.

时间”，将X确定为“美国国会和总统”，那么对于美国国会和总统来说，只有整个十年都可行的事情才处于可行性空间内。但即便是**这个**主张，也必须与时间挂钩。在十年之初，即时间t_0那里，（1）国会连同总统确实可以在时间跨度t_0—t_{10}内的任意时间通过 ϕ 来实现结果O。但国会可以在十年间任意时间实现的东西很容易随着时间的流逝而改变，并且国会和总统会采取其他行动，而这些行动会对 ϕ 是否仍可以实现结果O产生影响。因此，（2）到了时间t_3，国会可以在剩下的时间跨度t_3—t_{10}内通过 ϕ 来实现结果O就是错误的。这与主张（1）相矛盾，除非每个主张与某个时间进一步挂钩，而在这个时间该主张为真。

例如，在美国南北战争时期很多北方人发动战争，要将联邦恢复到
战前的样子，即在南方各州（而不是在整个联邦）批准奴隶制。这也是 57
林肯的初衷，而且在战争爆发时这看起来无疑是可行的；可以说，对于大多数北方人而言，通过这场战争来达到这个目的是合理的。但林肯认定，战争的胜利需要解放宣言；在这之后，在多年的惨烈交战之后，到了1863年，将联邦恢复到战前的样子很可能不再可行，即使民主党以一个基本致力于实现该目标的纲领赢得了1864年的选举。在这种情况下，在1861年完全可行的（而且看上去在未来五年内都是可行的）目的在1864年变得不可行了，而且有趣的是，**这是因为一系列看似有助于实现O的事件**。考虑到可行性随行动者花时间行动而变化，每次都将可行性判断与评价的时间挂钩似乎非常重要。[33]但另一方面，“可行性空间”因此非常不稳定，而这似乎不符合正义理论的要求。

另外，可行性判断有很多不同的维度，这些维度作用于不同的时间跨度、主体和语境。威恩斯很好地勾勒出了很多不同的可行性维度：

> 将相关事实分成有助于分析的一般类别，可以使我们的评价

33　参见Wiens, “Political Ideals and the Feasibility Frontier,” p. 12。

> 更容易被掌握。一些直截了当的严格限制包括逻辑一致性、自然法则和人类生物学。但我们也应该注意到不太严格的、更灵活的限制。我在这里只举出一些明显的例子,而把给出一个完整的清单留作一项实践活动:能力限制,这包含了与人类能力有关的事实;认知限制,这包含了与我们的认知能力有关的事实,比如认知偏见和计算能力上的局限;经济限制,宽泛地讲,这包含了与如何分配金钱、劳动力和时间有关的事实;制度限制,这包含了与制度结构和能力有关的事实(例如,在集体决策程序中否决票的数量和分配,以及选举政府官员的方式);技术限制,这包含了与工具、技
> 58 术,以及可以产生新事态的组织架构有关的事实……还有动机限制,基于影响动机的行动者的内在特征(比如情感偏好、偏见和恐惧),以及行动者所处环境的外在特征(包括社会规范和激励政策,而这些特征干扰着行动者内在的动机能力),动机限制明确了可以激励人们去做什么的界限。[34]

威恩斯认为,不同的特征可以被汇总进可行性的大致概念中(尽管他对笼统的可行性判断的准确性持怀疑态度)。[35]他提议根据经济学家们的"生产可能性边界"(production possibility frontier)来建模,将所有这些方面都汇总进一个总体"可行性边界"内。按照威恩斯的说法:"我们可以说,只有当一个可能世界是一个从现实世界出发在某种情况下可以到达的世界时,它才是可行集合的一员……由此得出,只有当存在至少一个世界,从现实世界出发在某种情况下可以到达这个世界,并且某种状态在该世界中得到实现时,实现这种状态才可行;不然则不可

34 Wiens, "Political Ideals and the Feasibility Frontier," p. 7.

35 同上,p. 14。

行。”[36]“在某种情况下可以达到”不仅表明没有任何限制会排除掉这一举动，还表明基于现有的资源和当前世界中的因果过程，可行的事态可以被实现，就像生产可能性边界告诉我们什么生产水平可以在一定的经济体中得到实现那样。另一些人怀疑，因时间跨度和语境不同而产生的多个可行性层次，是否可以用这种方式被有条理地结合起来。[37]再说，即使这些都可以做到，可行性判断也必须与时间和行动者挂钩。因为构成可行性基础的条件在不断变化，正义的图景也是如此。虽然我们可能不得不为了政策的目的考虑这些持续的变化，但这样的图景几乎不能为我们思考正义定向，给出罗尔斯所谓“一个政治努力的长期目标”（§Ⅰ.1.2）。[38]

有人可能会认为，一个可以满足“定向条件”的可行性空间可以由某个更加牢固的可行性概念来构建，比如“社会工程可行性”（social 59
engineering feasibility）：只有当“我们”（行动者仍必须被界定）拥有一种社会技术，可以（在一些参数下）将世界i改造为世界j的时候，i才接近于j。我不会探讨这种想法。但是要注意，任何根据可行性来界定的空间都会表现得十分古怪。回顾一下（§Ⅱ.1.2），我们对距离度量进行了限制：$d(i,j)=d(j,i)$，这要求i和j之间的距离与j与i之间的距离相等。我们的相似性度量（DM）满足这个一般性条件。但基于可行性的相似性度量则不然。杰弗里・布伦南（Geoffrey Brennan）和他的合著者们指出，某些社会状态是“有吸引力的”，因为一旦社会处于那些状态，就有可能逃不出去了，这样的状态就像是“深渊”。[39]因此，从i移至“深渊”j可能非常可行（就是说，在可行性空间中并不遥远），但从j移回来根本不可行，因此就破坏了对称性：i接近j，但j不接近i。同样要注

36　Wiens, “Political Ideals and the Feasibility Frontier,” p. 12.

37　参见Hamlin, “Feasibility Four Ways”。

38　Rawls, *The Law of Peoples*, p. 138.

39　Brennan, Eriksson, Goodin, and Southwood, *Explaining Norms*, pp. 107, 128—129.

意，“移动是可行的”至少在某个意义上不是一种传递性关系：从i移动至j可行且从j移动至k可行，并不意味着从i**直接**移动至k可行；或许那实际上是不可能的。[40]乔恩·埃尔斯特（Jon Elster）认为，一种乌托邦理论必须支持这种传递性。“乌托邦主义认为，可以通过两步来完成的东西也可以通过一步来完成。”[41]埃尔斯特相信，这在表面上是错的，但除非某种传递性成立，否则一种理想理论就很可能致力于非常可怕的“渐进主义”；[42]为了达到理想，该理论可能要求我们在前往理想的“途中”以近乎一步一步的方式穿过各个世界。此外，可行性的时间索引性（indexicality）会导致看起来是非传递性的其他关系。如果在时间t，从i移动至j可行，且从j移动至k也可行，那么不能由此推断在时间t，从i移
60 动至k可行，无论是直接移动（像上面提到的那样）还是间接移动（因为等到我们从i移动至j，时间t就不复存在了，而且我们可能不知道从j移动至k在时间t_2是否可行）。无论还有与这种复杂想法相关的其他什么情况，可行性空间都一定会表现得很古怪，而且是不断变化的——这确实会令人迷失方向。

出于很多理由，不应该从可行性的角度来阐释“定向条件”。尤哈·海卡（Juha Räikkä）观察到，“构建政治理论没必要投身于政治学……政治理论关心的是，在**思考**社会制度的道德状态时哪种政治理论得到了辩护，而且这不意味着，在思考时得到辩护的政治理论就是在此时此刻应该实践的政治理论”。[43]只要我们强调他最后所说的“此时

40 参见Gilabert, “Comparative Assessments of Justice, Political Feasibility, and Ideal Theory,” pp. 47ff。

41 Elster, *Logic and Society*, p. 57. 关于对这一点的讨论，可参见Goodwin and Taylor, *The Politics of Utopia*, pp. 213—214。

42 我在§I.1.3中指出，理想理论家们经常用“渐进主义”错误地指责森的成对比较进路。我在第四章中**确实**为渐进主义提供了辩护，所以可行性缺乏传递性与我将辩护的观点完全一致。

43 Räikkä, “The Feasibility Condition in Political Theory,” p. 30（原文中即有强调）。

此刻”，这些就都是完全正确的。一种理想正义理论力求为我们长期探索正义定向，而不是为与时间/行动者挂钩的最可行的移动定向。但这并不是说，一种理想理论只与我们应该思考什么有关，而不与我们应该做什么有关。二者最终是分不开的，因为思考正义就等同于思考我们应该**移动**到哪里，以及如何参与到这种**探索**当中（§I.1.5）。要注意的是，我们的相似性排序（SO）绝非与一类可行性无关：我们期望，我所描述的相似性与很多有关可行性的判断高度相关。如果一个世界非常接近我们的世界，而且实现它只需要一点点改变，那么实现它对于政治制度和社会运动而言至少在中期**很可能**是可行的。我得补充一句，这并非总是如此，但经常如此，而且在大多数情况下我们可以轻而易举地看到，我们如何掌握“社会技术”，实现新的社会状态，也就是说，我们可以确定一些需要做出的适量的改变。

第二节　理想正义的起伏图景模型

2.1　平坦的最优化与起伏的最优化

接下来，评价性视角让我们可以对一组社会世界的正义和结构相似性进行判断。有时候一个视角可以向我们展示，探索理想其实很简单，如表2-2所示。像“定向条件”所要求的，x轴代表了视角Σ对{X} 61
中社会世界a到社会世界n的基本结构的理解，这基于这些世界的相似性（在Σ看来）。y轴代表了Σ对那些满足“社会实现条件”的世界的内在正义的评价。根据这个幸运的视角（它经常被称为“富士山”视角），基本结构上的边际变化总是与正义上的边际变化相关。随着我们从a移动至u，社会结构上的每个微小变化都微小地增加了正义。同样地，随着我们从u移至n，每个微小变化都微小地减少了正义。理想u在理论层面上简单明了。首先，从你所在的地方出发，如果你到达了一个更正义的社会世界，那么就继续朝那个方向走。如果你到达了一个更不正义的社会世界，那么就停下，然后朝反方向走，直到边际变化产生更不正义的社会世界。最终，后退一步，你就到达了理想，即最正义的社会世界！

要注意的是，在这些条件下，即使我们把相似性和距离度量都添加到模型中，从而满足定向条件，实现正义在本质上还是由森的“攀登”模型来把握的（§Ⅰ.1.3）。我们真的没必要知道最高“山峰”是社会世界u；我们只需要知道哪条路是“向上的”就行了。如此一来，在我们努力追求更大程度的正义的过程中，“理想”确实没有发挥重要的作用。因此我们看到，
62 一个包含“定向条件”的模型没有预判森与西蒙斯的争论（§Ⅰ.1.3），它只是让我们理解了这个争论。我们应该这样解读西蒙斯，他主张理想理论家们很少面对如此简单的最优化问题。

表2-2　富士山式的最优解图景

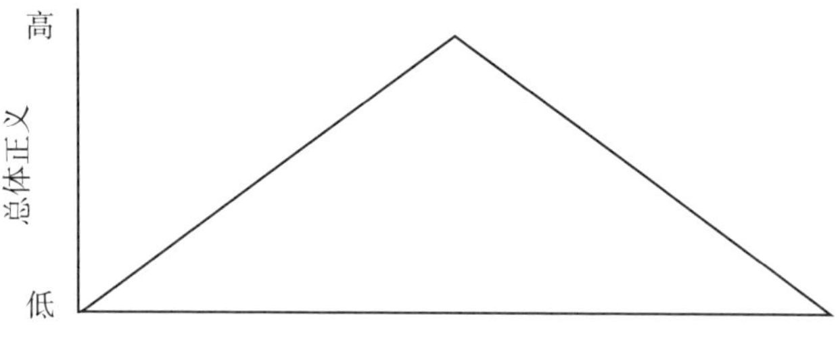

现在，（与西蒙斯**相反**）有人或许认为，理想理论最终就会面临相对“有点富士山式”的问题。这种想法是这样的：我们看到，一个评价性视角根据正义属性对社会世界进行排列——当且仅当a的正义特征更相似于b而不是c时，世界a更接近于世界b而不是世界c。假设b的正义特征与a的非常相近；那么我们就会认为，b的正义分数与a的非常相似。随着我们远离a，我们可能会认为，c在正义分数上会更接近于b而

不是a，而它们之外的另一个世界d在正义分数上会更接近于c而不是b，并且更接近于b而不是a，以此类推。如果是这样，看起来就有一条从a向上（或向下）的平坦的正义分数曲线，而这条曲线或许在社会u那里达到最大值。表面上看，社会世界的正义特征（WF）上的细微变化应该与该社会世界的正义紧密关联，就像评价标准（ES）和映射函数（MP）测量的那样。

可惜，这幅吸引人的图画有误导性。我在前面说了，罗尔斯认为"现实乌托邦是重要的制度性理念"，[44]并且制度的重要性确实是一个贯穿乌托邦思想的主题（§ I.1.2）。这至关重要：制度、实践或政策的正义实际上可能依赖于其他制度或政策的实施，如表2-3所示。我在这里考虑的是，什么样的视角会被说成是一个"软心肠的自由意志主义视角"，这个正义视角不仅十分重视自由市场和小国家，还重视政府对处境较差者的基本援助。[45]现在，让我们假设：

x = 赤字禁令；
y = 增税禁令；
z = 削减必要服务禁令。 63

假设我们从世界a入手，它有赤字上的限制。我们的自由意志主义者可能把这个世界判定为基本正义的世界，因为当前几代人不能把他们的消费成本强加给未来的人，因此容易对政府的支出更加谨慎。但是回想一下，我们的自由意志主义者还关心社会中的处境较差者。因此，他可能认为世界b比世界a更正义，因为b保障了处境最差者所依赖的必要服务。然而，假设我们移至世界c，它同样禁止削减必要服务，

44 Rawls, *The Law of Peoples*, p. 16.

45 例如，参见 Tomasi, *Free Market Fairness*。

但却放弃了赤字禁令。基于这个视角，c的社会实现是一个既没有a正义，又没有b正义的世界（相比于10或12，它只有4分），因为禁止削减必要服务可能会（考虑到映射函数使用的模型）增加政府的规模，而政府的开销要么被强加给未来几代人，要么通过增税来提供。在世界d中引入税收上的限制至少会减少一些潜在的不正义，相比于c，这增加了d的正义（8相比于4），但仍然小于a或b。现在假设，就像d那样，e禁止增税，但又像b那样，禁止削减必要服务和赤字。有人或许认为，我们的自由意志主义者会将这个世界判定为所有世界中最好的。然而，自由意志主义者关于如何实现e的模型可能会导致一种“加州综合征”（California syndrome），也就是说，开销既得不到削减也得不到支付，这就极有可能会拖欠国家债务，给所有人的正义造成最大的威胁，使e成
64 为最不正义的世界。[46]

表2–3　政策之间的相互影响及其产生的正义

世界	有x的世界	有y的世界	有z的世界	总体正义
a	√			10
b	√		√	12
c			√	4
d		√	√	8
e	√	√	√	2

请注意，在表2–3中，随着我们从a移动至e，在b和d处我们有“正义高峰”，而在两者之间是“正义低谷”。因此，一个视角产生的最优化问题更近似于表2–4的起伏图景而不是表2–2的富士山式图景。如果一个视角根据正义（基于包含在MP中的，视角偏好的一个或几个模型）

46　感谢弗雷德·达戈斯蒂诺向我提到了这种情况。

来判断一个社会世界，而这个社会世界的各个维度（制度、规则等等）之间相互影响，就像在“软心肠的自由意志主义视角”那个例子中一样，那么我们就会面临NK最优化问题，即我们以N个维度之间的相互依赖K对这些维度进行优化。[47]当K = 0时，就是说，当各个制度的正义分数之间不存在相互依赖时，我们就会面对表2–2中描绘的那种简单的最优化问题。当我们面对简单的最优化问题时，每个要素都是越多越好，而且朝向局部最优解的每一个行动都会使我们朝全局最优解或实现理想更进一步。但是当K开始增加时（就像在进化的适应性中那样）就不是这样了。当多个维度（在我们的例子中，即制度）以复杂的方式相互影响而产生不同的正义分数时，如我们在表2–3中看到的那样，我们就会面对起伏的图景，而优化也会困难得多。

我相信，与社会制度的正义有关的NK特征（它们有多个被评价的维度，这些维度之间还有依赖关系，就像表2–3中那样），在创造表2–4中那种起伏的正义图景时至关重要。然而，假设“正义是一个NK问题”，对于创造起伏的最优化问题来说（大体上）是充分的，但绝不是必要的。即使正义是一个简单的一维标准（比方说，正义只依赖于一个制度且本身是一个简单的标准），如果视角在社会世界的相似性排序（x轴）中看出的基本结构与y轴的分数不是很相关，寻找全局最优解也会面对一个有着起伏图景的视角。要理解这一点，我们用简单、一维的y轴表示身高，并根据名字的字母顺序这一相似性标准对100个人进行排 65
列。如果我们在一条线上排列这100个人，那么他们的身高将是起伏的，即最矮小的韦拉米娜可能站在“大个子华莱士”与7尺1寸的“高跷威尔特”中间。每当一个视角在x轴上以一种方式排列域中的要素，而这种方式没有与要素在y轴上的相关分数很好地关联起来，那个视角就会产生一个起伏的最优化图景（§Ⅲ.1.2考虑了三个这样的起伏性的例

47　探究这些问题的经典著作是Kauffman, *The Origins of Order*, esp. chap. 2。

子，它们都与追求正义有关）。然而，在我们有关正义视角的模型中，视角 Σ 排列社会世界（它在这些社会世界中看出的结构）的方式只基于世界的正义特征；正是对这些特征的评价，并且只有对这些特征的评价才产生正义评价。因此，与身高的例子（在这个例子中分数与结构几乎毫不相关）截然不同，如果我们假设一种简单的正义理论（无论是只有一个因素决定正义，还是有多个因素决定正义，这些因素由于不体现相互依赖关系而可以被简单汇总），那么我们会期望，社会世界的排列要与它们的正义相关，所以正义最优化问题要相对平坦一些。也就是说，我们期望，社会世界总体正义分数的变化与它们正义特征的变化紧密关联（类似于表2-2）。然而，当我们的社会实现模型具有明显的NK属性时（如表2-3），内在正义与相似性之间的关联就几乎一定是很不完美的，因此我们几乎一定要面对起伏的最优化问题（但是参见§Ⅲ.2.3）。
66 当然，有的视角认为，一个社会世界的各个特征（WF）是否相互依赖，取决于它如何建构那些特征之间的相互影响；因此我们再次看到了，经常被忽视的映射函数MP其实非常重要。制度性正义的NK特征有助于解释为什么很难避免将追求理想正义看作是起伏的最优化问题。尽管

表2-4　起伏的最优化图景

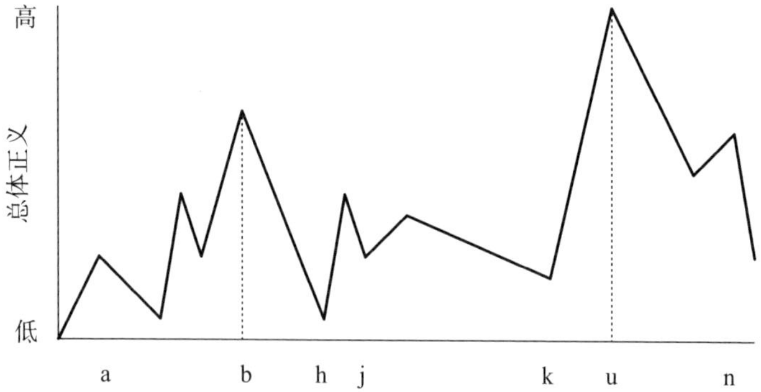

如此，就算一个人拒绝把正义当成一个NK问题，只要{X}中社会世界的基本结构（x轴）与正义分数（y轴）不是高度相关，我在本书中要说的很多东西就仍然适用。

一旦否定了定向的关键在于可行性（§Ⅱ.1.3），我们就可以说，西蒙斯的意思是，正义是一个起伏的最优化问题。与森**不同**，在表2–4那样的起伏图景中，一连串成对改进可能会（1）导致一个远不如全局最优解的局部最优解（表2–4中的一个低峰），（2）使我们（在x轴上）**远离**全局最优的社会世界。如果我们在表2–4中的世界h那里，我们可以移动到附近的世界b这个高峰（一个更高的正义分数），但这会让我们更远离理想社会世界u。**正义理论的任务是去解决起伏图景中的最优化问题，还是平坦图景中的最优化问题，这对于理想理论是采取攀登模型更合适，还是定向模型更合适而言，至关重要**（§Ⅰ.1.3）。当面对平坦的图景时，“定向条件”本质上没有用，那么森的观点是合理的，即改进不需要有关理想的知识。

2.2　起伏程度如何？高维图景与社会实现条件

接下来，我假设，与追求正义制度相关的NK特征创造了起伏的图景；一种正义理论试图在N个维度上以这些维度之间的相互依赖K来进行优化。回顾一下，如果K=0，即N个维度是独立的，那么该理论就会面对一个简单的汇总问题：在任何维度上取得成功，我们都会移动到更高的地方。然而，正如斯图亚特·考夫曼（Stuart Kauffman）在他开 67
创性的分析中强调的，如果存在很多维度且它们的相互依赖程度非常高，那么图景就完全是随机的了。[48]让我们将很多维度展现出大量相互依赖的情况称为“**高维最优化图景**”；在最极端的情况下，每个维度都会受到其他所有维度的影响。根据我们的理想理论模型，在最高维的

48　Kauffman, *The Origins of Order*, pp. 45ff.

图景中世界i的正义与相邻世界的正义之间不存在系统性关联。请注意，在这样的图景中，**接近**理想点u但没达到它则毫无意义：它的近邻可能一点都不正义。[49]在任何特定世界i中，任何制度（或规则）的任何变化都会产生一个新的世界，而这个世界的正义与i的正义之间没有系统性关联。这样的图景有大量低劣的局部最优解。[50]最高维图景的关键在于，任何规则或制度的正义都是其他所有规则或制度的函数，这就带来了考夫曼所谓"复杂性灾难"。[51]

因为很多哲学家都忠于整体论，所以他们似乎忠于以一种导致高维最优化问题的方式来建构"社会实现条件"和"定向条件"。斯坎伦（T. M. Scanlon）写道："一种合理的契约论，像其他大多数看似合理的观点一样，会包含关于道德证成的整体论。"[52]按照整体论的观点，对价值
68 或信念系统的每个要素的证成都取决于很多其他的要素，这样的系统经常被描述为"网络"（webs），表明很多要素之间有很强的相互依赖。在极端情况下，每个要素的价值都取决于其他所有要素的价值。正是这样的系统导致了复杂性灾难；一个要素价值上的一个变化会使系统跳转到完全不同的状态。

与进化适应性有关的一些模型表明了如何可以成功摆脱这种高

---

49 在这种情况下，依赖"次优理论"（§Ⅰ.1.4）是很恰当的，即安排一个**几乎**例示了理想社会结构的世界，往往产生不了一个**几近理想**的正义社会世界。然而，在其他情况下，比如低维最优化问题（§Ⅱ.2.3），假设靠近理想结构就会接近理想正义绝不是一个谬误。这里所发展的模型，其好处之一是，我们可以区分，什么时候寻求最优的接近物有意义，什么时候没有意义，这比含糊地引用次优理论更好。同样要注意的是，我们的模型源于第一章中对理想理论内在结构的分析，而不只是试图把对经济效率的分析导入一个关于理想正义的理论。

50 Kauffman, *The Origins of Order*, p. 47.

51 同上，p. 52。另参见McKelvey, "Avoiding Complexity Catastrophe in Coevolutionary Pockets", esp. pp. 301—302。

52 Scanlon, *What We Owe Each Other*, p. 214。另参见Estlund, "Utopophobia," p. 121。

维图景（一个物种可以避免被困于其中一个低劣的局部最优解，即起伏图景中的低峰）。[53]然而，我们在这里关心的是一种政治理论，它试图判断许多社会世界的正义，并且基于对这些世界的评价为我们的移动提供建议。在这个语境下，复杂性灾难这一想法非常合时宜，原因是系统太过复杂，甚至是混乱的，从而无法给出有帮助的判断和建议。[54]

此外，应该指出，虽然最优化问题的高维性可以作为最起伏图景的基础，从而帮我们理解为什么某些视角难以避免最起伏的最优化图景，但这种高维性绝不是必要的。回顾我们用名字的字母顺序来排列身高的那个例子；在这里，问题的根源不是身高概念的高维性，而是该视角的基本结构（名字的字母顺序）与高度值完全不相关。每当对{X}域进行排序的视角的基本结构排列与{X}成员的正义值（无论为何如此）完全无关时，这个视角都会面对最起伏的最优化问题。对于任何要素 69
$i \in \{X\}$，我们都无法通过它在视角基本结构中的位置来得知它与x轴上的近邻点对应的（y轴上的）分数。

出于政治理论化的目的，这个系统产生的问题可以被表达为：

最高精确度要求（The Maximal Precision Requirement）：只有视角

53　参见Gavrilets, "High-Dimensional Fitness Landscapes and Speciation"。这里的问题非常复杂。如果我们考虑这些图景，其中数据点是个体，而物种是一堆分散在N维区域的点，那么高维图景就可以表现出适应性山脊（fitness ridges），这些山脊提供了从一个最优解到另一个最优解的路线。与瑞恩·马尔登就这些问题的讨论使我受益匪浅。

54　按照通常的界定，复杂性存在于混乱的"边缘"。关于一个特别清楚的最新分析，参见Page, *Diversity and Complexity*, esp. chap. 1。沃尔德罗普（Waldrop）的著名讨论*Complexity*是一部经典之作，但仍然很有启发性。对复杂性应用于不同领域的出色概述，参见Auyang, *Foundations of Complex-Systems Theories in Economics, Evolutionary Biology and Statistical Physics*。关于对"混乱"的一个哲学分析，参见Peter Smith, *Explaining Chaos*。关于一个非常容易理解的（也是一个经典的）讨论，参见Lorenz, *The Essence of Chaos*。

> Σ 对社会世界的正义的判断是最精确（且准确）的时候，一种采用 Σ 的政治理论T才可以在最起伏的最优化图景中满足“社会实现条件”。

可以这么说，当且仅当对世界i的判断既准确又精确地区分了世界i与邻近世界的正义时，这个对i的判断才是最精准的。关于这个要求，有一种阐释方式虽略显粗糙但直截了当，即只有当 Σ 对世界i的判断不将i没有但其临近世界（比如说，i ± 1）具有的任何特征归于它时，对世界i在 α 水平上正义的这个判断才是最精确的。但即使这是基本的想法，直接诉诸i“真正具有”的特征也会在重要问题上存在漏洞，因为视角的一个重要功能就是去确定相关的分类方案，即每个社会世界的相关特征是什么。一旦认为世界i真的具有正义特征f，就是采用了某一个视角，并且该视角可能与 Σ 相冲突，也就否定了f是适用于i的相关分类。我们将在下一章中看到，不同的视角认可不同的分类方案，而每个视角都认为自己的分类方案更好。如果我们可以直接确定哪种分类方案是正确的，那么我们就不需要采用一个“视角”，而只需要宣布“真理”就行了（§ I.3.3）。

与其通过真正确认i的特征，来让视角 Σ 对i做出最精确的判断，我们不如为 Σ 制定一个内在标准。在社会理论中，对一个社会世界的运转以及随之产生的正义进行预测，结果却让做出预测的人大失所望，这是再常见不过的了。我们使用 Σ 来评价社会世界i，认为它具有特征
70 {f, g, h}和由此产生的正义 α；而当我们试图实现那个社会世界的时候，要么发现这些特征不兼容（比如h与f、g不相容，所以我们不得不用f、h*、g代替）；要么发现我们实现i的努力误入了歧途，最终不得不以一个包含f、h、g*的相邻社会世界和正义 β 告终。在这种情况下，Σ 对i（或它建议向i移动）的评价在移动前后是不稳定的；Σ 误解了i。于是，可以这么说，如果 Σ 的判断在移动到一个社会世界之后是稳定的（或者 Σ 的预测恰好会被移动之后的 Σ 所证实），那么 Σ 对那个社会世界

的判断就是最精准的。[55]

因为在最起伏的图景中，任何社会世界（在y轴上测量）的正义值都与它近邻（在x轴上测量）的正义值不相关，所以除非一个视角对各个社会世界的判断是最精准的，否则这些判断就不传达有效的（可靠的）信息。假设，在x轴上加减一个社会世界的范围内，一个视角对一个特定社会世界的判断是精准的（用我们先前定义它的方式）。该视角的错误出在了一个非常小的范围内；在加减一个特征的范围内（g−或g+，而不是g）是准确的。这意味着，考虑到这个可靠性范围，这个世界的正义可能是整个正义范围（即y轴的分数）内的**任意**值。但这就意味着，这个视角不能对这个域中社会世界的正义进行有效的排序，所以采用该视角的理论满足不了对理想理论而言至关重要的“社会实现条件”（§Ⅰ.4）。更一般地讲，即使我们放宽了关于最大起伏的假定，仍然会出现这种情况，即在高维图景中x轴区域（在其中临近社会世界与正义相关）将变得非常小，因此对正义的有效判断虽然不需要最高的精确度，但也会需要很高的精确度。出于一些我们将要讨论的理由（§Ⅱ.3），我认为对邻近的备选社会世界的最精准判断（或者接近最精准判断）已经是一个虚幻之物，就更不要说遥远的社会世界了；如果是这样，那么一种合理的理想理论就不能假定对正义的追求是一个高维最优化问题。 71

这并不是一个无关紧要的结论。[56]哲学家们经常将可证成的整体论与通过一系列改进来实现理想的目标结合在一起。现在我们看到，这两种承诺前后并不一致（至少它们之间的关系**非常**复杂）。例如近来

55　有些复杂情况可能可以在这里得到探究：例如，这看上去可能意味着，对于当前的社会世界而言 Σ 总是对的。我们可以挖掘更多条件（比如一些必要的反思或信息条件），但这种基本的想法对于现有的目的来说足够了。

56　这也不是一个新的结论。波普尔在《历史决定论的贫困》中曾富有洞察力地分析了整体论削弱社会实验的方式，参见 *The Poverty of Historicism*, chaps. 20—25。

一些人想把所谓"财产所有民主制"当作一个更正义的社会世界的核心。[57]假设一个视角为这种经济体可能如何运转而建立的模型几乎恰到好处，但漏掉了一个重要的制度事实或相关的心理学考量；如果最优化图景是最起伏的（整体论的），那么这个视角的评价无论看上去多么复杂，都无法传达给我们任何关于财产所有民主制的正义信息。

2.3 起伏程度如何？低维图景与定向条件

随着K（被评价的各维度之间的相互依赖）的减少，(1)局部最优解（山峰）的数量减少；(2)山坡变得平缓，最优解的吸引域（the basin of attraction）变宽（从更宽的起点范围出发都可以达到同一个最优解）；(3)山峰也变高了。[58]此外，在低维图景中，(4)那些最高的最优解往往在彼此附近；[59](5)那些最高的最优解往往有最大的吸引域。[60]随着K的减少，图景内部变得相互关联。更一般地说，在更平坦的最优化图景
72 中，基本结构（x轴）与任何要素的数值（y轴）都是相关联的。在平坦的最优化图景中，当前制度结构（沿着相似性排列的近邻）上的微小变化也会产生新的社会世界，它们的正义与当前的社会排序非常相关。可以从关于平坦图景的说法（§Ⅱ.2.1）推断，当图景接近于完全平坦的最优化问题时，森的攀登模型足矣。也就是说，我们不是真的需要一个理

57 罗尔斯在*A Theory of Justice*, pp. 241ff中确定了这样一个系统；同时参见Rawls, *Justice as Fairness*, pp. 135ff。罗尔斯将这个想法归于经济学家米德（J. E. Meade，他引用了米德1964年的著作）。关于米德后来对这个问题的讨论，参见他的*The Just Economy*。关于一个面向哲学家的近期论文集，参见O'Neill and Williamson, eds., *Property-Owning Democracy*。关于对这个问题的一个关键性处理，参见Vallier, "A Moral and Economic Critique of the New Property-Owning Democrats"。

58 Kauffman, *The Origins of Order*, p. 243. 达戈斯蒂诺在*Naturalizing Epistemology*, pp. 118—119也注意到了这些特征。

59 Kauffman, *The Origins of Order*, p. 60.

60 同上，pp. 62—63。

想来为我们的改进定向，因为备选项的基本相似性排序SO已经很好地表明了它们的正义：实质上，我们一直以来都只是在爬坡。解决非常平坦的最优化问题不需要满足“定向条件”，这样的话森就是正确的：没有关于理想的知识，我们照样可以做得很好。

2.4　理想理论：有起伏但不太起伏的图景

将对理想正义社会的追求作为一个复杂的最优化问题加以形式化处理，可以给我们带来这样的洞见：只有当这种追求引起的问题具有某种程度的复杂性时，它才有吸引力。我认为，目前的文献几乎都没有察觉到这一点，它们认为“理想理论”的吸引力独立于追求正义的复杂性之外。[61]我们可以回顾一下罗尔斯的关键主张：“通过表明社会世界如何实现现实乌托邦的特征，政治哲学提供了政治努力的长期目标，并在为之努力的过程中为我们今天可以做什么赋予意义。”[62]如果实现正义并非十分复杂，那么森就是对的：我们只需要做出最好的成对选择就够了，而且我们不需要确定长期目标。如果问题太过复杂，理想就没有帮助，因为“朝向它的努力”在本质上都是纵身跃入黑暗，很难说有什么意义。在这些混乱的、高维的图景中，对移动的恐惧就像对理想的不懈追求一样合理。

在本书接下来的讨论中，我假设一种关于理想正义的理论面对的是一个**适度起伏的图景**。更具体地说，我假设存在一些最优解，它们有 73
重要的吸引域，所以在很大一部分选项空间里，有要攀登的斜坡。因此，很大一部分选项空间具有内部相关性；在某一很大的空间内，一个社会世界的正义与附近其他社会世界的正义相关。然而，我们必须假设图景足够起伏，以使“定向条件”的基础很牢固：所有较高的最优解

61　关于一个重要的例外，参见Satz, “Amartya Sen’s *The Idea of Justice*”。

62　Rawls, *The Law of Peoples*, p. 128.

（包括理想）之间并不是紧密相关的，所以我们确实需要先确定理想的位置，然后才能为我们应该向哪些社会世界移动给出一些令人确信的、周全的建议。

第三节　邻域限制与理想

3.1　罗尔斯对邻域的看法

在一段很少有人注意到的讨论中，罗尔斯回应了德里克·帕菲特（Derek Parfit）对差异原则的反驳，并提出了“邻域”中的备选社会世界这一概念。帕菲特的反驳以表2-5中的例子为依据。[63]差别原则会挑选分配（3），因为处境最差者获益最大。但罗尔斯认为，对差别原则的一种证成是，处境较好者所得的份额不以处境最差者的利益为代价。罗尔斯在他后来的著作中强调，差别原则表达了互惠性，即处境较好者不以处境较差者的利益为代价来获益。然而，我们看到印度人在分配（2）中比在（3）中获益更多，所以似乎在分配（3）中英国人归根结底是以印度人“损失”了5个单位的利益为代价来获益的。

表2-5　差别原则的一个“反例”

	印度人	英国人
（1）	100	100
（2）	120	110
（3）	115	140

罗尔斯的回应是多方面的。他坚持认为，差别原则并不针对一成不变的指示词，比如“印度人”和“英国人”，而是针对构成最差阶层的

63　Rawls, *Justice as Fairness*, p. 69.

任何人。然而，他继续道：

> 暂且忽略名称的问题，考虑一下什么可能让印度人支持(3)。74 接受了这个例子中的条件，我们不能说印度人在任何备选的安排中都不会过得更好，而只能说，在(3)的**邻域**内不存在任何备选的安排，可以通过让英国人的处境变差来使印度人处境更好。(3)中的不平等可以得到辩护，因为在那个**邻域**内英国人获益确实有助于印度人获益。印度人的处境和他们(在那个**邻域**内)的处境一样好的条件是英国人的处境更好。
>
> **就像差别原则本身一样**，这个回应依赖于它们是一个粗糙的基本结构连续体，每个基本结构(实际上)在某些方面与其他结构非常接近，**而在这些方面这些结构**作为可能的社会合作系统而**有所不同**(那些彼此接近的结构在同一个**领域**内)。主要问题不在于(3)与(2)相对立，而是在于(3)与(1)相对立。如果印度人询问究竟为什么存在不平等，那么回应就会把注意力放在与**邻域**内相当**靠近且可用**的备选项有关的(3)上。正是在**邻域**内，互惠才被认为是成立的。[64]

在解释“邻域”时，罗尔斯明确地依赖一个距离度量，即“一个粗糙的基本结构连续体，每个基本结构(实际上)在某些方面与其他结构非常接近，而在这些方面这些结构作为可能的社会合作系统而有所不同”。我们或许会认为“(实际上)接近”说的是可行性，但那种阐释意味着，分配(2)不相关仅仅是因为它不可行，而罗尔斯从来没有为那个主张辩护过(另外，如果邻域只由可行的备选项来界定，那么“邻域中靠近**并且**可用的备选项”就是多余的)。罗尔斯的基本主张是，存在一

64　Rawls, *Justice as Fairness*, p. 70(强调是我加的)。

75 个结构连续体，这些结构就它们结构上的差别而言彼此接近，但从它们的内在正义上看就不一定了。鉴于当下的分析，对这个看法的一种自然的解释就是，存在一个基本结构连续体（表2-4中的x轴），连续体上的一些基本结构与其他基本结构离得很近，但我们不应该将实际上的接近与正义分数上的接近相混淆（就像很多在x轴上离得很近的世界在y轴上有着非常不同的分数那样）。如果我们根据适度起伏的图景来为正义问题建模，而无法得出那些在基本结构上接近的世界也一定在正义上很接近，那就完全讲得通了。

因此，罗尔斯描绘了一幅特别有趣的画面：存在一个基本结构连续体，在这个连续体上的某个地方，我们可以找到一个为我们寻求正义定向的理想，但在任何特定的时间，关于正义原则的建议都被限制在这个连续体的邻域内。我认为，“相关社会世界的邻域”这一想法对政治哲学和评价理想理论来说具有基础性的意义，现在我就来说明这一点。

3.2 我们最了解的社会世界

对评价性视角Σ（§Ⅱ.1.1）和表2-4那种排列的初始描述，预设了视角Σ会对{X}域中的所有社会世界进行评价，而根据“社会实现条件”，这些世界中必然包含理想。关于最高精确度要求的讨论（§Ⅱ.2.2）引入了另一个变量：Σ对任何社会世界做出判断的精确度（或准确度）。现在基于我们所谓“完整知识假设”（the Comprehensive Knowledge Assumption），无论精确度（准确度）水平如何，Σ对任何社会世界的判断大致上都没什么变化。给定{X}域中的任意两个社会世界（i和m），Σ的判断（大体上）同样精确或准确。但这根本不可能成立：我们当前的社会世界位于这个域中，比起判断那些仅仅是可能的世
76 界，判断我们所在世界的正义的证据基础肯定要好得多。对于所有不存在的世界，我们通常必须依赖预测模型（但参见下文）来判断它们的社会实现；而对于我们当前的世界，则可以用最好的模型去理解它，而

且我们有大量关于其实现的直接证据。的确，我们的模型经常从我们当前的数据发展而来，或者至少伴随这样的限制，即这些数据必须符合我们对自己世界的了解（想一想工会的报告对于马克思的《资本论》有多重要）。[65]

我意识到有些人否定下面这一点：政治哲学中存在一种持久的看法，即理想世界将会沿着既简单又直接的思路被组织起来。在乌托邦小说《回顾》（*Looking Backward*）中，爱德华·贝拉米描述了"一种既简单又合乎逻辑的社会秩序，它似乎只是常识的胜利"。[66]或者像科恩认为的那样，在技术先进的社会中，奠定社会主义经济体基础的动机结构可以被简化比喻为一场友好的野营旅行的精神。[67]我们可以假设理想的社会制度是简单和可预测的，但这种假设绝不仅限于社会主义乌托邦——无政府主义资本主义者似乎真的相信，现行社会会像相对直截了当的微观经济学和企业理论预测的那样运转。[68]我们千万不要把理想的简单模型（创造它们非常容易）与对大规模社会中一系列制度的社会实现的合理预测混为一谈。有些人确信自己了解很多理想社会"既简单又合乎逻辑的"运行方式，他们或许应该去反思，哪怕在由联合国和其他机构发起的那种协调一致的、经过深思熟虑的且有着充分资金支持的干预下，想要改变小规模社会中的社会规范也相当困难。虽然干预在改变某些规范（比如在一些地区对女性实施的割礼）上取得了显著的成功，但在其他地方还远未成功，而且有时候由于那些被针对的规

65 Marx, *Capital*, vol. 2, pp. 613ff.

66 Bellamy, *Looking Backward*, p. 1.

67 Cohen, *Why Not Socialism?* 我论证过，科恩的小规模野营旅行模型甚至都没有把握到小规模社会的平等主义，认为它建构了一种切实可行的大规模平等主义秩序就更不可信了。参见我的"The Egalitarian Species," pp. 18—19。

68 例如，David Friedman, *The Machinery of Freedom*。

77 范被重新采用，刚开始取得的成效也会减弱。[69]这甚至涉及一些人口仅数以千计的村庄中的具体规范。我们很快会在更多的细节中看到，现行的社会主义乌托邦实验无法达成它们所追求的社会实现（§Ⅱ.4.1）。当我们实现新的社会世界时，我们总是被预料不到的特征震惊；会出现重要的因果联系，而最好的模型甚至都没有将之纳入其中。[70]这不是要摒弃对理想的追求，而要摒弃这样一个主张，即我们对一个遥远理想世界的社会实现有信心，因为它是一个如此简单和可预测的世界。即使我们认同这个古怪的主张，也一定不能认为，在通往理想的道路上所有的世界都同样是简单、可知的（不同于我们实际生活的世界，哪个世界会**因为**我们有关于它的**更多**信息而变得更不可知呢？）。此外，如果我们认同**这一切**，即如果从这里到乌托邦，一路上所有的世界都很简单，那么我们就会面对一个简单而非复杂的最优化问题，那么理想也就没有必要了（§Ⅱ.2.3）。起伏的最优化问题最合理的基础是，与正义相关的制度之间的相互影响极其复杂，因此这**需要**理想来定向。

因此我认定，相比有待实现的社会世界，尤其是那些遥远社会世界的正义，我们对于当前社会世界的正义判断得更精准。我们还知道，在理想理论所预设的这种适度起伏的图景中，一个世界的正义值（y轴上值）与x轴上的（相似的）近邻有关；仅仅知道世界i的正义就包含了很多信息，这些信息与世界的正义加减某段x轴距离∂有关（图景越平坦，∂就越大，参见§Ⅱ.2.3）。接下来，以我们当前的世界j为例，考虑j±∂的那些世界（我们也假定，这个区域是适度起伏的，因此∂比{X}域的范围要小得多）——整个图景没有全程被关联在一起，不像攀登模型那

69　参见Bicchieri, *Norms in the Wild*。

70　这包括相对接近的世界。坦纳总结了他对政策干预的整体看法："不过，几乎不变的是，实际的好处常常不是我们希望的好处，而真正的危险也不是我们害怕的危险。"参见Tanner, *Why Things Bite Back*, p. 272。

样。[71]对于这些可能世界，我们不仅拥有与其正义实现程度有关的建模 78
信息，还拥有基于当前世界j的大量知识的关联信息；我们当前世界j的正义与其近邻的正义相关（相似性排序SO决定了这一点），只有在高维图景中才不是这样（§Ⅱ.2.2）。所以比起那些距离j超过∂的世界，我们对$j \pm \partial$的世界的正义有着更牢靠的证据基础。周雪光总结道："过去得到的经验和信息减少了在邻域中学习熟悉领域的成本，同时也为探索不熟悉的领域贴上了更高的价签。"[72]这再次为我们提供了有力的证据，即比起判断我们邻域之外的社会世界（我们没有这些世界的相关信息），判断$j \pm \partial$的社会世界会更精确、更准确。在一个适度起伏的图景中，我们邻域（$j \pm \partial$）之外的区域几乎一定包含了很多社会世界。

另一种考虑应该会使我们拒绝"完整知识假设"。我说过，我们关于社会世界的模型与我们当前的社会世界相适应，它们在当前的社会世界中发展了起来。考虑到这一点，预测其他社会世界的一种自然方式就是预测最接近的那个社会世界的性质，而根据视角的本质，这个世界具有与我们当前世界最相似的相关特征（§Ⅱ.1.2）。当适用于世界j的模型被应用于一个几乎相同的世界时，只需要对模型进行最小的调整；因此，它在$j \pm 1$的世界中的可靠性应该与在j中的可靠性相差不大。之后，我们便可以将修改后的模型应用于$j \pm 2$的世界，并以此类推，每次为新世界的略微不同的特征做出调整。现在抛开它显而易见的吸引力，随着我们远离j，这个过程会使可靠性快速下降。需要再次强调，如果要让某个理想理论成为森的攀登模型的合理替代品，那么确定社会
世界的正义就必须是一个适度复杂的问题，因为评价的相关维度是相 79

71　在森的攀登模型（§Ⅰ.1.3）中，每个社会世界（除了那些在排序顶部和底部的社会）都比它之下的社会世界在正义程度上高一个等级，也比它之上的社会世界在正义程度上低一个等级，因此正义与等级完全相关。

72　Zhou, "Organizational Decision Making as Rule Following," p. 262. 另参见D'Agostino, *Naturalizing Epistemology*, p. 53。

互联系的。[73]不过，这意味着，就像映射函数所理解的那样，不同特征的正义关联在一起；改变一个特征就会导致其他特征以不同的方式影响总体正义分数。

我们这种复杂的、相互联系的系统模型以错误膨胀（error inflation）为特征。[74]在预测一个特征的运行方式时犯的一个错误，会在预测相互联系的特征的正义相关运行方式时扩散为一些错误，放大了最初的错误。因为这些新的错误模型是理解更远世界的基础，所以被放大的错误就会变成新模型的一部分，以此类推。在复杂系统中，在预测处于模型早期应用阶段的一个变量时犯下的细微错误，只要经过很少的几次重复，就会在预测总体系统状态时导致巨大的错误（这取决于系统的复杂性，即起伏程度），因为对一个变量进行初步估算时犯下的错误转给了其他变量，并在后续阶段（更远的世界）被放大。一个典型的例子是天气预报。预测十天之后气象系统的模型远远比不上预测明天天气的模型（这更比不上看看外面，观测当下的天气）。重要的是强调，这个错误膨胀的问题是起伏最优化图景中复杂的相互依赖关系必然会导致的结果，而且只有我们拥有这样一个起伏的图景，才有充分的理由超越森的攀登模型（§Ⅱ.2.3）。所以，错误膨胀的问题内在于建立理想理论的研究中。避免它的唯一方式是用一种简单的、汇总性的观点去理解与正义相关的特征，但那样一来，森就是完全正确的——在这个平坦的最优化图景中理想毫无用处。

3.3 邻域限制与理想

80 我们现在能够更好地理解基本社会结构的邻域或各个社会世界的邻域的重要性了。一个邻域为一组附近的、在正义相关的社会结构上

73 除非这个视角是相对“沉默的”，就像在身高的例子中那样（参见§Ⅱ.1.3）。

74 这里的分析借鉴了我的“Social Complexity and Evolved Moral Principles”。

表2-6　理想化的邻域

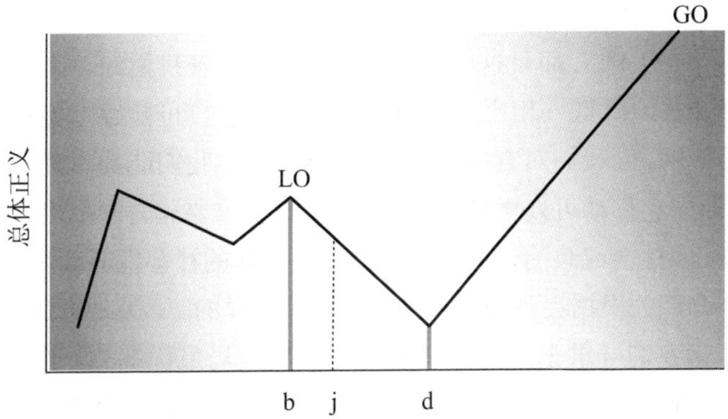

比较相似的社会世界划定了界限。在这个粗糙的社会世界连续体中，一些世界位于我们自己世界的邻域中（还有很多不在其中）；在正义方面，我们对这个邻域中的世界的了解比对在它之外的世界的了解要深刻得多。这个邻域包含了那些在正义上与我们当前世界存在紧密关联的世界；如果我们的预测模型很强大，就可以延伸得更远。为简单起见，我假设我们邻域中的世界和那些太不相似的世界之间存在一个清晰的界限（我们因而无法对后者做出明确判断），这当然是一种理想化的情况（§Ⅰ.3.3），我们会在之后放宽这一限制（§Ⅱ.4.2）。

表2-6将邻域的观念包含进了一个起伏的图表模型中，阴影区域表示，当远离我们的邻域时我们的知识会逐渐消失（而不是突然中止），这是因为我们的模型越来越容易出错。在这里，我们的当前世界是j，我们的邻域从b到d，b是"局部最优解"（LO），即我们邻域中最正义的选项。我们可以立即看到，在"领域限制"的前提下，追求理想有多困难。虽然从j移动到b把我们带到了一个更正义的社会世界，但它也使我们远离了全局最优解（GO）。因此，我们面临一个困境。一方面，我们对当前世界的替代品的理解很有限。随着我们远离我们的邻域，我们评

价社会世界正义的精确度和准确度会急剧下降：我们只能依赖我们的预测模型（因为在我们的邻域之外，其他世界的正义与我们当前世界的正义不存在关联），而且这些模型的可靠性会随着我们向越来越不熟悉的世界迁移而降低。相比之下，在我们的邻域内，可能存在相对明显的局部最优解，而我们对它的判断相当可靠，并且我们能提出理由充分的
81 建议，即向它移动可以增进正义。[75]这显然很重要。为了提出一个合理的建议，即社会或政治体应该努力创造一个新的社会世界，一种理论就必须有合理的根据去预测那个世界会是什么样的。[76]另一方面，理想理论打算为我们寻求正义定向，但如果理想（全局最优解）位于我们的邻域之外，我们就对它不太了解了。不可否认，对于理想所在的方向，我们可能会有很多疑问，但我们必须记住，邻域之外的判断不怎么可靠；如果理想不在附近（几乎所有的理想理论都这么认为）[77]，那么对于它会如何起作用，我们只有相当模糊的想法。不过，一种理想理论会面临我所谓

> **选择**（The Choice）：如果我们的邻域内有一个明显的最优解，这要求我们远离我们所理解的理想，那么我们就必须经常在相对确定的（也许是很大的）局部正义改进与对一种不太确定的、会产生最佳正义的理想的追求之间做出选择。

75　不过，我们当然不能认为，邻域中的所有移动在那个变化多端的概念的所有意义上都可行。然而，我们的确有更好的理由来断定，干预 φ 会产生结果O，这是吉拉伯特和劳福德-史密斯对可行性分析的一部分（§Ⅱ.1.3）。

76　不可否认，已经存在一些“政治理论”，按照这些理论，重要的不是认识到我们正在走向何处，而是遵循领导者的意志。古德温和泰勒审慎地考虑了这种理论能否可以称为“乌托邦的”，而我则将这种理论置于一旁。参见 Goodwin and Taylor, *The Politics of Utopia*, p. 18。

77　但是，参见§Ⅲ.2.3。

我们需要强调，“选择”对于理想理论家来说不是一个不相干的棘 82
手情况；它正是理想理论旨在处理的情况。如果局部改进永远不会使我们远离理想，那么森的攀登模型足矣；本质上，我们需要做的只是向全局最优解迁移。但西蒙斯对森的回应（§Ⅰ.1.3）表明，当局部攀登可能使我们远离理想时，“定向条件”和理想理论就开始发挥作用了。虽然这一点显而易见，但在某些理想理论家的著作中没有明确指出的是，我们绝不会面临这样的“选择”。我们可以回顾一下罗尔斯的观点：理想的正义为思考非理想社会中的正义提供指导，有助于“澄清如何处理现有不正义的难题”，并且为“改革的目标”定向，帮助我们看到“哪些错误更严重，因此更亟须改正”（§Ⅰ.1.2）。但“选择”提示我们，为追求理想的目标，我们必须放弃邻域内正义的显著增加；理想并没有告诉我们亟须改正的问题，而是鼓励我们拒绝一些正义上的增加，即建议我们**不**朝那个有更多正义的方向移动，因为那会使我们远离理想。这一点内在于理想理论的观念之中，而理想理论非常不同于森的攀登模型。如果缓解最紧迫的正义问题始终是向理想移动的一部分，那么我们就不需要“定向条件”了，因为我们不需要理想为我们寻找正义定向：用“社会实现条件”来为各种社会状态排序足矣。我们的模型让我们看到，理想理论家们不能两者兼顾：我们既要用理想为自己定向，同时又绝不放弃显著提高正义的局部机会。理想理论的内在要求我们必须面对“选择”。

理想理论家们的很多评论都强烈地表明，“选择”比较容易实现“和解……平息我们对社会和历史的沮丧和愤怒”，“积极接受和肯定我们的社会世界，而不仅仅顺从于它”，[78]我们应该用理想为自己定向。但现在我们看到，这并不明显。就其本质而言，当理想理论既独特又合理
的时候，它就需要我们放弃局部最优解，这通常具有更清楚的后果。在 83

78　Rawls, *Justice as Fairness*, p. 2.

理想理论预设的那种适度起伏的图景中，有很多较高的山峰（§Ⅱ.2.4），所以面临"选择"应该是理想理论旨在处理的标准情况。放弃正义上相对清晰且或许是巨大的改进，从而让我们可以去追求一个距离这些可见的改进很遥远的理想，但这绝不是让我们与自己的社会世界和解的做法。"选择"绝不是无关紧要的。

在表2–6中，理想在我们的邻域之外，而且它位于局部最优解的相反方向。这看上去只是一种不幸的情况。反过来，假设全局最优解与局部最优解相同，现在由"社会实现条件"得出的排序与"定向条件"的建议趋于一致。可以肯定，这在理想理论的所有情况中是最令人开心的。[79]但即便如此，仍然存在一种担忧：我们如何可以自信地认为，被我们当作全局最优解的东西真的就是全局最优解呢？我们知道我们有一个看上去理想的局部最优解，想必它的正义分数非常高，但在我们充分认识整个图景之前，仍然难以确定它是否真的是全局最优解，它或许只是一个被我们误认为是理想的、较高的局部最优解，因为真正的全局最优解超出了我们的认知范围。真正的乌托邦很可能超出了我们的认知范围；只要我们被大大限制在自己的邻域内，我们就永远不会知道真正的乌托邦是什么样。

3.4 进步的乌托邦主义与徘徊的乌托邦主义

卡尔·波普尔认识到了这个问题，并主张这个问题削弱了乌托邦思想。如果我们接受，对于任何一个视角而言，处于我们邻域之外的理想都是模糊的，并且随着我们向它移动而需要被不断修正，那么我们就很容易发现，随着我们的靠近，乌托邦也在移动。被我们当作全局最优解的社会世界原来在一个斜坡上，因此我们必须修正对理想位于何处的判断。但波普尔继续说道，随着我们对理想有更多了解，我们很可

79 尽管这是一种不需要理想的情况——森的攀登模型就足够了。

能会断定，我们必须“改变方向”。[80]埃尔斯特含蓄地借用视角的观念提出了相似的批评。他写道：“就我目前的视角而言，我对自己视野中 84
所有对象的正面都有充分的认识，但对背面只有形式上和空洞的认识。这也就是说，我知道它们必然都有一个背面，但我不知道关于这个背面的任何细节。此外，从我目前的视角出发，如果我移动到该区域中的其他点上，就可以看到新的对象，即使我不知道是哪些对象。”[81]埃尔斯特将这一观点应用在寻求理想的可能世界中。他论证，一个人可能知道，极有可能存在比当下假定的理想世界更好的世界，但这个事实只能“以空洞和笼统的方式”来把握。然而，一旦我们达到当前的理想，就会对可能性有新的认识，就会看到可能达到的新理想。因此，他支持改革的内在非传递性（§Ⅱ.1.3）：我们不能从我们当前的世界直接跳到理想u*，因为在我们到达“相似的理想”u之前（从我们当前的视角来看，u是一个可描述的理想），甚至无法真正看到更好的理想u*。因此，我们需要经过u才能知道u*是什么。[82]

一些乌托邦主义者接受了这一观点，因此他们支持所谓“进步的理想理论”（progressive ideal theory）。第一章的题词出自奥斯卡·王尔德，其完整版本是：“一张不包括乌托邦的世界地图甚至不值一瞥，因为它遗漏了一个人类总是会登陆的国家。当人类登陆那里时，就会看到一个更好的国家，并扬帆起航。进步就是对乌托邦的实现。”[83]如果探索满足以下两个限制条件，那么从一个理想迈向下一个理想就说得通。条件一是，一旦我们达到我们当前的理想，新的、更好的理想就一定可见。在上一段对埃尔斯特的分析的说明中，我假设一旦我们达到当前

80　Popper, *The Open Society and Its Enemies*, vol. 1, p. 160.

81　Elster, *Logic and Society*, p. 57.

82　同上，pp. 57—58。

83　Wilde, *The Soul of Man under Socialism*, p. 40. 另参见Goodwin & Taylor, *The Politics of Utopia*, pp. 213ff。

85 的理想u，就可以把握下一个理想u*。在这里，从一个乌托邦到下一个的进步似乎就是可理解的。但也有可能，从u把握不到u*；比方说，我们当前的理想强调社会和谐，从而削弱了智识上的分歧，因此如果采用标准的航行比喻，即我们首先在u登陆，那么我们就会错过更好的理想u*。如果我们没有到达u，即当前的理想，反而在某个不太理想的世界登陆，我们或许反而**可能从那里**瞥见u*。可是，当我们朝着u进发的时候，怎么可能知道这些情况呢？

条件二是，与“徘徊”（wandering）相反，“进步”要求新的、更好的理想在某种意义上，与我们当前正在探寻的理想处于同一方向。在这里，理想正义视角的观念也具有启发性。如果有关理想的新视野中有一些世界，它们的世界特征WF是对我们在寻求理想正义时产生的制度和其他特征的发展，那么王尔德的航行比喻看上去就像是“向前推进”。[84]但是，如果站在新的位置上，我们发现自己误解了先前否定过的结构，而这些结构现在必须被重新建立起来，那么我们对理想的追求就更像是在徘徊不前地四处寻找“圣杯”。在西季威克的比喻中，对理想的追求使我们面对“一个围绕在我们四周的、无边无际的云间仙境，在其中我们可以构建任何模式”。[85]随着我们改变对理想的定向，我们可以先这样，然后再那样。这不仅仅是一个理论上的可能性。直到20世纪中叶，主流的社会主义都坚决拒斥市场：向社会主义理想前行的国家用巨大的权威发展国家结构，并收缩市场，直至与中期的经济状况相一致。当了解分析方法和经济学的社会主义者（如埃尔斯特）重新发现市场过程时，有两个事实变得非常明显。第一，沿着旧的社会主义道路走得最远的国家不太可能重视这些新的看法，这些国家已经系统地训练

---

84 或者像贝拉米说的那样，“永远向前和向上”。参见Bellamy, *Looking Backward*, p. 1。

85 Sidgwick, *The Methods of Ethics*, p. 22.

了几代人，告诉他们这些看法都是幻象（上面提到的条件一）。第二，当这些国家真正重视经济分析的时候，它们会致力于重建市场系统的很多 86 特征，而这些特征是苏联和东欧“人民”政权曾花费大量时间和精力去摧毁的东西。一种理想理论必须能够很自信地确认理想位于哪个邻域。如果它不能这么做，我们就肯定会好奇，当我们面对“选择”时为什么应该拒绝相对清晰的局部最优解，而追求一种很可能是徘徊式的探索——也许全局最优解最终位于我们起初认为的相反方向，因此它朝向而非远离我们的局部最优解。做出追求理想的那个“选择”似乎并不可靠。

这个分析让波普尔得出结论：“要想挽救乌托邦进路，只有凭借一种柏拉图主义的信念，相信一个绝对、不变的理想，同时还要有另外两个假设：第一，存在理性方法，可以一次性决定那个理想是什么；第二，可以确定实现理想的最佳手段是什么。只有这种有着深远影响的假定才能防止我们断言乌托邦的方法论完全是徒劳的。”[86]我认为这个说法太强硬了：一种理想理论不必在起初就确认一个具体的、不变的目的地。西蒙斯说得完全正确：“在一段时间内，我们只用让自己对准喜马拉雅山的大致方向，只有当我们抵达印度时才须将路线调整得更精确，比如说，在珠穆朗玛峰与K2之间。”（§Ⅰ.1.3）[87]在出发之前，我们不需要理想的精确位置，也不需要知道它的每一个特征。然而，如果理想理论想要接受理想的可修正性，同时避开徘徊的乌托邦主义，它就必须给出很强的理由，让我们相信存在某个包含全局最优解的邻域，我们应该对这个领域展开进一步探索，而且在相当长的一段时间内都会如此。

86　Popper, *The Open Society and Its Enemies*, vol. 1. p. 161. 对比培根。我们从新大西岛的立法者那里得知：“在他的记忆中，这曾是幸福和繁荣的土地；即便有上千种方式可以让它变得更糟，却没有一种方式能变得更好；考虑到他高贵和英雄主义的意图了无缺憾，只有（就人类的预见所及）让建立在他那个时代的东西永垂不朽。”（*New Atlantis*, p. 22）

87　Simmons, “Ideal and Nonideal Theory,” p. 35.

87 不过，波普尔正确地指出，政治理论家们经常没有充分关注如何将可修正性整合到理想理论中，他们总是被那些“一次性”解决正义问题的原则和制度方案所吸引。[88]要求有关永恒理想的精准知识，让波普尔觉得既荒谬又危险——荒谬之处在于，我们关于社会制度运行的有限知识总有被修正的可能，而且最好的东西是什么取决于外部环境；[89]危险之处在于，那些相信自己看到了永恒乌托邦的人极有可能禁不住诱惑，驱使我们前往他们的应许之地，即他们的“天堂岛”。另一位哲学家约翰·斯图亚特·密尔对我们知识的界限和实验的必要性非常敏感，也对这样的乌托邦计划非常警惕。在提及19世纪的“革命社会主义者”（在缺少初步实验的情况下）拥有一个想要立即实施的理想时，密尔写道：

> 必须承认，那些基于自己的想法行事，没有得到任何实验证明的人——这些人会强行剥夺所有现在过上良好物质生活的人目前唯一的生活手段，而且如果这种尝试遭到抵制，这些人敢于面对接踵而至的、可怕的流血和苦难——必然一方面对自己的智慧胸有成竹，而另一方面对他人的痛苦无所顾忌。罗伯斯庇尔（Robespierre）和圣·贾斯特（St. Just）是迄今为止统一了这些特质的典型代表，但就连他们都很难做到这一点。[90]

---

88 例如，参见Rawls, *Justice as Fairness*, pp. 105, 115, 118n, 119, 194。尽管反复使用这种表达，罗尔斯可能并没有想着任何柏拉图式的东西。Rawls, “The Idea of Public Reason Revisited,” p. 582：“政治自由主义……没有尝试根据一种得到赞成的正义观念一次性地确定公共的理由。” 关于进一步的讨论，参见本书§Ⅳ.1.3。

89 想一想柏拉图、摩尔、培根或贝拉米的乌托邦在今天让我们觉得有多奇特。当然，一些人相信我们处在历史的终点，而且他们的理想理论已经瞥见了“密涅瓦的猫头鹰”。波普尔十分正确地将历史主义视为对柏拉图主义的补充（*The Open Society and Its Enemies*, vol. 2）。

90 Mill, *Chapters on Socialism*, p. 737.

见证了斯大林、波尔布特等人的那一个世纪，悲剧性地肯定了密尔的判断；与这些乌托邦的代表相比，罗伯斯庇尔显得微不足道。对永恒 88
理想的某些判断会导致有人建议立刻推行该理想，这绝不是自由主义可错主义者（liberal fallibilist）的“乌托邦恐惧症”。

第四节　增加关于图景知识与扩大邻域

4.1　正义社会世界中的实验

对于认知有限的生物（就算是理想理论家的认知也非常有限）而言，问题在于想出各种方式来探索他们视角的正义图景的不同部分，而不要将真实的社会和民众置于潜在的徘徊和破坏性的探索当中。一个值得严肃对待的视角在尽可能多的社会世界中寻求有关正义的可靠信息，并且希望为确认理想或邻域提供充分的理由。最直接的方法，也是密尔喜欢的方法，就是真实的社会实验。考虑到｛X｝域中有形形色色的社会世界，我们可以组织小规模实验去寻找经验信息，看看各种原则、规则和制度在特定的背景条件下会如何发挥作用。

我们可能认为社会实验以一种初始情况作为起点：从一组初始参数开始实验（§Ⅰ.3.1）。这可以被视为建立一个小规模的社会世界。这种初始情况无需位于我们当前的邻域中：我们或许在实验一开始就试图建立一个相当遥远的社会世界（例如，一个照着科恩的野营旅行设计的社会系统）。从这种初始情况开始，不同的实验性社会系统（例如，乌托邦共同体）可能会在初始情况的邻域内或更远的地方搜寻可供选择的社会世界，进而有效地共同探索这个视角中正义图景的重要区域。每个群体可能采用不同的程序来挑选他们认为在初始情况中可行的改变，他们相信这些改变会使他们更接近该视角的
理想。 89

密尔极力提倡这种生活中的社会实验。他谴责“革命的”社会

主义（§Ⅱ.3.4），但是赞成罗伯特·欧文（Robert Owen）的“新拉纳克”（New Lanark）共同体，或者受到查尔斯·傅立叶启发的社会主义实验。他强调，这些提议的优点在于可以进行规模较小的实验：可以“首先在挑选出来的人群中进行实验，然后根据教育和培养的情况扩大到其他人那里”。[91]那些清楚了解整个正义图景有多困难的理想理论家，以及那些认同密尔、认为真实的实验很有用的理想理论家，会把理想理论当作一个研究议题，而不是一个政治纲领。处理“邻域限制”需要不同的共同体探索一个视角中的不同部分，并共享它们的结果。在这里，理想理论不是在假设一个固定点，提供一座为正义改进定向的灯塔，而是探索理想——至少是明显更好的东西——是什么和在哪里。如果做到了，那么假以时日，随着不同的群体看到不同的社会世界如何运转，人们对这个正义区域的了解也就大大加深了。

尽管密尔和当下的很多自由意志主义者都很向往地方性实验，但实施这些“社会实验”，进而根据这些实验来举一反三是非常困难的。例如，考虑罗伯特·欧文及其追随者所做的那个著名实验。拉纳克是苏格兰的一个村庄，它是大卫·戴尔（David Dale）在1786年建立的，有很多磨坊和工人宿舍。到1810年，戴尔的女婿欧文成了管理者和部分所有者，他根据某种类似于社会主义原则的东西着手对这个共同体进行改造。[92]欧文的评价标准（ES）强调理性、合作，并且将竞争最小化，他的相关特征（WF）强调社会制度在塑造人格、培养更具有合作精神的人，特别是教育公民更加理性方面的重要性，这些特征也会相应地让他们变得更加社会化。欧文因为这个最初的实验而成
90 名，而这促使了许多实验性的欧文式共同体在英国和美国建立，大概

91 Mill, *Chapters on Socialism*, p. 737.

92 关于罗伯特·欧文自己的论述，参见Owen, *A New View of Society*。

有23个。[93]一个很好的美国实验是1825年在印第安纳州建立的“新和谐”(New Harmony)。与大多数欧文式共同体类似，“新和谐”以内部争论为特征，在1826年分裂成了三个共同体，并在1827年告终。拉纳克郡的共同体从1825年持续到了1827年；爱尔兰的瑞拉欣(Ralahine)共同体从1831年持续到了1833年；在汉普郡的共同体从1839年持续到了1845年，最后也是四分五裂。[94]很多其他共同体也都迅速终止。

这些共同体没有存活下来绝不说明这些实验没有价值；我们或许会认为，就如何**避免**组织欧文式社会世界而言，我们发现了很多东西。[95](回顾一下托马斯·爱迪生对自己长期摸索白炽灯的评论：“我还没有失败呢，我只是发现了一万种行不通的方式而已。”)从这些共同体的失败中举一反三比爱迪生的例子要微妙很多。如果要认为这些实验都是在填充欧文式视角下的正义图景，我们就必须认为，它们都试图把自己对正义的追求建立在欧文式评价标准上，并强调欧文考虑的那些社会世界的特征与实现一个正义社会相关。因此，实验的目标就是要改变共同体的规则，以及它们教育成员的方式，进而观察这些实现在欧文式标准上的得分高低。欧文清楚地认识到，共同体内的变化和改变需要受限于社会规则，而非正义的基本问题(也就是说，不能挑战欧文式评价标准)，所以他将负责实验的委员会的职权范围限制在非基本的变化上。如果实验要真正探索欧文式视角，那么限制共同体的决策力就 91

93　Haworth, “Planning and Philosophy.”

94　Kumar, “Utopian Thought and Communal Practice,” p. 18.

95　同上，p. 19。然而，一个重要的问题是区分崩溃的内在原因(这意味着在社会世界如何被排序上存在问题)和外在原因，例如实验的环境。瑞拉欣的失败源于其“所有者，约翰·斯科特·范德勒(John Scott Vandeleur)在都柏林的俱乐部赌光财产而逃离国家躲避债主”，这显然无法表明欧文式的理想是否有生命力。参见Haworth, “Planning and Philosophy,” p. 151。

是必要的，但这是引起争端，并导致这些共同体四分五裂的重要原因，因为一些成员试图修改评价标准（就像在“新和谐”中，不平等是争论的一个原因，这导致分裂出来一个共同体，称作“平等共同体”）。[96]因此，虽然对于将共同体视为真正的欧文式实验来说，欧文式视角必不可少，但只让共同体探索这个视角本身却是失败的一个重要根源。居民反对限制他们的决策，而这样的限制是这个实验的性质所要求的。或许，当欧文在1840年宣告“我的原则从未得到执行”的时候，他不只是在找借口。[97]

我们可以总结一下欧文式故事的经验教训：为了让真实的小规模实验帮助视角 Σ 的支持者更好地了解{X}域中的社会世界，视角 Σ 的几乎所有要素都必须去刻画每一个实验群体。他们必须一致赞同评价标准、对社会世界相关特征的了解、对刻画映射关系（第二部分）的价值的权衡、对基本结构相似性的理解，以及距离度量（§Ⅱ.1）。[98]在参与到真实实验中去发现这些世界的社会实现时，他们很有可能会遗漏映射函数的建模部分（要素[i]）。社会实验的狂热分子们常常意识不到，实验之所以有价值，恰恰在于它**不允许**更改很多变量；如果可以更改这个视角的基本特征，那么实验的结果就无法指导一个特定视角追求正义
92 了。值得注意的是，如新拉纳克和瑞拉欣这样的欧文式共同体被业主或用户所有，这是为了将社会实验转变为一种管理活动，而管理者（所有者）为成功设定标准，并且让员工团队自己找到最佳的解决办法。欧

96 Haworth, “Planning and Philosophy,” p. 153; Kumar, “Utopian Thought and Communal Practice,” p. 18.

97 Haworth, “Planning and Philosophy,” p. 152.

98 在没有这个限制的情况下，这些群体会发展出不同的视角，而不是探索同一视角。我们不久将会看到，尤其是在下一章，不同的视角可以非常有效地解决最优化问题，但它们的好处和问题不同于另一些模型，后者的各个团队共享一个视角的所有要素，并且只探索同一个最优化空间的不同部分。

文有先见之明：这些恰恰可以表明，由不同的团队探索同一问题可以产生实际效益。[99]欧文式共同体的命运暗示了，社会实验的巨大障碍在于，在追求正义的实验中稳定地维持这个模型。

当然，如果小规模社会实验的目的是将这个视角应用于大规模社会，那么小规模社会实验的问题就更令人气馁。假设小规模社会实验的初衷就是如此，其实验结果能否得到推广通常都很可疑；大规模社会有小规模社会缺少的特征，所以小规模社会的经验教训在多大程度上适用于大规模社会是不确定的。此外，除非开展大量的实验，否则我们就不能使用统计方法来判断我们的推论，这些推论会更依赖于直觉。如果我们想通过大规模实验来避免从小规模实验进行推论的问题，那么实验的数量将会是非常有限的，因此从这样的小规模实验进行推论一般是靠不住的。[100]

4.2　改善预测：视角内多样性与视角间多样性的萌芽

或许，欧文的儿子说得对："改革者的乐趣……与其说在现实中，不如说在沉思中。"[101]不是对备选社会世界的所有探索都需要参与到实际的社会实验中。一位学者曾指出，"就和艺术家创造想象的世界一样，社会理论家创造纯粹的社会状态"。[102]当然，我们的问题是，虽然在一个意义上社会理论家们正在模型中"创造"一个社会世界，但这些理论 93
家也正试着探索该世界的正义，从而为乌托邦处于何处提供合理的建议——为了这么做，理想理论家就需要弄明白他们推荐的社会世界如

99　关于管理的例子的详细讨论，参见D'Agostino, "From the Organization to the Division of Cognitive Labor"。

100　虽然，回归和其他统计学技术当然可以使我们从自然实验中得出一些有用的推论。

101　William Owen, *Diary of William Owen*, p. 129.

102　Kumar, "Utopian Thought and Communal Practice," p. 1.

何运行。理想理论家的目的是了解那些遥远的社会世界，然后告诉其他人这些世界如何运行，以及它们有多正义。

我们看到，真实的社会实验或多或少会排除一个正义视角的一部分（对世界及其社会实现的建构），而用社会实验取而代之。这为乌托邦主义者指出了一条前进的道路：一种理想理论可能会采用多个预测模型，然后观察这些不同的模型什么时候达成一致，什么时候产生分歧。在这个意义上，我们可以考虑一个**内在多元视角**（an internally diverse perspective），它以许多方式来建构社会世界，而且试图结合各个社会世界，实现对其可能运转方式的全面预测。有一种情况是非常明确的，即在同一个小范围内，不同模型给出趋于一致的评价。可以肯定的是，即使在这种情况下，我们依然可能犯错，但是我们对评价的信心也会高得多。[103]如果我们假设有一种方法可以理解我们先前考虑过的复杂系统（§Ⅱ.3.2），那么在到达我们邻域的界限以前，我们最期待的就是各个模型的汇合。再举一个气象学的例子——飓风预测。预测通常利用若干个模型，它们基于非常不同的方法和假设。生活在新奥尔良，并且在夏季密切关注这些模型的人都知道，提前三到五天的飓风预测结果之间经常有明显的不一致，但提前一两天的预测结果就趋于一致了。这正是我们在建构复杂系统的过程中所能预料到的东西：我们离被观察的系统越远，即便是最佳模型之间的分歧也会越大。

然而，即便没有汇合，内在多元视角也可以改进预测的可靠性。斯科特·佩奇强调了他所谓“多样性预测定理”（Diversity Prediction Theorem），根据这个定理，**集体预测误差 = 平均个体预测误差−预测的**
94 **多样性**（predictive diversity）。这个定理的结果（在附录B中得到了解

103　例如，在北美自由贸易协定颁布之前，各式各样的建模被用于预测结果；即便关于模型看似一致的结论，在关键问题上也常常被证明是完全错误的。参见Shikher, “Predicting the Effects of NAFTA”。

释）是，“个体能力（右数第一项）和集体多样性（右数第二个项）**同样促进集体的预测能力。‘不同’和‘好’一样重要**。增加一单位的多样性与增加一单位的平均能力一样，会减少集体预测误差”。[104]虽然非常好的预测模型仍然可以打败集体预测，但这个定理告诉我们，我们可以通过采用一个更加多样化的模型来补偿预测模型的误差，并且从根本上将结果平均化。这是一个很重要的定理：即使我们的预测模型并不是很好，利用多样性预测模型也可以在评价备选社会世界的正义时极大增强信心。因此，预测的多样性可以通过扩大合理的预测范围来扩大邻域，进而缓解由“邻域限制”引起的问题。利用各种模型，就可以汇总各种各样的信息，从而形成更充分的复合预测。[105]任何致力于“社会实现条件”并意识到“邻域限制”的理想理论，都必须重视预测的多样性。

预测的多样性可以通过改进我们的预测来扩大我们的邻域，这一点的确很重要，但它在一个方面却有着极大的局限性。一个非常好的预测模型依然可以打败一个平庸集体的均值，但我们怎么能知道哪个模型是特别强大的，哪个模型是平庸的呢？“发现”正义区域和其他社会世界的社会实现，与其说是预测正义图景（一个视角可以随后对这幅图景进行核实），不如说是在一个非常现实的意义上构建那幅图景。想想本节开始提到的“社会理论家创造”社会世界。这不是说我们编造正义或建构正义原则（即便我们可以这样），而是说我们只能通过相关模型来了解遥远的社会世界。我们没有任何独立的测量技术，去确定 95
什么时候一个模型已经误入歧途，或者什么模型表现得最好。到最后，我们不能将模型的结果比作那个世界的真实情况，我们至少要等到把

104　Page, *The Difference*, p. 208（原文中即有强调）。

105　索罗维基（Surowiecki）讨论了1968年搜索失踪的美国潜艇“蝎子号”的例子，在这个例子中一个小组对潜艇位置的各种预测汇总在了一起，得到了一个精准到205米以内的群体预测结果。参见Surowiecki, *The Wisdom of Crowds*, pp. xx—xxi。

它实现以后才能这么做。就我们现在的理论而言，我们在探索的同时也在创造这幅图景。

如果我们借由一个模型对这些图景进行的探索也在某种意义上建构了这些图景，那么我们应该如何“探索”这些图景呢？一旦我们看到，各个社会世界是“随着我们的前进而被创造的，我们就可以清楚地看到，除了应该用各个团队认为最好的方式进行探索（同时进行创造）之外，关于**应该**如何探索的问题也就没什么其他好说的了。换言之，我们应该将有关探索的决策转交给探索团队，并让他们继续做下去”。[106] 达戈斯蒂诺将这个定义为“在复杂环境下探究问题的**自由主义**解决方案。每个团队都将使用他们认为最好的工具和模型来构建并穿过那个他们感兴趣的空间区域”。[107]

这种自由主义的解决方案倾向于鼓励最大限度的探索，每个团队（或理想理论家）都试图为可能的社会世界建模，以自认为最有成效的方式展开研究。最合适的工具和信息最终得到利用的可能性也就大大增加了。缺点在于，每个“团队”要判断自己是否已经成功了；在缺乏共享的评价标准时，一个探究者的真正洞见不容易被其他人采纳。在缺乏共享的成功标准时，我们不能假定，一旦一个探究者对该图景中的一个遥远部分建模，并宣告这个严重依赖模型的结果，其余的探究者就会认为他所说的都是真的。因此，自由主义进路难以被很好地整合成单一视角。使用不同模型的人往往以自己的方式行事。考虑到争论通常是关于哪个是最佳模型，而非认为建模的多样性出现在一个正义视
96 角内，这看上去更像是以不同方式理解这个问题的人之间的多样性。在这里，我们可以察觉到一个动态变化的萌芽，在本章剩余部分和下一章中，我们会详细考察这一点：随着我们尝试越来越多地利用多样性的

106　D’Agostino, *Naturalizing Epistemology*, p. 138.

107　同上。

成果，会发现我们不仅会在一个视角内，还会在多个视角之间引入多样性。我们观察这个世界的方式往往左右着我们认为最了解它的模型，因此一个视角相比于其他视角容易趋向于将一些模型看作是更合理、更可靠的。佩奇认识到，一个视角鼓励其支持者采用一套特定的工具来了解它的社会世界及其问题。[108]很多**不同的视角**（“人群”）相互影响，并对一个预测问题使用非常不同的工具时，就很容易出现最大限度的预测多样性。总的来说，“集体智慧的逻辑是，不同个体会将不同的‘理论’（或者更恰当地说，不同的探索方法）用于猜测任务，对这些做法进行汇总会导致对问题中的变量有高精确度的评价。虽然每种‘理论’只能预测被看到的结果中的部分变化，但把各种理论汇集在一起便可以解释很多变化，并且可以带来精确度很高的结果”。[109]随着我们从采用不同模型的单一视角转换到有不同视角的不同个体间的互动，我们也从内在多元视角的重要性转换到了不同视角的多样性。

除自由主义、个人主义，以及多样性最大化进路之外，还有达戈斯蒂诺所说的“共和主义进路”，该进路的探究者拥有评价的共同标准。[110]在这里，我们期待就什么算是一个好的模型，以及如何阐释其结果而言达成一致。这种“共和主义”进路似乎与视角内的多样性相一致：当一个人向他的Σ视角同事们宣告，他确认了一个位于该视角边缘处的新社会世界如何运行，从而扩大了我们的邻域，他的同事们很容易将这视为真正的进展，因为他们接受了这个探索的假设。或者，当一个群体
发展新模型时，其他群体会把握到其有用性，并将它添加到自己视角所 97
使用的模型篮子里。虽然共和主义进路加强了有关结果的交流和相互理解，但在我们的例子中，它的代价是限制了从不同模型中得到的教

108　Page, *The Difference*, p. 286.

109　Wagner, Zhao, Schneider, and Chen, “The Wisdom of Reluctant Crowds.” 另参见 Sunstein, *Infotopia*, chap. 1。

110　D’Agostino, *Naturalizing Epistemology*, pp. 138—141.

训：只有被共和主义共同体接受的模型才算是有用的。基于自由主义进路，在起伏的图景中，个人主义的探究者可以用革新的技术来理解遥远的可能世界的正义；相比之下，在以一致同意什么算是正确的进路和探究主题为起点的共和主义共同体中，有洞见的、非常新颖的进路可能被排除在外。因此，如果一幅起伏的图景是随着我们的探索而被构建的（因为在我们达到一个社会世界以前，我们关于它的最好模型是了解它的唯一方式），那么对它的探索就要在创新与交流之间做出关键性权衡，这是我们在下一章中要深入探讨的主题。我们接受程度越大的多样性，就越容易发现最好的洞见。但是，很多技术都被认为是不可靠的，所以那些洞见也被认为是不真实的。由于研究进路被限制在共和主义共同体所认可的范围内，所以这些进路交流了一些洞见，但代价是排除掉了一些进路和它们的洞见。

4.3 引入明确的视角多样性

在许多探索起伏图景的文献中，使用不同探索策略带来的代价和好处占据了主导地位。[111]然而，一旦探索者试图评价我们邻域之外的社会世界，我们采用“邻域限制”的基本理由就会使我们怀疑这些发现。根据假定，探索者正在对我们无法确信的社会世界的正义做出论断，由此导致的一个（或多个）模型在一个重要意义上创造了我们要去评价的
98 世界。如果我们要广泛探索但又接受“邻域限制”背后的推理，那么理想理论就必须探索如何在这一限制内扩大它的视野。除了改善预测模型之外，还有别的办法吗？

我们再次回顾一下视角的五个要素（§Ⅱ.1）：一系列评价标准或正义原则（ES）；确认社会世界的相关特征（WF）；从评价标准到世界特征的映射关系（MP），产生总体正义分数；基本特征的相似性排序（SO），

111 这一部分借鉴了我与基斯·汉金斯合作的成果，感谢他允许我使用这一成果。

它为{X}域中待评价的世界提供了有意义的结构；以及距离度量（DM）。到目前为止，我一直假设，除了映射函数的建模要素之外，每个人都会同意其余所有要素。不过，这种彻底的一致是相当极端的假设。分析的结果表明，如果我们放松对一个完全一致的视角的假设，并考虑在拥有不同视角的个体中进行探索，结果就可能大大改善。[112]接下来，让我们在分析中更形式化地引入适度的视角多样性。现在假设，除了各个社会世界之间的**距离度量**之外，探究者们一致同意视角 Σ 的其余要素（§Ⅱ.1.2）。

为了说明视角多样性的重要性，考虑一下**距离收缩度量**（distance-constracting metric）。相对于其他度量，距离收缩度量增加了我们当前邻域的实际大小。例如，考虑一种最小的和最直接的方式，如果d_2要成为d_1的一个标量变换（a scalar transformation），那么这两个距离度量或许不同于彼此。在这种情况下，如果$d_2 = kd_1$，其中$k \in (0, 1)$，那么d_2就是一个相对于d_1的距离收缩度量。因此，一个除了距离度量d_2以外与Σ_1完全相同的视角Σ_2，会把在某些社会世界之间的移动（比如从我们当前的社会经济系统移动到财产所有的民主制那里）视为我们邻域内的移动，而采用d_1的Σ_1会认为这些移动超出了我们的视野。这种差异很可能导致关于我们当前世界真实大小和范围的争论。这个争论的一 99
个可能后果是我们邻域的实际扩大。如果采用d_2的那些人使Σ_1的支持者相信，Σ_2是一个更可信的视角，那么我们就会向减少“邻域限制”，迈出虽小但重要的一步。[113]

112　参见Hong and Page, “Groups of Diverse Problem Solvers Can Outperform Groups of High-Ability Problem Solvers”; Hong and Page, “Problem Solving by Heterogeneous Agents”。

113　另一方面，就连这种非常适度的多样性也可能导致交流的问题，下一章会关注这种担忧。如果我们在如何测量不同社会世界之间的相似性（或距离）上有着深层的分歧，那么某个相关特征上在我看来的微小改动或许对你来说就显得非常激进。例如，我让你想象另一个世界，那个世界和我们的世界非常相似，只是多一点平等少（转下页）

这里的关键点很微妙，也很重要：“什么在我们的邻域之内”这个问题恰恰是“我们认为某些社会世界有多远（有多不同）”这个问题的一部分。例如，两个度量d_1和d_2或许一致同意社会世界的基本结构有多相似，并且都把这些社会世界排列为a—b—c—d—e。但根据d_1，a和b是非常相近的世界，二者距离c都相当遥远，c与d和e更接近；而根据d_2，c与b相比于c与d要近得多（回顾表2-1）。假设我们在世界a那里；d_1不会认为有关a及其近邻b的知识包含很多c的信息，而d_2会。因此，d_2可能会把c纳入a的邻域，d_1则不会。如果采用d_2的阿尔夫可以让采用d_1的贝蒂相信，d_2是更好的度量，那么他就会通过把新的社会世界带入贝蒂当前的邻域来或多或少地减少“邻域限制”，而新的世界中也许有一个更好的局部最优解。这构成了多个视角中的最小差异：虽然{X}域的相似性排序相同，但距离度量不同。

我需要再次强调，视角多样性的好处不只我针对该问题进行的形式化陈述。再次考虑被密尔称为“社会主义”的例子。在密尔看来，维多利亚时期的资本主义远不是道德上的最优解；一种以工人合作社为
100 中心的社会形式要好得多，甚至是理想的。不过，密尔并没有仅仅对这个理想进行分析；而是试图表明，一个或许看上去离他所居住的社会非常遥远的社会如何可能通过现成的制度来实现。密尔坚持认为，发展使资本主义更有效率的新型合作关系和企业，也可以让资本主义内部的竞争市场过程去测试社会主义实验的可行性。通过将工人合作社的理念与一系列中间的社会世界相联系，他试图把社会主义带入维多利亚时期的资本主义的邻域内。与其说这是冒险之举，不如说密尔将社会主义描绘成了当前邻域内的工业组织形式。

（接上页）一点自由，我可能认为那个世界比我们的世界更好。如果你对什么算作“少一点自由”有不同的理解，那么你或许会想象出一个完全不同的世界，并合理地认为那个世界远没有我们的世界正义。在这种情况下，我们几乎一定无法交流。

第五节　思想一致的局限

我们在第一章中看到，如果要让一种理想正义理论为改进正义的探索定向，同时要让对于理想的确认起到关键作用，必须满足两个条件：“社会实现”和“定向”。第一个条件确保理想理论会帮助我们在构成我们选项集的多个不太理想的社会世界之间做选择。当“社会实现条件”被满足时，我们的理论就可以判断一个社会世界比另一个社会世界更正义还是更不正义，从而形成比较性正义判断，也让我们有时候可以提供增进正义的改革方案。然而，正如我强调的，仅有“社会实现条件”并不需要参照理想；森的“攀登”模型满足这个条件，却坚决放弃对正义的最好或最优社会实现的诉求。理想对于为我们定向来说是必要的，这不仅体现在根据正义对各个选项进行排列的时候，还体现在我们的选择面对至少以下两个维度的时候：一个社会世界有多正义，以及改变这个世界的特征是否使它更接近理想。

我在本章中考察了这样一类模型，即起伏的图景，它已经在其他语境下以不同的方式得到了发展。我已经论证，理想理论本身是一条独特且必要的政治理论进路，而根据上述思路建立起来的模型，其实暗含在理想理论的观念之中。当然，我讨论的模型是一个很简单的模型；例 101
如，“方向性”被假定为一维的（只有一个相似性方面的总体维度）。当然，这是一种“理想化”（简单化）。但如果我们让这个模型变得更复杂（比如假定我们可以向东、南、西、北四个方向移动，而不只是向左右移动），[114]那么对于理想理论家而言，这个问题就会更加困难。在这个简单的模型中，我假设理想理论确定了一个正义视角，这在原则上会为一组可能的社会世界生成一个有关正义的区域；我们的目的是寻找全局

114　参见附录A（三）。

最优解,同时也在那些不太正义的社会世界中做出改进。

这一章的关键是,理想理论在这样的区域中面临"邻域限制":在正义的实现问题上,相比遥远的社会世界,我们在自己的邻域中拥有多得多的信息。我试着表明,以下各种考量都导向这一结论:在适当起伏的图景中(这是理想理论必须假定的),相近位置的正义值之间存在的关联;复杂的社会动态变化模型在偏离被观察的社会世界时出现的错误膨胀(理想理论必须假设适度的复杂性);以我们的社会世界来校准我们的模型这一事实;关于我们社会世界的动态变化的大量经验性证据;探索我们的邻域和遥远的社会世界的差异成本(differential costs)。尽管如此,我发现哲学家们经常完全否定"邻域限制"(考虑到柏拉图在业界的地位,或许这并不应该令人感到惊讶)。他们坚持认为,遥远的可能世界非常易于理解和建模,所以我们对它们比对自己的近邻有更多了解。据我所知,没有任何系统分析支持这一结论:这顶多是一个不太合理的推测罢了。我强调,这个问题不是哲学家是否可以"创造"一个完全正义的简单世界(就像是一次野营旅行或在私人安保行业中
102 创造一个完全竞争的市场),而是哲学家有什么理由断定,这个世界(有它的特征和参数)一旦被实现,就能够以被预测的简单方式运行。诚然,理论家可以固定这些参数来保证这一结果,同时承认这个简单世界并不现实,也不能被实现。然而,这虽然对于"理想"而言是可接受的,但对于我们邻域之外的所有世界而言都是不可接受的,因为如果这些参数不是我们在任何更远的世界中可以达到的合理参数,理想理论就不能建议我们向邻域外移动。因为这样的理想就仅仅是做梦或哀叹,而无法为我们的改革定向(§ I.1.4)。

由于正义区域激发"定向条件",局部最优解常常会指向不同于追求理想的方向。于是,我们面临所谓"选择":我们应该背弃局部最优解而向理想移动吗?考虑到"邻域限制",我们的判断在邻域中比在邻域外有更充分的依据;如果理想在我们的邻域之外,那么我们就是在为

一个不确定的前景(我们的现实主义乌托邦在另一个方向上)而放弃相对明确的改进。密尔的“革命者”对自己的智慧和判断深信不疑,他们非常想把社会置于他们对理想愿景的追求中;他们的骄傲自大为很多人带来了可怕的代价。

为了让理想理论家们做出合理的“选择”,支持追求全局最优解,我们需要大量有关正义区域的信息,至少让“邻域限制”所传达的知识更加对称。我已经简要考察了两个重要的提议:实际的社会实验和具有内在多样性的预测模型。在追求一个特定视角的最优正义观这个语境下,二者都有缺陷。我的讨论以扩大邻域的可能性告终,这或许会把更好的最优解带到我们的邻域中。

虽然最后的这个探索(如何扩大邻域的界限)在一方面非常温和,
但另一方面它也是迈向更激进的解决方案的第一步。我们在扩大邻域
的过程中改变了距离度量,这是该视角的一个要素。所以,我们现在不
是只以一个共同的、被归一化的正义视角进行探索,而是以多个视角进 103
行探索。近年来,一些强有力的分析表明,在某些条件下,在起伏的图
景中,多视角探索具有比单一视角探索更大的优势。我们现在就转向
这些研究成果,以及它们在探索理想正义方面的应用。 104

第三章

破碎的理想：不同视角的探索

他们说：来吧，让我们建造一座城、一座塔，其顶端直通天堂……

上帝说：看呀，他们是一个整体，他们只说同一种语言；而且他们做起了这件事……

来，让我们下去搅乱他们的语言，使他们无法理解彼此在说什么吧。

——《创世记》第11章

第一节 凭借视角多样性来达到理想

1.1 从完全归一化到部分归一化

我们在前一章中看到，完全归一化的单一视角面临“选择”：它必须在改进局部正义和追求理想之间做出选择。“选择”的必要性源自理想理论特有的核心部分，即“社会实现条件”和“定向条件”，二者对于哪种社会状态“更接近”理想正义的回答是不同的。“社会实现条件”根据一个社会世界的内在正义测量其正义（所以，在某种意义上，一个社会世界越正义，它就越接近理想），但“定向条件”根据这个社会世界与理想在基本特征方面的接近度测量其正义，因此使我们在“社会实现条件”上更接近理想的改革可能会使我们在“定向条件”上更远离理想。因为有“邻域限制”，“选择”就更麻烦了。如果我们有关于整个正义图景的完整知识，那么我们至少会知道，当我们背弃局部改进的时候，理想位于何处，以及它到底有多理想。或许，接下来的主要担忧是实现理想的可行 105
性（§Ⅱ.1.3），[1]但“邻域限制”意味着我们几乎肯定没有这样的知识；比起遥远的社会世界，我们更了解附近的社会世界。如果理想不在我们的邻域内，就没有任何单一视角可以肯定它究竟在哪里或是什么。

正如我所述，理想理论家们总是彻底否定这一点。他们断言，我们**确实**拥有关于遥远世界的完整知识；我们既知道乌托邦会怎样运转，也知道美国在2016年会如何表现。我同意波普尔的看法，这完全是一个错觉；我们永远无法确切理解遥远的世界是如何运转的。然而，理想理论家们可以给出一种复杂得多的回应。那些拥护理想的人可能会承认，我们没有关于正义图景的完整知识，即没有任何单一正义视角可能了解所有社会世界的正义。每个视角总是在学习、探索这个图景，尝试找到更好的最优解，即更好的乌托邦。不过，在上一章的结尾处我们看到，不同视角可以减少单一视角在探索最优化图景时面临的某些限制（§§Ⅱ.4.2—3）。洪露（Lu Hong）和斯科特·佩奇精妙且有力地阐释了这一洞见。他们表明，在一堆乍一看还算适度的条件下，对视角 Σ 的某些部分有一致看法的一群视角将确定理想的位置。[2]具体而言，洪露和

1　参与“理想与非理想”争论的哲学家们似乎认为，理想理论最担心的就是可行性。如果我想得没错，那么这会是一个随后产生的问题。在我们可以知道寻求理想是否可行之前，我们必须先知道它在哪里。人们似乎认为，确定理想是政治哲学家们的分内之事，这些哲学家可以回到他们的研究中并确认理想；只有当我们要实施的时候社会科学家们才介入这些问题。我希望人们明白，这种普遍观点是严重不足的。

2　洪露和佩奇对视角的描述不同于§Ⅱ.1所呈现的那样；我认为关键的差异在§Ⅲ.2.4中。关于佩奇的视角观念，参见Page, *The Difference*, chaps. 1, 3, and 5。

佩奇的研究表明，这样一群视角会一致赞同视角 Σ 的正义规范理论的
106 核心要素，但在如何理解{X}中各个社会世界的相似性上有分歧。让我们称这群视角为视角 Σ 的**评价归一化**(evaluation-normalized)版本。这些视角一致赞同评价标准(ES)、要被评价的世界的正义特征(WF)，以及映射函数(MP)。然而，它们不认同这些世界的相似性排序(SO)和距离度量(DM)，正是这两者决定了{X}中任意两个社会世界的相似性。回顾一下，ES、WF和MP共同满足“社会实现条件”，它们要求各个社会世界必须根据自己的内在正义来进行比较(§Ⅱ.1.1)；这些要素应该被当作视角的核心价值要素。那些在这三个要素上达成一致的人，也会在每个世界的模样(它的正义特征)和总体正义上达成一致。他们在观察某个世界时总会一致认同它的特征(WF)，以及它有多正义(ES、MP)。因此，在视角的这三个部分上达成一致，保证了核心部分的规范性一致。让我们用 Σ^{V} 来表示所有共享视角 Σ 的这些评价要素的视角。那些包含 Σ^{V} 的视角可能有完全不同的世界相似性排序和距离度量；根据我们的基本图景模型，共享视角 Σ 的核心评价要素的所有视角恰好同意每个世界的正义分数，所以也同意每个世界在y轴上的位置；但它们有可能不同意任何一个世界在x轴上的位置。考虑到这一点，洪露和佩奇的分析似乎表明，在定位理想正义的社会世界的过程中，Σ^{V} 的成员在共同努力下比 Σ^{V} 的任何单一成员都要做得更好，因为 Σ^{V} 的所有成员了解这个社会世界。因此，假设一种理想理论拒绝将其视角完全归一化，而只选择评价归一化(Σ^{V})，那么即使它不断言任何单一视角(由全部五个要素组成的视角)有关于正义图景的完整知识，似乎也能够发现理想。

1.2 有意义的结构的多样性与发现理想

在谈论洪露和佩奇的具体分析之前，对于一队有经验的理想理论家(他们共享一个视角的核心评价要素)如何将他们的工作运用于现

实世界的例子，我们可以有一个直觉性的把握。假设，我们的队伍正
在一组真实国家中，而不是在一组可能世界中，寻找最正义的社会世 107
界。如果他们确实正在探索，那么他们当然还不知道哪个是最正义的
国家。他们知道在这个国家集合中存在一个最正义的国家，但却不知
道它是哪个成员。因为团队成员一致同意一个视角的核心评价要素
（国家特征、评价标准和映射函数），所以他们都认可任何特定的国家在
y轴上的位置。然而，由于他们不共享相同的相似性排序和/或距离度
量，他们可能不会同意各个国家在x轴上的位置。假设该团队中的一
个成员有一个明确的经济相似性度量，这个度量只按照人均GDP排列
各个国家；当且仅当一个国家与另一个国家有相似的人均GDP，它们
之间才有相似度。[3]图3–1以这个视角在十九个被选定的国家中探索最
正义的国家：巴西、保加利亚、捷克共和国、圭亚那、海地、洪都拉斯、约
旦、马其顿、马达加斯加、墨西哥、摩尔多瓦、巴基斯坦、罗马尼亚、俄罗
斯、沙特阿拉伯、塞内加尔、塞尔维亚、斯威士兰以及津巴布韦。根据
传统的自由主义，正义是对个人权利和自治的最好保护。[4]（注：表3–1 108
至3–3只标记被一个视角看作“局部最优解”的国家，即在斜坡顶端的
国家。）

请注意，从经济视角来看，表3–1中存在九个局部最优解。虽然在较高的GDP和对个人权利的保护之间一定存在某种相关性，但以这个视角寻求正义并没有产生一个平坦的最优化问题。假设一个视角以简单的爬坡策略来探寻理想：如果它发现自己在一个斜坡上，那么这种策

3　请注意，这个例子并没有预设正义是一个NK最优化问题，它只是预设了基本特征不与各个国家的正义完全相关。参见Ⅱ.2.1和Ⅲ.2.4。

4　关于权利保护的数据来自*Freedom House Freedom in the World 2014 Report*。GDP排名是基于2013年的数据，可以在http://knoema.com/sijweyg/gdp-per-capita-ranking-2013-data-and-charts上找到。

表 3-1　以经济视角探索正义

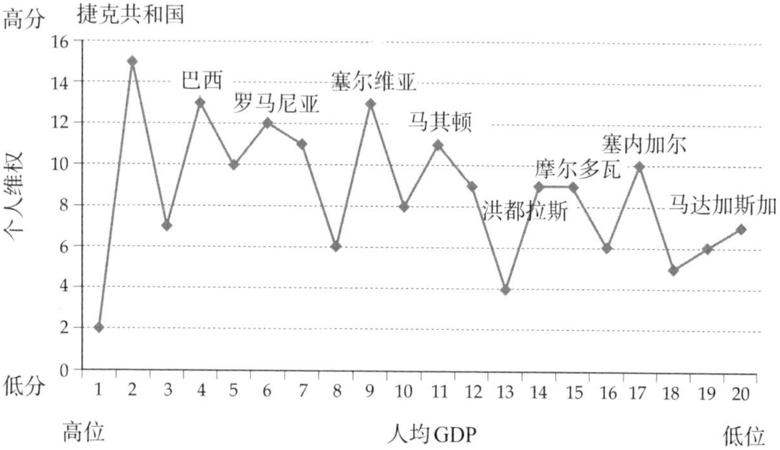

略就会指引它爬到顶峰；它永远不会沿着斜坡向下走。[5]因此，这样的程序永远不会导致更坏的结果，它只会“向上爬”。然而，该策略的缺点是，视角会被困在第一个局部最优解那里，而从这个视角看有相当多的局部最优解。可以肯定，如果探索恰好从最富裕的国家开始，那么全局最优解（捷克共和国）很快就会被发现；但从任何其他的起点开始，全局最优解和所有其他国家之间都存在着低谷。假设这个团队的另一个成员有一个不同的、更加自由意志主义的视角，这个视角会根据各个国家的经济自由对它们进行排列，如表3-2。[6]

5　佩奇称之为一种“探索方法”。“探索方法应用于一个视角内。给定一个视角，一种探索方法会告诉人们去哪里探寻新的解决办法或采取什么行动。”参见 *The Difference*, p. 53。

6　关于经济自由的数据，取自 *Economic Freedom in the World 2013 Annual Report*。

表3-2　以自由意志主义视角探索正义

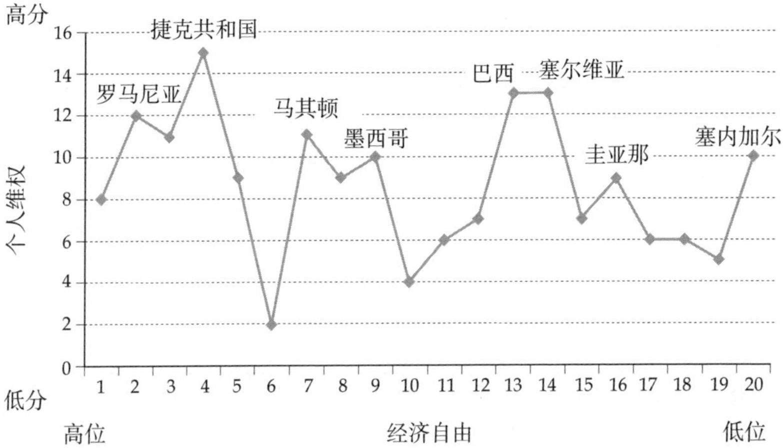

要注意的是，对于每一个国家而言，这个视角都会和第一个视角给出完全相同的正义分数。然而，这个视角采用了一个不同的相似性度量；因此会排除洪都拉斯、摩尔多瓦和马达加斯加那里的局部最优解，而在墨西哥和圭亚那那里加入最优解。假定人均GDP视角被困于洪都拉斯、摩尔多瓦或马达加斯加，并且它询问经济自由视角：“你能看见从这里向上走的路吗？”这个经济自由视角能看到，因为它仍然在一个斜坡上；相比之下，GDP视角永远不会被困在墨西哥或圭亚那那里，所以这两个视角可以互相协助。尽管如此，我们有不少共享的局部最优解；如果两个视角都依赖其中一个最优解，那么谁都不会看到向上的 109
路。现在，往团队中加入第三个成员，这个成员采用一个偏向于政治学的视角。从第三个视角来看，国家相关方面的基本结构涉及政府运行得如何、所选定的领导者是否决定经济政策、政府是否免于腐败等等。[7]

7　关于政府运转的数据源自2014年*Freedom House Freedom in the World 2014 Report*。

表3-3 以政府运行视角来探索正义

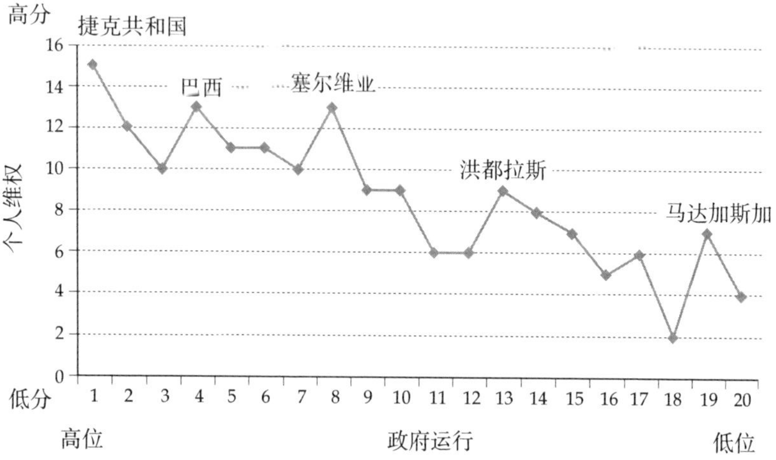

表3-3展现了这一视角。

三个视角共享的最优解只有捷克共和国、巴西和塞尔维亚：**如果每个视角都可以依赖团队的其他成员来突破它自己的局部最优解**（而且我们将看到这是一个非常大胆的"设想"），那么我们的不同团队就一定会在个人维权方面至少达到13分以上。（在巴西或塞尔维亚那里，这三个视角中没有任何一个能看见向上的路。）唯独要注意的是，没有任何单一视角可以保证做得很好。即使第三个视角明显是最好的视角，这么说也没问题；比起其他视角，第三个视角对国家相似性的理解更能反映维权问题的基本结构（它有更少的局部最优解）。我们可以看到，这是很重要的一点：在某些条件下，与最好的单一视角相比，多元视角
110 会做得更好。

1.3 洪–佩奇定理

我们例子的关键在于，对起伏图景的探索如何可以通过我们所谓

传递接力棒的动态过程（handing-off-the-baton dynamic）而得到改进。[8]一个视角带着接力棒（它负责这段探索）尽其所能地向上跑，到达一个局部的顶峰。但在另一个视角看来，这并不是一个顶峰，所以这个接力棒可以交给下一个视角，然后它继续向上跑，到达自己的局部最优解，然后再把这个接力棒交给另一个视角，而这第三个视角仍在一个向上的斜坡上。洪露和佩奇明确了一些条件，在这些条件下，既然理想一定会被发现，这种一般类型的动态过程就**一定**会找到全局最优解。[9]至少在这种动态过程的核心假设中，他们的定理很符合第二章中发展的理想理论模型，因为他们（1）恰好假定了构成理想理论基础的起伏图景 111
（§Ⅱ.2.4.），（2）表明了一个多元的共同体会在什么条件下确定理想的位置。因此，他们似乎在证明那些确保定位乌托邦的条件！这是不小的功绩。

关于证明的条件，佩奇提供了非常棒的非形式化讨论。[10]条件（1）是，最优化问题必须足够困难，以至于没有任何单一视角总能发现全局最优解。我在第二章中强调了这一点；如果最优化问题很平坦，单一视角就会靠自己向全局最优解攀登。但另一方面，我也强调了，凭借理想定向对于探索正义而言是没必要的。与此同时，条件（2）是，这个问题不能过于复杂。佩奇为此加了注释，即“问题的解决者很聪明”，而且

8　我的例子与佩奇的例子有相同的结构，见Paige, *The Difference*, pp. 139—143。

9　Hong and Page, “Groups of Diverse Problem Solvers Can Outperform Groups of High-Ability Problem Solvers”; Hong and Page, “Problem Solving by Heterogeneous Agents.” 我在这里正在对复杂形式化模型给出一种直觉性陈述。汤普森在证明的一个版本中指出了问题，参见Thompson, “Does Diversity Trump Ability?”。她也提出了一个相当极端的主张，即“尝试将数学上的量等同于人类属性是不恰当的”（第1029页）。汤普森的批评不会影响到这里所讨论的分析逻辑。

10　我跟随Page, *The Difference*, pp. 159—165。这一证据在政治生活中的应用得到了埃莱娜·兰德摩尔的充分辩护，她在“Yes, We Can (Make It Up on Volume)”中回应了各种不同的反对意见。

在埃莱娜·兰德摩尔用“洪-佩奇定理”对民主审议进行精彩阐释的过程中，该注释发挥了核心的作用。确实，像她提到的那样，问题的解决者不能“太愚蠢”。[11]回顾我们关于身高的视角，这个视角根据名字的字母排序发现了有意义的基本结构（§Ⅱ.2.1）。这个视角创造了最大的起伏；身高测量（y轴）与名字排序（x轴）不相关。因此，它不断被困于局部最优解；一群这样的视角无法在发现谁最高这个问题上取得显著进展。然而，这个假定不是真的只与各个视角是否“愚蠢”有关，它也与这个问题是否“足够简单”有关。真正的问题在于，各个视角是否认为这个问题产生了一个维度非常高的图景（最起伏的图景）（§Ⅱ.2.2）。在这样的图景中，确实不存在任何斜坡（每个点的正义都与它的近邻无关），所以没有哪个视角可以在解决最优化问题方面真正取得进展。在最起伏的图景中，存在大量低劣的局部最优解，群体可能在此陷入困
112 境。[12]因此，在最复杂的条件下，多样性程度的增加并不促进最优化。[13]我们可以这样理解佩奇的注释：问题的解决者“不太愚蠢”，因为他们发现最优化问题不难处理——他们有多个视角，在这些视角看来，基本结构与最优化问题有关。尽管如此，我认为最好还是把注意力放在复杂性问题上：如果我们正面临考夫曼所说的那种复杂性灾难（§Ⅱ.2.2），我们就都是“愚蠢的”。

要注意的是，洪露和佩奇的条件（1）和条件（2）实质上是理想理论所预设的那些条件，而这一点我已经基于其他理由论证过了：图景既不太平坦，也不太起伏（§Ⅱ.2.4）。如果过于平坦，最优化问题就可以只通过“攀登”斜坡来解决；森的攀登模型完全能够胜任这项任务。如果过于起伏，我们就都是“愚蠢的”。鉴于证明的条件与理想理论预设的基

11 Landemore, *Democratic Reason*, p. 102. 对照 Page, *The Difference*, p. 160。

12 Landemore, *Democratic Reason*, p. 102.

13 Hong and Page, “Problem Solving by Heterogeneous Agents,” pp. 149—151.

本问题汇合到一起,该证明看上去明显适用于理想理论的建模。

条件(3)是,假设有一群相关的问题解决者,而域中被每个问题解决者视为最优解的唯一要素才是全局最优解。回想一下我们探寻最好的维权国家的过程(§Ⅲ.1.2)。当我们将第三个视角包含在内时,团队共享三个最优解:全局最优解(捷克共和国),以及两个较低的最优解(巴西和塞尔维亚)。因此,拥有三个视角的团队没有满足条件(3),这就是我们不能确定他们会发现全局最优解的原因。如果我们加入其他视角,在这些视角看来巴西和塞尔维亚都不是最优解,那么接力棒的动态过程就必然会导向捷克共和国,因为它将是所有视角共享的唯一最优解。

这把我们带向了条件(4):要解决这个问题,我们的 Σ^V 视角就必须取自大量不同的视角,尤其是一些不同的相似性排序。Σ^V 自身必须是一个大小适中的群体;问题越困难,群体就应该越大。第四个条件允许这群问题解决者不包含所有人(如果问题解决者是所有人,那么他们 113
解决共同问题的交易成本就会非常高),但我们的 Σ^V 视角仍然必须是多元的,"不只包含少数几个问题解决者"。[14]

鉴于条件(1)—(4),洪露和佩奇得出"多样性胜过能力定理"(Diversity Trumps Ability Theorem):用我们的术语来说,一群被随机选定的 Σ^V 视角将比一群更同质化的、由"最佳问题解决者"组成的视角(那些拥有最平坦的最优化图景的视角)表现得更好。此外,洪露和佩奇的模拟实验表明,即使这些条件没有被完全满足,"从一大群能力有限的行动者中随机挑出的一组行动者也通常比来自同一群行动者的一组最佳行动者表现得更好"。[15]出于我们的目的,重点不在于用形式定理来细化这些条件,以便在这些条件下,随机选定的 Σ^V 视角**保证**击败

14　Page, *The Difference*, p. 162.

15　Hong and Page, "Groups of Diverse Problem Solvers Can Outperform Groups of High-Ability Problem Solvers," p. 16386.

最好的视角，而在于发现一个动态过程，它促使不同视角在一般情况下比同质化视角做得更好，尽管这些同质化视角已经做得非常好了。

当我们在第二章分析视角的多个要素时，有些人或许认为，相似性和距离度量很难设计，因此存在争议。"洪–佩奇定理"指出，这其实没问题。如果理想理论的拥护者可以在评价标准、相关的世界特征，以及映射关系上达成一致，但在相似性排序和距离度量上有不同看法，他们会比一致同意五个要素的人更能有效地确定理想的位置。要吸取的教训主要是，看待一个最优化问题的不同方式比看待它的相同方式更有效率，哪怕那种相同方式是最好的方式。

第二节　多样性的困境

洪露和佩奇关于多样性的研究非常重要，也很引人注目；我当然
114 不希望轻视它。的确，政治哲学家们应该对此给予更多关注。兰德摩尔的杰出工作引领了我们，为洪露和佩奇的工作如何用于解决政治哲学问题作了有力的解释。[16]尽管如此，就像我将在这一部分中表明的那样，兰德摩尔的工作依赖于关键性的额外假定，而这些假定并不总是那么清楚；当我们审视这些假定时会发现，对于理想理论而言，其影响远不如第一次看上去那么乐观。

2.1　（再论）邻域限制

思考理想理论时的最大局限就在于没有认识到"邻域限制"（§Ⅱ.3）。在探寻最佳维权国家的例子中，我们很清楚，每个视角都完全了解这个域中每个要素的正义得分。我们假设，当有某个社会引起视角的关注时，每个视角都知道那个社会的正义分数（y轴）是多少。此

16　Landemore, *Democratic Reason*, chap. 4.

外，对于分析而言，重要的是：人均GDP视角宣称自己被困于9分的摩尔多瓦，经济自由视角以自己的视角确定了摩尔多瓦的位置，也认同它是9分，但看到这不是一个局部最优解，所以可以带着接力棒（就像被证明的那样）向上跑，超过9分，到达11分的马其顿那里。现在，如果这组要被探索的社会自身就是一个邻域，而所有视角都在此汇合，那么在这个邻域内，“洪–佩奇定理”将适用于**我们的**问题；它很好地展示了，多元的 Σ^{V} 视角如何可以更好地探索一个共同的邻域。但这里的麻烦是，多元视角往往不在这个邻域上达成一致——这偏偏是它们可以相互帮助的原因。{ X }域的邻域是关于视角的相似性排序（SO）和距离度量（DM）的函数。简单来说就是：多元群体可以攀登y轴，恰恰是因为多元的 Σ^{V} 视角同意y轴的排序（正义分数）而不同意x轴的排序。但除非受到很大限制，否则x轴的多样性就难免会产生多元的邻域。如果我们再次回到有关维权的视角，从GDP视角来看，巴西和罗马尼亚是近 115
邻，而从经济自由视角来看，它们相隔得很远；导致这一结果的正是这些邻域的多样性，而这种多样性严重地限制了它对理想理论的适用性。让我们称之为：

> **邻域多样性困境**（The Neighborhood Diversity Dilemma）：Σ^{V} 视角的多元改善一个邻域内的探索，但随着我们增加 Σ^{V} 视角的多样性程度，这些视角会在什么是我们当前的邻域上产生分歧。

鉴于“洪—佩奇定理”的核心是**高度**多样性的优势，但高度多样性几乎注定意味着多个视角在这些邻域上有分歧，看来它对我们问题的适用性真的很有限。

2.2　定理和现实政治

需要强调的是，这并不是说“洪—佩奇定理”在所有政治语境下的适用性都很有限，比如集体审议。如果一个群体在选项的域上达成一致，而且所有人都知道（或认同）每个选项的分数，那么对于解释为什么在实际审议语境下集体决策容易胜过个体决策（即使个体是专家）来说，洪露和佩奇的分析就会大显身手了。兰德摩尔和佩奇近期论证了，在确认问题最佳解决办法时产生的共识在很多政治语境下都是合理的假定。“于是我们认为，参与者在评价标准[ES]和那些标准将如何被权衡[MP（第2部分）]上已经达成了共识。”[17]要注意的是，他们在研
116 究中假设，在视角的某些要素、评价标准和映射函数的权衡任务上存在共识。[18]鉴于这一点，他们论证，我们预计将在最佳解决办法（全局最优解）上达成一致；的确，基于对视角的理解方式，我们可能就会得出这样的结论。

然而，问题在于，仅凭在评价标准和权衡程序上达成的共识来产生关于选项的一致性总体评价，就要满足一个条件，那就是这个评价不依赖对选项的特征实际上会如何共同起作用的预测建模。兰德摩尔和佩奇指出，并且我们已经在§Ⅱ.4.2中看到了，在预测任务中，分歧可能会产生比共识更好的结果。[19]然而，如果阿尔夫要先预测这个选项会如何起作用，再预测该选项的函数将如何达到共享的评价标准，然后才能断定一个选项的最终数值，那么除非贝蒂也共享他的预测模型，否则她就不会总在全局最优解（和低于最佳解决办法的数值）上认同阿尔夫。

---

17 Landemore and Page, “Deliberation and Disagreement,” p. 6. 他们补充道：“这个假定可以等同于哈贝马斯的主张，即‘更好的论证的非强迫性力量’将在一个理想的言语情境中获胜（也就是说，‘正确答案’的优越性会向所有人显现）。”

18 要提醒我们自己：一个**映射**函数采用评估标准（ES）并将这些标准应用于社会世界i，正如WF所规定的那样，这为世界i，即被世界特征所描述的世界，产生一个**正义分数**。映射函数有两个部分。（1）它必须采用一个或多个模型，预测一个世界的正义特征（WF）如何相互作用来产生社会实现。这是**建模任务**。（2）它必须采用一套评估标准（ES）且通过它们提供对社会实现的单一评估来决定它们的相对重要性。这是**总体评估任务**。

19 Landemore and Page, “Deliberation and Disagreement,” p. 10.

表3-4　兰德摩尔的例子

成员	局部最优解		
阿尔弗雷德（卡尔瓦多斯）	马赛（7）🖐	卡昂（10）	
贝蒂（科雷斯）	巴黎（8）🖐	格勒诺布尔（9）🖐	卡昂（10）
查尔斯（加莱海峡）	格勒诺布尔（9）🖐	卡昂（10）	

为了看清这一点，考虑兰德摩尔的例子。兰德摩尔假设，法国政府在为一个实验项目挑选城市时遇到了一个问题。[20]“三位**成员**正在进行审议，一位来自卡尔瓦多斯，一位来自加莱海峡，一位来自科雷斯。他们想到了不同的办法……对于这个实验来说每个办法都会产生不同的数值。在0到10的范围内，一个数值10的城市对这个实验而言具有最高的客观值。由特定**成员**给出的任何城市都算作一个局部最优解……目标是让该群体发现全局最优解，也就是说，那个具有最高客观值的城市。”[21]**成员们**和他们视角的最优解如表3-4中所示。我们可以看到，正像洪-佩奇分析的条件（3）所要求的那样，被三个视角共享的唯一最优解是卡昂，即全局最优解。根据兰德摩尔的描述，如表3-4所示，阿尔弗雷德或许被困于他在马赛那里的局部最优解（由🖐表明）；贝蒂可以带 117
着接力棒去巴黎，但她被困在了巴黎那里的局部最优解（🖐）；查尔斯可以带着接力棒到格勒诺布尔，止于这里的局部最优解（🖐），但阿尔弗雷德可以拿回接力棒，并到达卡昂。

20　这个例子在Landemore and Page, “Deliberation and Disagreement,” p. 7中得到了复述。

21　Landemore, *Democratic Reason*, p. 99.

在这里，重要的不只是假定**成员们**同意他们的评价标准和权衡率，还要假定当三位**成员**使用各自的预测模型，预测每个城市将如何满足这些被一致同意的权衡评价标准时，他们会一致同意哪个城市是最好的。正如我所说的那样，只有他们都共享被视角 Σ^V 归一化了的评价（Σ^V 包含相同的预测模型），才会如此，因此一旦指出一个具体的解决办法，Σ^V 的所有成员就都会认同相关选项的预测值。我认为，这就是为什么把这个例子看作现实政治是有些不自然的。当这些成员采用不同的预测模型时，我们会期待被预测的结果发生变化。即使采用不同预测模型的人们共享相同的基本价值，他们也很容易在选项的数值上有分歧。[22]不同的预测模型会导致他们不同意这些选项的总体数值，即这些选项沿 y 轴的排序，而不只是他们如何沿 x 轴排列这些选项。假定他们都共享 Σ^V 视角（因此完全认同域中每个选项的得分），这一假设其实很有力，至少在很多现实政治案例中是这样。

在这点上，我们可以引入"多样性预测定理"（the Diversity Prediction Theorem）（§Ⅱ.4.2），并认为**成员们**可以共享他们的预测模型。
118 正如兰德摩尔和佩奇考虑的那样，**成员们**会对不同模型的比较性优势进行高水平审议，这样的审议可以改进每个模型的工具箱。但是，兰德摩尔和佩奇不愿意提出一种能够在预测模型上达成共识的程序："在预测语境中，通过审议达成共识已经够好了。"[23]他们表明，如果每个预测者都向平均预测靠近一步，那么群体预测就不会有什么收获了。[24]这是"多样性预测定理"的结果；即使阿尔弗雷德向平均预测的移动会增加他的预测可靠性，作为一个整体的群体也会失去预测多样性的一个要素，而且考虑到一单位的预测多样性等于一单位的预测准确性，群体的

22 Page, *The Difference*, pp. 257—258.

23 Landemore and Page, "Deliberation and Disagreement," p. 13.

24 同上，pp. 9ff。

平均预测表现将不会得到提升。[25]我们或许可以想象一个审议，在这个审议中，**成员们**首先会明确各自的模型，讨论这些模型如何发挥作用，并出于某些目的共享它们，但他们还会继续使用原来有争议的预测模型。因此，至于哪个城市对实验来说有最好的结果，在一个意义上他们意见一致（因为他们正在使用共享的结果），而在另一个意义上他们意见不一致（因为他们继续使用各自不同的预测模型）。很难看到这如何在实践中行得通，更不要说是接近现实政治了。

因此，对于兰德摩尔的主张，即这个定理的四个条件都不难被满足，我们必须质疑它的广泛说服力。[26]虽然如果我们将自己限定在简单的形式化条件（1）—（4）上，那么该主张貌似是合理的，但我们的担忧与假定所有人都共享或可以去共享全部 Σ^V 视角有关。对于我们来说，要相信洪露和佩奇的模型确实适用于这样的情况，不同的视角就必须采用在每个城市分数上达成一致的预测模型。当然，这并不是说一旦在各个要素得分上存在任何分歧，洪-佩奇探索模型就会变得不相关，而是在说这些视角给各选项的打分越不一样，定理的适用性就越低。 119
当贝蒂视角宣称，她已经从7分的马赛那里离开，但被困在了8分的巴黎，那么查尔斯的回答或许是“**这不可能！**”——你明明从7移到了6！

2.3　乌托邦触手可及定理

虽然“洪-佩奇定理”处理不了这样一些邻域——对其中某一区域的信心要比对遥远地区高得多，但是佩奇讨论了第二个定理，它可以处理这类问题。按照他所谓“‘天才存在定理’（the Savant Existence Theorem）……关于任何问题，都存在很多创造了富士山式图景的视

25　参见附录B。

26　Landemore, *Democratic Reason*, p. 102.

角。”[27]总存在某些对{X}中各个要素(各个社会世界)的安排,这些安排创造了富士山式图景。在我们简单的一维相似性空间中表明这一点是轻而易举的:在y轴上采用从高到低的分数排序,并重新安排x轴去对应y轴上的排序,这将产生一幅富士山式图景。对于任何最优化问题而言,存在很多这样的可能图景。如果我们可以表明,我们的问题是一幅平坦的最优化图景,那么局部最优化与全局最优化之间的冲突就会被完全消除掉(§Ⅱ.2.3)。要注意的是,从原则上讲,对于任何图景,无论这些图景有多起伏,都存在一些对x轴的备选排列,而这些排列会产生一个平坦的最优化问题。我认为,这是在根据视角的聪明程度而不是问题的复杂性来阐释“洪-佩奇定理”第二个条件背后的动机:**原则上**存在某个视角,它能将每一个复杂问题都转化为一个简单问题。

一种更温和的“天才存在定理”或许被称作:

> **乌托邦触手可及定理**(The Utopia Is at Hand Theorem):从原则上讲,存在多个 Σ^{V} 视角,根据这些视角,Σ 的理想就在我们当前的邻域内。

这是“天才存在定理”的一个“更温和的”版本,因为它不要求对相似性维度进行重新排序,乃至出现对于{X}域中的所有社会世界而
120 言平坦的最优化图景。它“只”要求{X}的一个子集,这个子集包括当前世界和全局最优解,同时我们假定附近的其他社会世界也参与排序,它们共同形成了一个邻域。这个版本也不要求这个邻域内存在平坦的富士山式图景。它要求的“只是” Σ 的全局最优解在我们当前的邻域内。我们有一个可能令人信服的结果:从原则上讲,在理想正义这个问题上总存在某个视角 Σ^{V},它表明 Σ 的乌托邦位于我们当前社会世界的

27 Page, *The Difference*, p. 47. 关于富士山式图景,参见§Ⅱ.2.1。

邻域内。这将意味着“选择”（§Ⅱ.3.3）可能会被避免，因为对理想和局部正义的追求完全一样。

理论上来说，重新安排一个域的各个要素似乎很容易。难的是，安排这些要素，使它们呈现出一种关乎相关社会世界的世界特征（WF）且容易让人理解的相似性排序，以表明对｛X｝域的这种新安排体现了一种与社会世界有关的、有意义的结构（§Ⅱ.1.2）。如果我认为，社会主义的野营旅行像乌托邦一样远离我们当前的世界，而且你有一个与之相邻的视角，那么这可能很有启发，**前提是**我能同意你构建世界的方式确实抓住了我所漏掉的相似性。于是，我有可能得出结论，即我可以共享你对理想的更深层认识，因为它比我曾想象的更像我们当前的世界。[28]但如果你关于｛X｝的视角看上去很专断或不合理，或漏掉了一些重要特征，那么我就会摒弃你的“天才”视角，以及它声称把理想带进我的邻域这一说法。通过把（以我的视角）看上去非常近的东西推到非常远的地方，很难将一个有意义的结构强加于各个社会世界。[29]

在社会思考中，视角方面的革命性变化无疑已经发生了。也许自由主义自身就是这样一种再概念化的东西。西方社会一度面临要宽容哪些虚假宗教的问题。即使在《论宗教宽容》中，洛克仍然在与这个观点作斗争。虽然他认为宽容持不同意见的新教徒会让英联邦变得更 121
好，但宽容天主教徒或许会损害正义（宽容天主教的英格兰远不是他心中的英格兰）；而且，宽容无神论者的世界甚至是一个更远的世界。[30]但是，洛克在没有完全意识到这一点之前，一直在推行更加“富士山式的”

28　贝拉米暗示这一点：“正如每个小学生所知，在19世纪后半叶，今天的［社会主义］文明或类似的东西是不存在的，虽然发展它的各要素已经开始发酵。”参见Bellamy, *Looking Backward*, p. 3。

29　佩奇当然意识到了这一点，参见他的*The Difference*, p. 48。

30　参见Locke, *A Letter concerning Toleration*, pp. 245—246。另参见我的“Locke's Liberal Theory of Public Reason”。

自由主义图景，在这幅图景中，关于良心和言论的每个额外权利都增进正义。最终，“宽容哪些虚假信条”这个早期的近代问题被转化为了如何增进思想和信仰自由这个问题，在这个问题中，与宽容哪些信条有关的选项在近乎平坦的最优化图景中得到了排列。一旦一个人根据社会世界的良心自由来排列它们，宽容天主教徒的世界就会非常接近于宽容持不同意见的新教徒的世界，而且离宽容无神论者也就只有一步之遥。

然而，这场革命不仅仅要用一套固定的正义属性和社会实现来重新安排各个世界：它还要修正关于社会世界如何运行的某些判断（例如，坚持统一宗教实践的社会世界并非像传统上认为的那样更和谐、更稳定），也要把握新的评价标准，比如个人尊严。就是说，这个改变不只在一个稳定的 Σ^{V} 视角内发生：它会修正与这个视角自身有关的一些核心规范性要素，即评价标准、世界特征，以及映射函数。这个例子引出了一个重要问题：以不修正视角的核心评价要素（ES、WF和MP）为前提，{X}域的相似性排序可以在多大程度上被彻底重新建立呢？

2.4 理想视角中各要素之间的相互依赖

我们已经明确了，Σ^{V} 视角在评价标准（ES）、社会世界特征（WF）
122 和映射函数（MP）上达成一致。这些视角确保对域中所有社会世界的正义有一致性总体评价。我们一直在检验的核心结论是由在保持其他要素不变的情况下允许相似性排序（SO）和距离度量（DM）自由改变所导致的。重要的是强调，只有当相似性排序产生很大变动时，我们才有可能得出强有力的结论，即我们非常可能发现乌托邦，或理想可以被“带进”我们的邻域。

洪露和佩奇的结论显然预设了相似性排序可以自由改变且不影响视角的核心评价要素，包括它对社会世界的总体正义判断。这是我们探寻最好维权国家得来的主要教训。GDP、经济自由和政治运行视角对相似性进行了重新排序，但它们对同一组选项有相同的评价。然而，这种完全独立于核心评价要素的相似性排序不能出现在我一直发展的模型当中，因为这些相似性排序的基础是视角对社会世界的正义特征的非整体性评价。

为了理解这里发展的模型为什么与**相似性排序完全独立于核心评价要素**的假定不一致，我们暂且先接受这个假定。进一步假设，我们有一个可接受的正义视角 Σ^{V}。回想一下，这个视角并没有参与到完整性评价之中，因为它的参与会导致一个实质上是随机的高维正义视角（§Ⅱ.2.2）。可接受的理想正义图景是适度起伏的；非常相似的近邻有相互关联的正义分数（§Ⅱ.2.4）。然后，从{X}域中取出三个世界a、b、k。假设根据阿尔夫的 Σ^{V}，b有着与a几乎完全相同的世界特征，它们之间只有最细微的可识别差异。现在，因为制度的正义特征与背景事实之间相互依赖，所以结构极为相似的世界可能在它们的总体正义上有很大差异。尽管如此，根据阿尔夫的视角，两个相邻的世界a和b有着非常相似的正义特征，而且因为对a和b正义的评价基于对这些正义特征的非整体性评价，所以a和b的正义分数一定相关。现在，考虑某 123
个随机选定的世界k，并假设另一个版本的 Σ^{V}视角，即贝蒂的视角，该视角采用一个相似性排序，以至于使k位于a和b之间。我们最初的假定（相似性排序完全独立于核心评价要素）认为，这与保持这个视角的核心评价要素相一致。但值得注意的是，由于是随机选定的，k在 Σ^{V}所允许的范围内可以有**任意的**正义分数。因此，根据贝蒂的 Σ^{V}视角，即使a和k相邻，它们也不必有相互关联的正义分数。根据贝蒂的 Σ^{V}，即使世界a与世界k非常相似，知道a的正义也不会让贝蒂对k的正义有所了解。对任何世界的评价都基于它的特征，但我们在这里看到，几乎完全相同的特征产生了不相关的正义分数。通过重复，我们可以确保在贝蒂的视角中，这对于{X}域中的所有配对都适用。这会产生一个最高维的图景，在这个图景中，任何相邻的要素之间都不存在相互关联，所以不存在邻域（§Ⅱ.2.2）。只有（1）对社会世界的正义评价不是关于其特征（WF）的一个函数[31]或（2）对那些特征的评价在最大限度上是整体性的（特征上的任何改变都会产生完全不相关的判断），这样的视角才会产生。但我们可接受的正义视角模型排除了这两个条件。它否定（1），因为正义正是评价世界特征的结果，而且我们对可接受的理想正义视角的限制禁止（2）。因此，我们陷入了一个矛盾：我们假定 Σ^{V} 是一个可接受的视角，但贝蒂的 Σ^{V} 视角并非如此。可接受的视角不能允许相似性排序完全独立于核心评价要素。

这并不是说，稳定的核心评价要素不允许我们的模型在各个相似性排序上有任何差异：相同邻域中的差异当然是被允许的（§Ⅱ.4.3）。考虑罗尔斯勾勒出来的、在当前文献中被大量讨论的五种经济体制：
124 "（a）自由放任资本主义［古典制］，[32]（b）福利国家资本主义，（c）国家社会主义计划经济，[33]（d）财产所有的民主制，（e）自由（民主）［市场］社会主义。"[34]关于这些体制，考虑三种不同的相似性排序：

阿尔夫：a—b—d—e—c
贝蒂：a—d—b—e—c
查理：e—a—d—c—b

31　考虑前文身高的例子，§Ⅱ.2.1。

32　"自由放任"是一个不当的名称；正如罗尔斯对这个体制描述的那样，它包含一个"相当低的社会最低限度"。参见Rawls, *Justice as Fairness*, p. 137。他的描述使我们想到政治经济中的古典制，这种体制绝对不是一种自由放任的体制（自由放任是曼彻斯特学派和法国重农学派的特点）。不幸的是，尽管政治经济史学家们做了不少努力，这种混淆仍然普遍存在。参见Robbins, *The Theory of Economic Policy in English Classical Political Economy*。另见我的"Mill's Normative Economics"。

33　维尔斯（P. J. D. Wiles）称之为"苏联式"体制，参见Wiles, *Economic Institutions Compared*, esp. chaps. 4, 11。

34　Rawls, *Justice as Fairness*, p. 136.

假设，我们处于世界**b**(在上方用粗体标注)，它是一个资本主义福利国家。阿尔夫的排序是凭直觉得到的一个经济结构连续体。[35]一端是古典经济自由主义(a)，它采纳强大的私有财产制和市场制。古典制的后面是福利国家(b)，它也遵守古典制的制度，并使财产在很大程度上不受管控，有对国家基本福利规定的限制性条款；财产所有的民主制(d)或许被看作是对福利国家平等主义资本主义的一个发展；市场社会主义(e)更远一步，因为它摆脱了私有财产，而国家社会主义(c)则继续沿着这个方向，拒斥市场和财产。现在我们可以想象，贝蒂以完全相同的方式观察和评价各个世界，但她有一个多少有些不同的排序。从阿尔夫的视角来看，财产所有的民主制挨着我们当前的世界，但贝蒂的视角强调它对市场和财产的深深依赖，进而把它视为古典制世界a的近邻。因此，向市场社会主义(e)移动会**远离**私有财产，即朝相反的方向走去。虽然我认为可以这样理解阿尔夫和贝蒂视角的不同排序，即这两个视角以相同的方式理解经济体制，但由于在作相似性判断时强调的特征之间存在细微差异，查理的排序似乎会注意到非常不同的特征。正如查理所看到的那样，我们的福利国家靠近国家社会主义，国家社会 125
主义又挨着财产所有的民主制。为了解释这一点，貌似可以合理地推测出查理的相似性排序非常不同，是因为他对他正在辨认的经济体制特征持根本不同的看法。但这意味着相似性上的差异必须与视角核心评价要素(相关的世界特征WF)上的差异挂钩。但如果要被评价的特征不同，我们就必须假设总体评价也是如此。同样，最可疑的是假定排序独立于评价特征的核心要素。

由于佩奇对于视角的理解十分重要，并且具有影响力，我们需要想一想对模型做出哪些改变才能顺应这样的理解。如果那些调整是合理的，也许我们就应该改变我们的最初模型(§Ⅱ.1)，而不是否定“洪–佩奇定

35　这由查普曼(John W. Chapman)提出，参见他的“Justice, Freedom and Property”。

理”与理想理论的相关性。要为应用这个定理扫清障碍，就有必要使相似性排序摆脱核心评价要素。再次回顾最初探索最佳维权国家的例子（§Ⅲ.1.2）。这些国家沿着一个维度被排列，而这个维度没有显示由评价标准直接评价的属性，但显示了由某些额外属性直接评价的属性，这些额外属性被视角假定与一个国家的总体正义相关。因此，一个视角确认了GDP，另一个视角确认了经济自由，而第三个视角确认了政治运转，分别把这些作为相似性判断的基础，但没有任何视角将评价标准应用于这些特征：这些视角都在评价各个国家中与正义相关的相同特征，这些特征直接关系到个人自治和个体权利。[36]所以根据我们的模型，它们确实在评价标准、映射函数，以及相关特征上达成了一致，但它们在导出相似性时不依赖这些相关特征，反而采用了它们以为与正义总体判断相关的某个完全不
126 同的特征。[37]相似性排序正是以这种方式摆脱了对核心评价要素的判断。

这种为寻求正义定向的方式让人晕头转向，这是理想理论独有的特征。如果一个视角确认了与正义评价相关的世界特征，那么为寻求正义定向的最好方式就一定是直接聚焦于这些特征，而不是挑选某个代理维度，毕竟代理维度本身不因其正义而得到评价，只是被假定和正义有某种相关性。当我们面对不同的问题时，即当我们有一种评价选项的总体分数的可靠方式，但不确定产生分数的各个特征时，佩奇的视角观就讲得通了。例如，假设我们正在为计算机系统构建组件，并且我们知道最好的产品会将模块化和其他组件、可靠性和低成本完美地结

36 *Freedom House Freedom in the World Report*, 2014. 这些特征是：“公民享受旅行或居住、就业选择，或更高教育制度的自由吗？公民有权力拥有财产和建立私人企业吗？私人商业活动受到政府官员、安全部队和政治党派/组织，或有组织犯罪的过分影响吗？存在任何包括性别平等、婚姻伴侣选择，以及家庭大小的个人社会自由吗？是否存在机会平等且没有经济剥削？”

37 如果这些视角一致同意这组世界特征，且每个视角从那组世界特征中挑出一个特征作为其相似性排序的基础，也不会明显改变这里谈到的东西。

合起来，但我们不确定哪些基本特征会在这些维度上产生高分。[38]这时，某个视角会合理地给出某个维度，因为这个维度会找出更好的解决办法，但这并不是基本特征的直接功能。

当探究者在如何给一个解决办法打分上达成一致，但在这些分数依赖于哪些特征上存在分歧时，佩奇的视角模型就能派上用场了。因此，佩奇的视角观不需要包含相关的特征，因为从根本上讲，我们并不确定那些特征是什么。不同的视角可以对域中成员的明显特征采用不同的理解，因为这些视角之间存在判断每个要素总体价值的通用测试。兰德摩尔和佩奇在最近的一篇文章中提到，就好像所有视角都假定存在一个权威视角，这个权威视角会给出所有视角都接受的正确答案。“这样，解决问题的任务就包括产生多个潜在的解决办法，以及确认其中的哪个办法最好。在这个纯属解决问题的语境下，我们暗自假设存在一个权威视角，即一台机器、一个人，或一种内在直觉，关于任何被提到的解决办法， 127
它都可以给出正确的排列。”[39]所以，各个视角认同要被评价的相同要素和相同权威视角，但可以在形成权威判断的相关特征上有分歧。

让我们来考虑“乌托邦触手可及定理”（§Ⅲ.2.3）如何看上去预设了兰德摩尔和佩奇对视角的理解，但又容纳基本的“邻域限制”。回顾一下，“乌托邦触手可及定理”的关键是存在某个乌托邦视角，根据这个视角，从我们当前视角看来似乎离眼前世界很遥远的理想，在这种乌托邦视角看来就在隔壁。让我们称这种乌托邦视角为**尤利西斯视角**，称当前视角为**贝蒂视角**。表3-5通过一个包含六个世界的域且包含三个世界的邻域的例子，具体说明了这一点。首先要注意的是，贝蒂和尤利西斯的视角一致同意这个集合（第二列）中每个世界的正义分数，正如

38　参见D'Agostino, “From the Organization to the Division of Cognitive Labor”。

39　Landemore and Page, “Deliberation and Disagreement,” p. 6. “这个权威视角的假定只要求，如果备选项y比x更好，那么每个个体的模型就必须也将备选项y排在备选项x之上。个体视角无须知道确切的数值，它只要求足够接近就好了。”同上，pp. 7—8。

接受同一权威视角所要求的那样。贝蒂认为我们当前世界a的某些基本特征{f, g}很重要；于是，她利用了某个维度，得出对她当前邻域的其他可能世界（这个例子中的b和c）的相似性判断。因此，在贝蒂的视角看来，局部最优解是b，正义分数为15。尤利西斯的理解方式有所不同。他认为a的基本特征是{m, n}，而且考虑到相似性排序，最相似的世界是e和u。当然，u既是局部最优解也是全局最优解。所以，从尤利西斯的视角来看，理想就位于当前的邻域中。

但是，他们为什么会认为，至少当他们没在讨论当前世界时，他们实际上仍在讨论相同的世界呢？考虑到他们没有将相同的特征归于这些世界，就连他们可以相互沟通**他们正在描述哪些世界**都显得很可疑。回顾表3-5和被指定为“b”的世界。如果贝蒂的视角正在分析一个由{f, h}构成的世界，而尤利西斯认为这个结构以{n, q}为基础，那么他们在什么意义上正在讨论相同的可能世界呢？在前面有关维护个人权利的国家的例子中，我们单独确认了域中的要素（有名字的现存国家）；
128 在兰德摩尔的例子中，也有一个附带多个名字的域（几个法国城市）。佩奇强调，如果存在一些可以被单独确认的人造物（artifacts），我们就可

表3-5　只在正义分数上达成一致的两个视角

世界	正义	贝蒂根据她的相似性维度看到且排序的特征	贝蒂看到的邻域	尤利西斯根据他的相似性维度看到且排序的特征	尤利西斯看到的邻域
a	10	{f, g}	√	{m, n}	√
b	15	{f, h}	√	{n, q}	
c	5	{f, i}	√	{n, p}	
d	15	{i, j}		{n, o}	
e	20	{i, k}		{m, o}	√
u	30	{i, l}		{m, p}	√

以一致同意我们正在讨论的东西，哪怕对这些人造物的属性保有深层的分歧。[40]虽然表3-5将这个世界指定为“b”，但那种做法在描述可能世界时做了不当预设，实际上，我们并没有指定每个世界的名字。一个可能世界由它的特征来指定，并且贝蒂和尤利西斯正是在这些特征上有分歧。换言之，深层的视角分歧会阻碍这些视角根据其他视角理解为相同的“东西”来描述某些世界。因此，贝蒂和尤利西斯并没有在要被评价的{X}上达成一致。

假设，这个问题可以被克服，而且尤利西斯和贝蒂可以一致同意确认世界的方式，比如通过这些社会的因果历史（比方说，“世界由拉动红色杠杆而产生”）。尽管如此，贝蒂还是会因为尤利西斯声称已经确认了理想而感到困惑。他的视角与贝蒂的视角在世界的相关特征上完全不一致，但这两个视角却有些出乎意料地在这些特征的正义上达成了一致。为什么有{i, l}和{m, p}的世界应该有相同的正义分数呢？他们不可以通过任何测试来运行这些世界，从而判定它们的总体正义；他们能做的只是将他们的预测模型应用于这些特征，并根据模型的评价 129
标准和映射关系来评价这些世界。如果用相同的评价标准来评价不同的特征，那么我们就会期待不同特征在正义方面的变化。当然，可能存在一些情况，在这些情况下具有不同特征的世界的正义碰巧相同，但指望（更何况假设）每一个世界都可以做到这一点太不切实际了。确实，贝蒂最合理的推测要么是尤利西斯的视角根本是错的，要么是他也在使用一套不同的评价标准，因此尤利西斯实际上没有共享贝蒂的评价标准或权衡系统。然而，如果尤利西斯感到困惑，或有非常不同的评价标准，那就无法确定贝蒂是否有很多地方能向他借鉴。这不同于说贝蒂无法理解尤利西斯的视角，而是说她难以理解既然被评价的东西（世

40　Page, *The Difference*, pp. 172—173. 我在§Ⅳ.1.3.1中更细致地思考了这一点，关于我们可能仍然一致同意的部分。

界的相关特征）可能存在如此大的差异，为什么却能不影响这些东西的总体正义分数，而只影响x轴上的区域。

2.5 多样性的根本困境

因此，我们可以看到为什么"洪–佩奇定理"（基于特定的视角观）对理想理论不适用了（但参见§Ⅲ.3.2）。一种理想理论需要关注可能世界的正义特征以便确定它们，并且根据这些特征来构建相似性排序。所以，这个令人印象深刻的、形式化的洪–佩奇结果到头来和我们不怎么相关。不过，我们从上文中得到的一个更基本的教训是，由于视角变得更加多元，它们相互沟通的能力受到了限制。[41]那些以相似但稍微有些不同的方式看待事物的视角显然可以帮助彼此克服"邻域限制"。阿尔夫的视角可能会改变邻域，或使贝蒂所忽略的正义特征得到关注。然而在某个时刻，由于视角之间存在分歧，它们只能以看上去对每个视角而言莫名其妙的不
130 同方式来看待事物。也许，同贝蒂和尤利西斯一样，这些视角在什么构成邻域和相关世界的特征上持完全不同的意见。洪露和佩奇表明，在某种意义上这应该成为一种重要资源，通过面对那些以不同方式理解这个最优化问题的视角来帮助各个视角突破它们自己的界限。然而，虽然接受更深层的多样性会提高确认全局最优解/或将这个最优解带入我们邻域的概率，但与此同时，它也会削弱我们有意共享相关信息的能力。贝蒂和尤利西斯可能在很多问题上无法达成一致，以至于贝蒂不能理解尤利西斯的所谓发现如何与她正在尝试寻找的理想相关。经验性分析往往会证实这一点，指明那些外表非常不同的视角难以相互沟通和协调。[42]总的来说，我们很容易在各个备选社会世界的数值是什么、如何确认那些世界，

41 佩奇意识到了这一点。参见Page, *The Difference*, p. 49。

42 Weber and Camerer, "Cultural Conflict and Merger Failure: An Experimental Approach." 关于表明有意义的命题来自共享的总体视角的一个模型，参见Hazelhurst and Hutchins, "The Emergence of Propositions from the Co-ordination of Talk and Action in a Shared World"。

以及其他视角所说的实际意味着什么上存在分歧。就和巴别塔一样，我们为到达天堂而付出的共同努力可能会沦为相互之间的不理解。

因此，我们得到了：

> **多样性的根本困境：**随着我们增加视角的多样性，我们可以使理想更接近我们的世界，但随着多样性的增加，我们在备选世界的正义（包括理想的正义）上无法达成一致意见。

共同体利用多个视角可能会增加其邻域的实际大小，也可能将理想拉得更近。但有关理想的各个视角被整合在了一起。一个视角之所以有一个相似性排序，是因为它认为某些制度特征和其他特征与正义相关；这些特征是它评价一个社会世界总体正义的基础。[43]当一个视角将它的映射关系（包括它的预测模型）和评价标准应用于这些特征时， 131
它就会得到一个总体正义分数。任何要素上的细微变化或许不会产生很大影响，但一个要素上的高度多样性会在视角之间产生广泛影响。我们或许称之为**多样性的蔓延**（diversity contagion）：多样性被引入到一个视角的某一要素中，它引起了另一要素上的多样性，而这进而会产生更大程度的多样性。我们已经看到，佩奇富有洞察力的视角模型假定了视角各要素（排序、特征和整体评价）都具有很强的独立性，这种独立性会在很大程度上（即便不是彻底）避免这样的蔓延；[44]然而，对于追

43　佩奇也观察到了这种相互作用："我们使自己的阐释［WF所采用的类别］偏向于我们认为最重要的事物［我们的评估标准］。如果汤姆关注节能，他就会在购买一所房屋之前要求查看供暖账单。如果邦妮关注室内光线，她就会计算窗户的数量和大小。因为他们的偏好［ES］不同，所以他们的阐释不同。"参见Page, *The Difference*, p. 292。

44　即使在佩奇的分析中，它们也不是完全独立的："有时一种多样性产生另一种多样性……它们适用的语境相互重叠，而且它们的影响交织在一起。"参见Page, *The Difference*, p. 285。

求理想而言，这是一种不恰当的视角观。根据我们所发展得更恰当的模型，如果两个关于乌托邦的视角在某一方面非常不同，那么它们也会在其他方面有实质性的差异。当实质性和系统性的差异产生时，各个视角就会以探索“不同的图景”而告终。[45]因此，不同的哲学家创造了极其不同的视角，以及不同的正义图景，而不是把自己当成探索相同核心评价要素的不同团队。

我们的分析结果是，如果这意味着在不引入更深层多样性的情况下（例如，关于什么社会是最正义的）用“恰到好处”的多样性程度去解决最优化问题（比如，通过承认一些观点，这些观点以有益的不同方式来为探寻正义定向），那么就很难“应付”评价的多样性[46]。由于人们探索相异的理想，这些差异会将一幅最优化图景分裂成多幅图景，因此我们往往对其他人的探索不感兴趣。想要确保大型群体足够多元，以便有效地找到解决共享问题的新办法，确实困难重重。独裁主义政体就常常在这里栽跟头。一些独裁主义政体为了在正统意识形
132 态的界限内允许视角的多样性，常常以同一种正统（采用正统视角）的方式陷入改革问题的泥沼中。开放政策（Glasnost）和苏联经济与政治体制改革（Perestroika）是20世纪晚期的光辉典范。当然，不是说这样的努力不能成功，而是说它似乎不可避免地依赖于武力、恐吓和压迫。

第三节　多样性的好处

3.1　多样性的根本洞见

我一直在详细讨论由多元视角引发的一些问题，我相信这些问题

45　Page, *The Difference*, p. 289.

46　对照Santos-Lang, “Our Responsibility to Manage Evaluative Diversity”。

为在一种理想正义理论中有效地使用"洪–佩奇定理"设置了无法逾越的障碍。虽然这种形式化的进路并不像它起初看上去那么有帮助，但这绝不意味着多样性视角不能很好地帮助一个社会探求更大程度的正义或更好地追求共同善。与"多样性的根本困境"相伴的是

> **多样性的根本洞见**（The Fundamental Diversity Insight）：任何满足"社会实现条件"和"定向条件"的特定正义视角 Σ 都容易被困于低劣的局部最优解；其他视角可以通过重新阐释这个问题或应用不同的预测模型起到帮助，在 Σ 的邻域中展示出更好的备选项。

"多样性的根本洞见"是我们通过考察佩奇的开创性工作得来的有益的经验。虽然我们必然怀疑形式化的"洪–佩奇定理"不与我们的问题直接相关，但这留下了一个深刻的教训。是的，不同视角间的沟通有很大困难，尤其在理想理论中，可能很难得知我们到底是否在谈论相同的社会世界，而且无法否认，由于各个视角持不同意见，出现了规范上的分歧，以至于到最后这些视角都在探索不同的图景（最优化问题）。**只要一个社会接受极其多元的视角，它就会有极其多元的规范**。但如弗雷德·达戈斯蒂诺所说，这些无一表明不同的视角永远不能"聚在一起"。[47]确切地说，这表明聚在一起是非常困难的任务；多样性的好处绝不是自发的，但也并不总是遥不可及。 133

我们当然要通过众多方式向彼此学习。其他视角会发现以我们观察世界的方式看不到的那些特征。在最近一代人中，女权主义视角无疑扮演着一个重要角色，提醒所有正义理论去注意原本几乎不可见的世界特征。女权主义者探索社会世界的各个特征，比如家庭和语言，这些特征对于最传统的政治理论而言无足轻重。在这里，兰德摩尔和佩

47　D'Agostino, *Naturalizing Epistemology*, p. 1.

奇当然是对的，即更好的论证能使各个视角部分汇合到一起。[48]女权主义视角的一些主张已经被自由主义、保守主义，以及其他视角接受，而另一些主张可能无法被整合，并且这些视角仍然是有区别的，即它们指向不同的正义观。这一切的重要性我们已经烂熟于心，我就不尝试复述这些考量了。让我们把注意力放在我们的模型所强调的那些好处上。

3.2 洪露和佩奇分析的深刻洞见

回顾波普尔和埃尔斯特的根本洞见，即合理的乌托邦理论必须承认其理想可以被不断修正（§Ⅱ.3.4）。然而，我们不能像王尔德那样假设，一旦“人类”登陆 Σ 的乌托邦，Σ 的拥护者就能够从那里看到我们现在应该为之扬帆起航的“更好国家”。毕竟，Σ 假设它正在登陆一座有着最高峰的岛。或许非常幸运，可以不断看到更远且更高的山峰，但没有理由对此抱有期待。洪露和佩奇的“传递接力棒的动态过程”的重要特征是，当 Σ 已经和自己所希望的做得一样好时，某个其他视角**可能在与 Σ 充分共享的同时也与 Σ 足够不同**，以至于它可以像我们提到
134 的那样，看到一条向上的路（§Ⅱ.1.1.2）。假设一个传统社会主义视角认为社会主义是对“资本主义”的废除，而资本主义被理解为“私有财产市场”。再假设这样理解的社会主义得到了实现（正如20世纪早期和中期的世界上大部分地区那样）。现在进入另一个视角，这个视角不把“私有财产市场”看作一个单一特征（或两个总是携手并进的特征），而是两个十分不同的特征，因此“国家社会主义”可能会被“市场社会主义”改进。在一段经过修饰的思想史中，我们或许认为这是铁托的南斯

48 回顾一下：“这个假定可以等同于哈贝马斯的主张，即‘更好的论证的非强迫性力量’将会在一个理想的言语情境中获胜（也就是说，‘正确答案’自身的优越性会向所有人显现）。”参见Landemore and Page, “Deliberation and Disagreement,” p. 6。

拉夫视角的一种主张。[49]它与苏联的国家社会主义有足够多的共性，因此可以理解苏联的主张，即“根据我们的理解，‘社会主义’应该更明确地区分市场和私有财产，而且改良过的社会主义理想在于接受前者而不是后者”。

一个视角不一定非要通过“登陆”它的乌托邦才能理解这一点。在到达之后可以做到的事情也可以在到达之前做到，即以联合的视角进行审议，观察自己忽视了哪些属性，或错误地捆绑了哪些属性。另外，适用于最高峰的东西也适用于其他山峰，从这些山峰出发，一个视角无法真正看到“下一个目的地”。正是不同却相关的其余视角最有可能看到被忽略了的更好备选项，即原初的视角本应该看到却忽略掉的那些备选项。这是关于“传递接力棒的动态过程”的伟大洞见，即便对于形式化的证明而言这些条件没有得到满足。虽然我们对洪-佩奇模型更激进的使用深表怀疑，但这是一个深刻且重要的想法，我们切不可忽视它。

3.3　模块化问题

另一种情况是：谁的视角与我们的视角有更多共同之处，我们往往就会从谁身上学到更多东西。不过，达戈斯蒂诺从社会知识论的角度对更极端形式的视角分歧进行了富有成效的分析。通过一些修改，就算在我们的五个要素上都意见相左的视角也可以采纳其他视角的解决办法来帮助解决问题。借用达戈斯蒂诺的一个想法，当一个问题具有 135
模块化性质时，一个视角的解决办法就可以被纳入其他视角的解决办法之中。[50]在20世纪90年代和21世纪的最初十年里，西欧和美国的社

49　参见Wiles, *Economic Institutions Compared*, pp. 85ff, chap. 6; Ward, *The Ideal World of Economics*, pp. 246—253。

50　D’Agostino, *Naturalizing Epistemology*, pp. 128—132.

会民主主义视角的一个显著特征是关注改善社会服务的传递质量。即使传统上，很多社会民主主义视角以反市场的角度看待供求关系，一些社会民主政府和党派还是采用了更传统的自由主义或自由意志主义视角的效率标准来改善公共服务的传递，比如医疗卫生和教育。虽然这些社会民主主义视角不是简单采纳了那些更亲自由市场的视角对医疗卫生和教育安排的评价，但这些视角确实看到，对于社会民主主义的一些核心问题，由自由市场视角所强调的特征（比如让代理人的动机更接近委托人的动机）同样是社会民主主义视角所理解的正义特征。

我在前文中强调过，制度与制度之间可以存在重要的相互依赖关系（§Ⅱ.2.1），因此我们所谓"模块化"解决办法可能比我们起初认识到的还要更深地嵌在其他承诺之中，带来比起初考虑到的还要彻底得多的变化。一个问题是否是模块化的，是我们要探索的东西。例如，考虑英国工党的演变，从它20世纪早期的建立到其21世纪之交的视角。英国工党一开始把效率和市场作为自己视角的一部分，以至于明确拒斥"生产资料的共同所有权"这个根本承诺，不把它当作官方目标之一。[51]向其他视角学习和修正自己的视角是深度交织在一起的活动。当然，如果我们接受波普尔（和我）的基本观点，即我们一边寻找我们的理想
136 是什么，一边了解它（§Ⅱ.3.4），那么可想而知，这种过程就是动态的。

3.4 重新结合

不同的视角可以重新结合，形成新的视角。当多个政治视角重新融合成一个新视角时，这个过程有时进行得既彻底又迅速。一个明显的例子是20世纪50年代出现在美国的"融合"保守主义，它将古典自由主义与保守的传统主义相融合，这尤其体现在弗兰克·迈

51 工党宪法著名的"第四条"是由西德尼·韦布（Sidney Webb）来编写的，这条呼吁"生产资料的共同所有权"的宪法在1995年被废除。

耶(Frankfurt S. Meyer)的著作中。[52]迈耶坚称,传统的保守主义“对自由的要求太过不在乎,对于将个人置于国家的权力之下准备得太过充分”。[53]虽然传统的美国保守主义者,比如罗素·柯克(Russell Kirk),支持詹姆斯·斯蒂芬(James Fitzjames Stephen)批评密尔对自由的辩护,但迈耶为密尔辩护道:“对于自由的道德规则而言,唯一的替代方案是将人类历史的悲惨走势奉为圭臬,与詹姆斯·斯蒂芬一道称颂‘天才是通过说服少数能干的人去强迫多数冷漠且自我沉溺的人来进行统治的’……自由是一个人存在的政治目的,因为自由是他存在的条件。正是出于这个原因,当保守主义与自由意志主义相融合的时候,它才在保护真理的传统上与自身相一致。”[54]不仅是密尔,迈耶也坚持认为亚当·斯密和澳大利亚的经济学家,如卡尔·门格尔、路德维希·冯·米塞斯和哈耶克,必须被整合进20世纪美国的温和保守主义阵营中。[55]“融合保守主义”早已对20世纪后半叶的美国保守主义产生了深远影响,这种影响一直持续到今天。“在捍卫自由时,极端不是罪恶……在追求正义时,适度不是美德!”[56]并不是传统保守派的战斗口号。 137

这只不过是一个例子。自由主义已经与社会主义的各个版本进行

52　参见Schneider, *The Conservative Century*, pp. 54—60。

53　Meyer, “Freedom, Tradition, and Conservatism,” p. 22.

54　Meyer, “In Defense of John Stuart Mill,” p. 168. 对比Kirk, *The Conservative Mind*, pp. 265—275。

55　Meyer, “Freedom, Tradition, and Conservatism,” pp. 26—27.

56　这些话当然是出自巴里·戈德华特(Barry Goldwater)在1964年共和党大会上的提名演讲。参见“Extremism in the Defense of Liberty,” p. 245。戈德华特认为:“保守派的首要关注点总是:我们最大化自由了吗?”参见*The Conscience of a Conservative*, p. 13。迈耶同意:政治权利的各个原则要求“一个国家,它能够维持秩序,同时在其统治区域内向每一个人保证对他而言最大限度的自由,只要他不干涉别人的自由”。参见*In Defense of Freedom*, p. 98。

了重新结合，产生了一种平等自由主义（egalitarian liberalism），这与私有财产和市场显然是矛盾的。在20世纪开篇，这种"新自由主义"试图将英国工人运动的社会主义理念与传统自由主义的关注点结合起来，产生一种"自由社会主义"（Liberal Socialism）。[57]对其中一位主要建造师霍布豪斯（L. T. Hobhouse）来说，当自由主义的"个人主义应对现实的时候，它沿着社会主义的路线走了不少距离"。[58]在美国，约翰·杜威（John Dewey）推行过一项相似的重组研究，比霍布豪斯的更具马克思主义色彩。[59]最近，我们目睹了女权主义或环保主义与自由主义、社会主义，以及保守主义世界观的融合。此外，正如我在§Ⅱ.2.1中提到的"软心肠的自由意志主义"一样，与平等自由主义自身类似的重组产物也可以与自由主义那样的学说相结合。[60]视角的多样性产生了更多新的视角，每个新的视角都有自己对理想的不同理解，而对于支持者来说，这些新的视角至少比那些产生它们的视角更令人满意。

3.5 改善预测

在前两章中，我强调了理想理论对预测模型的严重依赖。为了评价可能的社会世界，我们依赖关于其制度如何运行的预测模型。我

---

57 Hobhouse, *Liberalism*, p. 87.

58 同上，p. 54。

59 参见Dewey, *Individualism, Old and New*, esp. chap. 6, "Capitalist or Public Socialism?"。自由主义与马克思主义的融合是一项正在进行的事业；科恩的早期工作牢牢地锁定在马克思主义的传统上，请注意他在晚年是如何进入主流的自由主义政治哲学的，即便在这种特定的融合中两种理论的混合并不清晰。参见他的*Rescuing Justice and Equality*, esp. pp. 186ff。

60 这是一种特别有趣的情况。似乎自由意志主义在一定程度上，作为回应"新自由主义"中传统自由主义和社会主义理想的融合而出现，而软心肠的自由意志主义非常明确地试图将一种古典自由主义观与那种更早的融合相融合。参见Tomasi, *Free Market Fairness*。这里有无穷多的可能情况。

论证过，当世界很遥远的时候我们必须依赖这些预测模型，别无他法（§Ⅱ.3）。一旦关注点是那些与我们的世界非常不同的世界中各个制度 138
之间的相互作用，这些模型的精确度就不高了。我们已经看到了预测的多样性在改进我们预测模型时有多重要（§Ⅱ.4.2，附录B）。佩奇注意到，多样性的蔓延会导致各个视角的分裂，即产生对相关世界特征的不同分类、对相似性的不同理解，以及不同的最优化问题。这种蔓延也鼓励各个视角采用不同的工具来理解它们（不同的）社会世界，这些社会世界有各自不同的问题。[61]由于我们的视角不同，我们就要发展新的建模和预测工具，而这些工具的多样性本身就是一股重要的力量，有助于所有视角更好地建构各自的图景。如前文所述（§Ⅲ.2.2），鉴于佩奇分析的某些特征依赖于各个视角的一致同意，预测模型的多样性有助于每个视角更好地探索它们自己的正义图景。

第四节　逃脱理想带来的暴政

4.1　“选择”带来的暴政

让我们稍作停顿，盘点目前已有的结论。首先回顾一下，一种有趣的理想理论必须满足

> **社会实现条件**：T必须评价一个社会世界集合（或域）{X}。对于所有属于{X}的社会世界i，T根据i的正义实现（或更宽泛地说，相关的评价标准）对它进行评价。这一定会产生{X}成员在正义方面的、前后一致的比较性排名，而这些成员一定包括当前和理想的社会世界。

61　Page, *The Difference*, p. 286.

我认为，这对于“有趣的”理想理论来说是一个前提条件，因为一种理想理论只有满足该条件才可以确定一个理想的社会世界，并且允许我们把这个世界的正义与我们世界及过渡世界的正义作比较。拥有
139 一种如梦一般的理想理论在观念上当然是可能的，当从梦中醒来时，我们不确定如何比较梦中的世界与我们的世界，或是否可能存在其他世界，它们达不到如梦一般的世界但仍是极其正义的。但是，我们已经抛弃了做梦。“社会实现条件”也要求一种有趣的理想理论能够为我们预测不同的世界（它们由某些制度和实践构成）将在总体正义方面表现如何。那是因为我们希望以理想为目的，也就是说，即使我们实际上不能“至细微之处”实现理想，[62]我们也可以接近它（§Ⅰ.1.5）。回顾罗尔斯的信念，即“通过表明社会世界如何可能实现现实乌托邦的特征，政治哲学提供了一个政治努力的长期目标，并在为之努力的过程中为我们今天可以做什么赋予意义”。[63]但如果我们真的打算找到理想——如果它要为我们寻求正义提供指导——我们就必须知道在被理想理论视为对人类处境而言道德相关且根本的任何约束下，这套社会和政治制度会如何表现。

我在这里添加了：

定向条件：要对{X}中的非理想成员进行总体评价，T就必须参考这些非理想成员与{X}的理想成员u的“接近度”。这种测量接近度的方式不能仅仅被简化为{X}成员在其内在正义上的排序。

如果“定向条件”不成立，理想就没必要为我们探寻更大的正义定向了——当该条件没有被满足时，对正义的追求可以根据森的攀登模

62 Plato, *The Republic*, p. 178 [v. 473].

63 Rawls, *The Law of Peoples*, p. 128.

型（§Ⅰ.1.3）来理解。如果我们恰恰可以攀登“社会实现”的排序，我们就不需要通过确定全局最优解的位置来为自己定向了。当“定向条件”得到满足时，我们根本无法沿着这个排序，向上到达更正义的社会状态，最终再到达（或至少靠近）{X}域中的全局最优解。内在正义的增加与理想的接近度是不同的维度。根据我提出的模型，“接近度”是通过世界的基本结构来理解的；我们已经看到了，被大量讨论的可行性理 140
念并不适用于定向功能（§Ⅱ.1.3）。

除了这两个条件，我还认为任何理想理论都会面临“邻域限制”（§Ⅱ.3）：相比于遥远的世界，我们对附近世界的社会实现有更多了解。请记住，“定向条件”要求有一个相似性维度（x轴），该维度告诉我们各个社会世界在基本结构上的差异；“邻域限制”说的是，对于基本结构，我们有关正义的知识并不一致，它大体上是关于一个社会世界与我们当前社会世界之间距离的递减函数。可以肯定的是，现在有很多理想理论家会通过简单地否定这个限制来反对我其余的大部分分析：他们会声称，无论是那些与我们自己的世界彻底不同，还是非常相似的世界，对于其制度的社会实现，我们都拥有同等确定的知识。一个人可以这么说，但因为“社会实现条件”要求我们采用预测模型来判断一套相互作用的制度如何运行，而且这些模型非常不完善，所以仅凭它们来预测会是不准确的。粗略地讲，在我们的邻域中，我们当前世界的正义与接近它的那些世界的正义相互关联，因此我们世界的基本结构上的轻微变化有望对附近区域内的正义产生适度的影响。在这个区域之外，我们只依赖预测模型，而随着我们远离被观察到的条件，这些模型在准确度上呈现一种显著的下降趋势。因为任何视角对理想的理解都基于不完整的信息和可靠性不确定的预测模型，所以它对理想的定位和对正义的评价总会遭到修正，或许是相当彻底的修正（§Ⅱ.3.4）。波普尔说得完全正确：“**假定对我们社会世界的完整重构一下子就会产生一个行得通的体制，是**

不合理的”,[64]更不要说理想体制了,因为我们对这样一个完全不同的社会世界的运行方式根本没有足够多的了解。如果一种乌托邦理论否定这一点,那么就像波普尔所说的那样,它就会取代健全社会科学的灵感
141 来源:它往往更像是一种虚构和想象的活动,而不像是一种分析,能够严肃地给我们提供关于如何使我们的世界更正义的建议。

如果我们把“社会实现条件”、“定向条件”和“邻域限制”结合在一起,那么我就会看到,一种理想理论几乎一定会面临

> **选择**:当我们的邻域内有一个明确的最优解,要求我们远离所理解的理想时,我们必须在相对确定的(也许很大的)局部正义改进与追求一种不太确定的理想之间做出选择。

我们考虑了各种方式来缓和“选择”;视角的多样性可以扩大我们的邻域,将排序很高的最优解带到这个邻域中。但我们已经在本章中看到,除了适度的多样性程度,任何东西都会使社会实现的正义与理想之间产生深层分歧;如果我们将任何东西保持在由任何特定理想理论T所假设的归一化评价性视角附近,那么“邻域限制”最多只能被适度削弱,因此T仍然会面临“选择”。

如果理想理论家们总是选择理想的局部改进,而拒绝选择理想本身,那么理想对于建议而言就没必要了;这仍会是一种有趣的智力活动,但这样一种理想政治哲学将无法提供“一个政治努力的长期目标,并在为之努力的过程中为我们今天可以做什么[赋予]意义”。[65]如果理想要成为这样一个长期目标,理想理论家们就必须不时——有人认为,经常——强调,我们应该追求理想,因此不要通过远离理想而向附

---

64 Popper, *The Open Society and Its Enemies*, vol. 1, p. 167(原文中即有强调)。

65 Rawls, *The Law of Peoples*, p. 138.

近的社会安排移动，去实现一个更正义的社会世界。关键的是强调情况**一定**是这样的：如果理想理论家们认为不需要做出这样的选择，那么森就是正确的，即我们可以在对珠穆朗玛峰的正义一无所知的情况下做得非常好，而且我们就应该只攀登我们面前的山丘。但如果我们确实需要理想，我们就必须强调：我们为什么应该放弃一个更正义的社会世界，以便可以追求一种不确定的理想呢？为这种追求付出代价的人 142
们将生活在一个不太正义的社会世界——他们的诉求一定会被大打折扣。理想理论家们相信，我们可以通过放弃追求我们邻域的世俗正义，转而追求一种本身就无法确定的理想来为我们的政治生活赋予意义。一个暴君在以一种显然不正义的方式进行统治；对于我们来说，处于一种理想理论的支配之下，就是在为一个未来的宏伟愿景而无视相对清晰的正义改进。然而，这个宏伟愿景到头来却是一座海市蜃楼，因为随着我们向它接近，我们会看到它并非我们之前所想的那样，而且现在我们很可能会看到一个出现在别处的更好备选项。[66]

如今，学术圈内的理想理论家们都是优秀的民主党人，他们永远不会想着亲自掌权[67]，以此追求他们的理想愿景。但对于那些铭记20世纪政治历史的人来说，这些理论家试图说服自己接受的那种立场太容易使人联想到不那么民主的理想主义者了。回想一下，列宁明确论述过，他的马克思社会主义“将改革斗争……置于为自由和社会主义而进行的革命性斗争之下”。他告诫那些提倡从当前不正义攀登到社会主义“各阶段”的人，“到了革命性运动正在升级，背负着改革斗争这一特殊‘任务’的紧要关头……［他们］就会给党派**拖后腿**，而且……这样做正

66　对照Simmons, “Ideal and Nonideal Theory,” p. 24。

67　好吧，也许他们**想过**这样做；回想一下科恩说过的话，即他“自己更倾向于自由主义”（*Rescuing Justice*, p. 186），因此他反对以斯大林主义的方式指定职业；在*Rescuing Justice and Equality*, chap. 5，他处理了自由与斯大林主义之间的冲突。

中‘经济’和自由机会主义(liberal opportunism)的下怀。”[68]

即使在民主的背景下，我们也必须严肃质疑这样一种政治生活方式。这种方式天生就鼓励其拥护者为了追求理想而忽视在他们看来明确的正义改进，而对理想的追求会为他们的政治生活赋予意义或实现他们的梦想。一旦“选择”去追求理想，机会成本就是对不那么正义的条件的一种坚持，即我们可以有更大的把握，这个条件会因为向附近的
143 社会世界移动而被削弱。不过可以肯定，规范政治哲学应该为正义方面的不足提供合理回应，而不是为忽视这些不足以便我们可以寻求“天堂岛”这点提供辩护。政治哲学家们尚未充分注意到森的根本洞见：触动我们大多数人的，“很合理地讲，不是意识到这个世界达不到完全正义——这只是少数人所期望的，而是我们周围存在明显可补救的不正义，这才是我们想要消除的”。[69]被前者触动而不理会后者是伟大理论家们的通病，他们对政治哲学有太多要求：要求政治生活有意义、要求人们不过于贪图正义、要求人们安居在政治世界中，还要求一个社会世界的一切最终都在人性的限度之内。[70]这些都是崇高的目标，而且在没有变动的情况下，我们大多数人无疑会重视对它们的保护。然而，在一些特定条件下(它们使理想理论成为一个与众不同且吸引人的研究)，对这些崇高目标的追求经常“将改革斗争置于”对乌托邦的追求“之下”。正如我所强调的那样，那么森说得就完全正确，而且如果通向全局最优解的路不会使我们面临“选择”，理想对于追求正义而言就没必要了。

68 Lenin, *What Is to Be Done?*, p. 269(强调是我加的)。

69 Sen, *The Idea of Justice*, p. vii.

70 参见Rawls, *Justice as Fairness*, p. 104。关于将罗尔斯的政治哲学当成一种“自然主义神正论”(naturalistic theodicy)这样一种富有洞察力和同情心的做法，参见Weithman, *Why Political Liberalism?*, chap. 1。另参见本书的第五章。

4.2　从归一化到深层多样性

“选择”带来的暴政源于这样一种假定：我们用一个归一化或共同的正义视角来处理政治哲学。罗尔斯认为，这种假定是社会契约的基础（§Ⅱ.1.1）。正如佩奇强调的那样，即使在一个问题上很有洞察力的视角（例如，在我们探寻最佳维权国家时的第三个视角，§Ⅲ.1.2）也可能陷入困境，无法达到全局最优解，而且我已经论证过，就算有洞察力的视角也一定会面临“邻域限制”。因此，我在这一章中借助多元视角，聚焦于对理想的集体追求。 144

我们看到的问题是，一个有关理想的归一化评价性视角 Σ^{V}，结合了相似性和距离度量上的强烈分歧，对于集体有效地追求共同的核心评价要素（包括共享的评价标准、世界特征和映射关系）来说必不可少，但这样一个视角到头来是一种幻觉。一个理想视角的各部分相互关联，也就是说，只要我们将实质性差异引入到一个要素中，其他要素也会跟着受影响。如果在一个视角的一个要素上存在分歧，那么通常在该评价性视角的更深层要素上也会存在分歧。正如本杰明·沃德（Benjamin Ward）曾在经济学的语境下谈论的，“几乎每一次跨世界观的沟通都是在尝试改变价值系统”。[71]除非多样性被“妥善管理”，即存在制度化手段来确保某种分歧不会产生，或一旦产生，就会被抑制，否则我们无法期望一种共同的正义理想会通过多样性来产生。如果缺乏管理多样性的制度，那么在一个自由社会中，我们就能预见到每个个体以非常不同的方式理解正义，在视角的所有要素上都有分歧。这样一个社会将不会在理想上达成一致；实际上，不同群体会探索不同的正义图景。但我们会问，一旦放弃了对一个最好的共同观念的集体探索，这是否意味着深层的道德多样性不是道德改进的推动力呢？

71　Ward, *The Ideal Worlds of Economics*, p. 468.

4.3 关于共和主义共同体的自由主义排序

回顾达戈斯蒂诺如何区分“自由主义”和“共和主义”的探究共同体(§Ⅲ.4.2)。在一个多元的自由主义共同体中,每个“研究团队”探索凭借其视角产生的图景,使用该视角认为最恰当的探索方法和预测模型。“每个团队都会构建和穿越他们感兴趣的空间区域。”[72]这与最大程
145 度的多样性相一致,但正如我们在本章中看到的那样,该共同体也鼓励一些“正义团队”发展关于这个问题的看法和解决办法,而这些看法和解决办法可能不容易被转移到其他视角中。如果各种各样的视角要把它们的发现拼凑在一起,进而从多样性中受益,它们就需要与达戈斯蒂诺的“共和主义方式”类似的方法,以这种方法探究者们可以顺利地就他们的结果进行沟通,因为他们拥有共同的评价标准。[73]考虑到一个视角各要素的相互依赖会产生多样性的蔓延(如果一个视角的一个要素具有多样性,那么这个视角的其他要素也会具有多样性),一个开放社会自身将不会形成一个共同、巨大的共和主义共同体:多元的探索方式至少在我们所关注的正义语境下会导致深度的多样性,根据这种多样性,不同的视角对理想正义社会的性质会有完全不同的看法。

然而,“自由主义”进路与“共和主义”进路不一样:一个完全自由的开放社会可能包含众多共和主义共同体(由于它们足够相似,因此某个版本的洪-佩奇动态过程可以发挥作用),进而这些共同体可以得益于多元的(但不是过于多元的)探索。这些探索能够在它们的共同体内共享它们的结果,从而改进它们对正义的集体理解。此外,考虑到很多问题具有模块性,不同的“共和主义”共同体可能在整个共

72 D’Agostino, *Naturalizing Epistemology*, p. 138.

73 同上,pp. 138—141。

同体中纵横交错。这一点可以体现在有关“小世界网络”[74]的想法中，如图3–1。

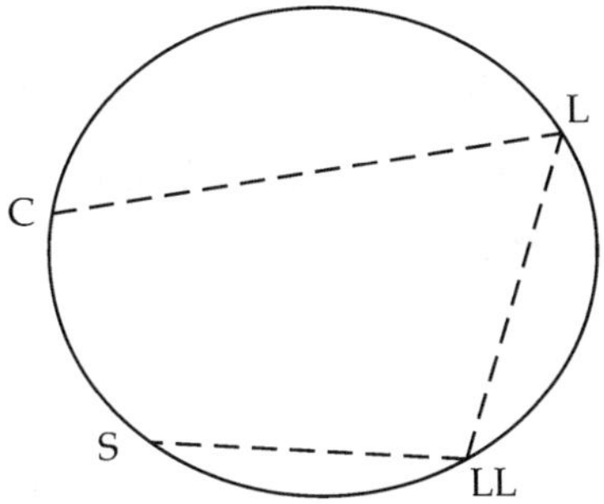

图3–1　一个开放社会中的小世界

我们经常假设，这些不同的意识形态群体沿着左右的单一维度进行排列（比如，从左翼探究者的正义到自由意志主义者的正义）；但这会导致常见的困惑。来看一下正统自由意志主义（L）、“左翼自由意志主义”（LL）、社会主义（S），以及保守主义（C）之间的关系。称L为“右翼自由意志主义”是在表示它亲近保守主义；但对于一个正统自由意志主义者来说，LL比正统自由意志主义更具集权主义色彩，因此他可能认为LL位于通向集权主义的道路上，其社会主义（S）版本与保守主义集权主义（C）相似。[75]左右翼图谱的另一种可能是排列一个环形上 146
的各个位置，如图3–1，图中的L在某种意义上挨着C，不过它也接受S在C的旁边，尽管LL挨着S且远离C。现在，就像瑞恩·马尔登、迈克尔·博尔吉达（Michael Borgida）和迈克尔·卡法罗（Michael Cuffaro）

74　这个经典分析，参见Watt and Strogatz, “Collective Dynamics of ‘Small-World’ Networks”。

75　关于其中的一些困惑，参见Mack and Gaus, “Classical Liberalism and Libertarianism”。

指出的那样，当我们用环状模型为社会政治关系建模时，我们可以通过环形上点与点的关系来描绘“小世界”网络。[76]例如，L与C（回顾“融合保守主义”，§Ⅲ.3.4），也与LL（例如，洛克式自然权利的性质）共享一些问题；相应地，LL可以与S一起处理一些问题（例如，理解福利平等）。因此，尽管S和L有不同的正义图景，它们也会通过其他方式与一个共同解决问题的网络挂钩。这里的重点在于，解决问题的共同体的高度多样性无须暗示各个派别的研究项目，在这些研究项目中，对不同群体的探索只对一个群体自己派别的共同体有好处。自由的开放社会可以形成小世界网络，在该网络中，被探究的共同体以复杂的方式关联在一起。

这样一个“开放社会”不会以一种共享的理想为特征。因为组成“开放社会”的那些“共和主义”共同体相互作用，所以这样的社会会成为一个有争议、有分歧，并且有时互不理解的场所。然而，即使它不共享一种理想，哪怕是一张大体上接近乌托邦的路线图，这也不意味着它的共同体不能一致同意道德改进，并且指向更正义的社会关系。当网
147 络连接不同的视角时，看起来完全不一致的意识形态可以将重要意见带到彼此的探索中，产生对更正义的社会世界的共同认识。

关于多样性，这可能是一个极端乐观的看法。既然每个视角都致力于自己的正义社会理想，而开放社会通过它特有的性质阻止完全实现每个视角重视的东西，即一种基于**它**的理想而生的集体生活，那么为什么各种各样的正义视角应该认可开放社会的结构呢？也许，如果我们仍然共享启蒙的信念，那么道德和科学领域中的自由探究最终就会产生真理上的共识，即所有视角会在自由探究的自由主义框架上达成一致。约翰·帕斯摩尔（John Passmore）观察到，“启蒙哲学家”相信“人类在17世纪已经想出了一种探索方法［科学方法］，这种方法会确

76 Muldoon, Borgida, and Cuffaro, “The Conditions of Tolerance.”

保未来的发展”。[77]每个领域都在等待它们的牛顿：“在18世纪有一种相当广泛的共识，即牛顿在物理学领域所做的工作也一定可以适用于伦理学和政治学领域。”[78]因此，阿拉斯戴尔·麦金太尔指出：

> 这是“启蒙”的核心志向，对这一志向的构想就是启蒙的伟大实现，它提供公共领域标准上的争论和合理证成的方法，每个生活领域的行动方针都可以通过这些标准和方法被判定为正义或不正义、合理或不合理、开明或不开明。所以，人们希望理性会取代权威和传统。合理的证成要诉诸任何理性人不可否认的原则，从而摆脱社会和文化的所有怪癖，而启蒙思想家仅仅把这些怪癖当成理性在特定时间和地点的乔装打扮。[79]

一些人坚持这一启蒙信仰，即自由探究会产生道德上的共识，但开放社会中的道德历史展示出了一种复杂得多的模式：我们在某些改进（例如，种族和性别歧视的错误）上已经明显达成了一致，然而与人 148
类在宇宙中的位置、性别的作用和性质、国家的角色、自由和平等的相对重要性，以及道德自身的特有性质有关的争论也已经日益加深。“西方犹太教与基督教社会”没有被转变为一种新的世俗秩序，而是化身为一种包含基督教、伊斯兰教、犹太教，以及各个世俗取向的复杂性全球模式，而且它们每一方都折射出一连串版本。因此，罗尔斯的核心洞见是：在自由的制度之下，运用人类理性就会导致分歧。一个开放社会将以持续、深度的多样性为特征，不存在任何共享的理想，在这个开放社会中每个人自由地追求他或她自己对正义的探究，探索他或她看

77 Passmore, *The Perfectability of Man*, p. 200.

78 Berlin, *The Roots of Romanticism*, p. 23.

79 MacIntyre, *Whose Justice? Which Rationality?*, p. 6.

到的正义区域，使用他或她认为最恰当的方法。考虑到这一点，面对“棘手的斗争”和“不可调和的深度冲突”，一个多元开放社会可以按照所有视角都接受的条件共享一个共同的道德存在吗？[80]对于开放社会来说，能否存在一个道德的自由主义框架，它自身放弃对理想的追求，同时为不同个体的正义视角提供一个框架呢？我现在就要转向这个
149 问题。

80 Rawls, *Political Liberalism*, pp. xxvi, 4.

第四章

非理想：开放社会

世界之大，无奇不有。

——英国谚语

第一节　缺少归一化的正义？

1.1　归一化与确定的正义

第二章探讨了理想正义的“归一化”进路面临的核心困境：在政治哲学领域，归一化界定了“正确的”视角，但也导致了这个正确的正义视角不能有效地确认它自己的理想。第三章分析了缓解这种不安的方式，即抛弃完全归一化的视角，支持部分归一化。我们看到，当部分归一化产生一定程度的多样性来推进有效的探索时，它最终会产生理想自身的分歧。至少初次检验时，似乎我们必须在完全归一化与部分归一化之间做出选择，前者产生明确的正义理论但最不可能使我们发现理想，而后者使很多人更容易发现更好的备选项但无法在理想正义上达成一致。

这个“第一眼看到的”结论与罗尔斯的探究轨迹产生了共鸣。在职业生涯的大部分时间里，罗尔斯都假定，一种基于共享（或几乎相同意味的单一)评价观的理论会产生一个确定的社会契约。从20世纪60年代到80年代,对正义的哲学探究在很大程度上是在追求这样一个"阿基米德点":对一个非偏倚、归一化的选择者进行描述,以便他的选择会确认
150 **那些**正确的正义原则。大卫·高蒂尔指出:"阿基米德认为,如果有一根足够长的杠杆和一个支点,他就可以撬动地球。于是,我们可能认为,某个个体可以利用阿基米德点来施加足以移动或影响某个对象的力。在道德理论中,如果一个人的决定要具有统治道德领域的道德力量,那么他必须占据阿基米德点。从阿基米德点出发,一个人有塑造社会的道德能力。"[1]这个归一化的选择者要去确认一个单一的、确定的社会状态排列。罗尔斯明确为无知之幕和最大最小化推理作了辩护,认为二者可以克服他在1958年的文章《作为公平的正义》中看到的严重缺陷。在他第一个版本的社会契约中,正义的第二原则只是一个帕累托条件,它要求不平等落在互惠互利的帕累托边界上。[2]然而,这个原则并没有说明社会要安顿在帕累托边界上的**何处**。直到罗尔斯写下"分配正义"时,他都

---

1 Gauthier, *Morals by Agreement*, p. 233. 对比Rawls, *A Theory of Justice*, p. 511。在"Rational Choice and the Original Position"中,约翰·斯拉舍和我更为深入地考虑了这个问题。另参见沃尔夫在*Understanding Rawls*, part 2中富有洞见的分析。

2 标准的帕累托条件是,如果对某物的特定分配使得其他人不拥有更少的前提下,没有任何人可以拥有更多,那这种分配就是帕累托有效的。现在(§Ⅳ.1.2.1),我求助于集体决策的帕累托标准:如果某个群体中的每个人都认为x比y更好,那么根据这个帕累托准则,集体决策必须是x比y更好。虽然这两个标准可能看上去非常不同,但二者都出于一个目的,这个目的是能够说一个社会状态显然比另一个更好,它不要求在一些人的所得和另一些人的所失之间作权衡。在分配准则中,如果我们可以从状态S_1移动到状态S_2,一些人获得且没有人处境更差,那么帕累托标准提倡这个分配准则。我们应该持续这样移动,直到分配在上述意义上是帕累托有效的——在那一点上,只可以通过权衡一些人的所得和另一些人的所失来做出改变。在集体选择的语境下,如果一些人比起y偏向于x,而另一些人比起x偏向于y,那么我们需要权衡这两组偏好来得到一个结果;然而,如果每个人都认同x比y更好,那么我们有一个清晰的改进情况,而不必权衡偏好(或计算选票)。

还确信这种不确定性是一个严重的问题。他写道："存在很多这样的［帕累托最优］分配，因为存在很多分配商品的方式，这使得任何互惠互利的交换都是不可能的。因此，同样重要的是，帕累托标准确实无法给定最好的分配，而是一类最优解，或有效分配……这个标准顶多是一个用于 151
排列各种分配方式的不完备原则。"[3]罗尔斯的《正义论》在很大程度上塑造了当代政治哲学，而在《正义论》之前，他的研究是要确认一个归一化选择视角，它能提供一种正义理论（"作为公平的正义"），并足够具体地给出权威的、确定的社会状态和/或制度排序。直到《政治自由主义》，这项研究才被抛弃：

> 我称为"作为公平的正义"的观点只是自由主义政治观的一个例子；自由主义政治观的具体内容不一定是这样的观点……公共理性理想的要点在于，公民要在被各自视为一种有关正义的政治观念下展开基础性讨论，这一观念基于可以合理期望其他人认可的价值，并且每个人都真心实意地准备为这样的观念作辩护。这意味着我们每一个人都必须有一个标准并准备好对它进行解释，这个标准与我们认为可能合理期望其他公民（那些同样是自由和平等的公民）与我们一道认可什么原则和指导方针有关。我们必须有某种检验，随时准备说明这个条件是什么时候被满足的。我在别的地方已经提议将有些价值作为一个标准了，而那些会在原初状态中被同意的原则和指导方针就表达了这些价值。**很多人会偏向于另一个标准。**[4]

在这一点上，由原初状态得来的论证就是一种检验，它关于我们期

3 Rawls, "Distributive Justice," p. 135. 对比 *Theory of Justice*, p. 121。

4 Rawls, *Political Liberalism*, pp. 226—227（我既加了强调，也合并了段落）。

望有理性的人们会认可什么：它产生罗尔斯所谓“作为公平的正义”。但“很多人会偏向于”另一种检验；也许是一种以不同方式被描述的原初状态，它会产生一种不同的正义观念。那些希望将这一转变的重要性降到最低的人乐于认为，罗尔斯后期研究中的“一系列”自由主义观点仍然是合理的，其中一个观点就是“作为公平的正义”。这里有两点值得注意。

（1）在1958年《作为公平的正义》一文中，“一系列”分配观点同样得到了证成，而且罗尔斯将这视为正义理论的核心弱点。这种理论的目标
152 是一个良序社会，它可以在各个要求的确定排列上达成一致。基于这个最初版本的契约，我们将没有任何共享的正义观念，去解决分配上的争论。在《正义论》中，罗尔斯探寻这样一个良序社会：就是说，“一个社会，在其中（a）每个人都接受且知道其他人也接受**相同的正义原则**，（b）基本社会制度普遍且尽人皆知地满足这些原则”。[5]正如塞缪尔·弗里曼（Samuel Freeman）指出的那样，我们根本不清楚良序社会这一理想是否会在政治自由主义的最后发展阶段中幸存。[6]这无疑是一种根本性的改变。

（2）罗尔斯并没有只用一个归一化视角来确认单一的原初状态——该视角产生“一系列”（一套）观念，作为原初状态的结论。[7]确切地说，罗尔斯认为不同的“检验”——各种原初状态，它们采用各个选择者的不同合理归一化——会得出不同的正义观念。所以，到最后留给我们的似乎是多个合理的原初状态，或者我们可能会说，是一组一起预设**部分**归一化的论证：各个选择者在所有原初状态中都不是被完全归一化的，因为他们在原初状态的各种合理设定上存在分歧。有趣但

5　Rawls, *A Theory of Justice*, p. 4（强调是我加的）。

6　Freeman, *Justice and the Social Contract*, pp. 255—256.

7　正如我们稍后将在本章中看到的，要做到这一点会要求根本改变出自原初状态的论证的性质，因为它会将关于正义的基本分歧引入选择情景中。对于建构这种原初状态的尝试，参见Muldoon et al., “Disagreement behind the Veil of Ignorance”。

令人费解的是，我们面对的是一系列自由主义正义**理论**——各种合理的自由主义正义视角。这更像是在说，我们有一系列的理论，而非催生出这**一系列**的单一**理论**。

如果一个人不想承认在政治自由主义的研究结束之时正义理论依旧混乱，他就必须成为罗尔斯的虔诚信徒。[8]罗尔斯坚称，一种正义理论以出自某个归一化视角的选择为特征，但他的后期观点接受多个部分 153
归一化视角，这些视角产生不同的正义观念。然而，如果一个人承认，存在产生不一致观念的其他合理归一化，那么他又如何能够合理地声称，基于他偏好的归一化，他已经为一个良序社会中各个社会要求的明确排列确认了**那个**正义原则呢？当然，一个人可以推测作为公平的正义是最合理的，[9]但在我们所有合理的争论中，一个人总是相信自己的观点是最合理的——归根结底，这就是为什么比起对立观点，我们更赞同自己的观点。但如果"公民当然会在他们认为哪种政治正义观念最合理这个问题上存在分歧"，[10]那么我可以基于什么理由认为其他人（支持不同合理观念的人）必然遵从我的观念呢？当然，我可以希望"这些观念之间的有序竞争随着时间的推移，成为一种发现哪种观念最合理的可靠方式（如果确实存在这种观念的话）"，[11]但当面对关于正义的合理

8　有人或许论证，政治自由主义关心的是合法性，而不是正义。即便如此，这也不表明一种前后一致的**正义理论**仍然存在。一种合法性理论应该分析公民对不完全正义的国家的态度和义务；但是，正是那个想法假定了在一个理性公民持不同意见的社会中，公民对社会正义是什么有前后一致的观点，它也假定了他们有一些理由试图为他们所支持的观念立法，以限制其他人的合理反驳。"这只与合法性有关"不是一个可以让这些问题消失的咒语。什么**是**自由主义的正义理论呢？

9　Rawls, *Political Liberalism*, p. 381.

10　Rawls, "The Idea of Public Reason Revisited," p. 578.

11　Rawls, *Political Liberalism*, p. 227. 请注意"启蒙观点"的反响（§Ⅲ.4.3）。考虑到罗尔斯对合理多元主义和它在自由制度下的不可避免性的解释，诉诸推理的趋同在这里看起来是特别的，也确实是孤注一掷的。

争论时，观念之间的竞争并没有告诉我此时此刻应该做些什么。对于一种公共理性观而言，“继续推行你自己偏好的理论”似乎不是特别有吸引力，即便我们还可以诉诸多数人原则或最高法院的决议。

1.2 森的部分归一化理论

1.2.1 多个旁观者的社会选择。虽然对于阿马蒂亚·森在《正义的理念》中的分析，很多哲学家即使不是彻底蔑视，也有点不屑一顾，但这是在罗尔斯之后公共理性研究中最重要的进步之一。它试图调和以下两个观点：其一，有**一种**确定的正义理论；其二，单独的归一化视角
154 无法推断出正义。后者是从森所述三个孩子和长笛的寓言故事中得来的教训。[12]三个孩子正在为谁会得到一支长笛而争吵。如果我们只考虑谁的长笛吹得最好，长笛就归安妮了，唯独她可以演奏长笛；如果我们只考虑需要，长笛就归鲍勃了，他穷得没有其他玩具；[13]如果我们只考虑应得和自我所有权，长笛就归卡拉了，是她制作了这支长笛。我们可以构建一个选择情景，在这个情景中如果我们筛掉其他相关的分配标准，即如果我们使评价视角归一化（为一个共同的评价标准），乃至只有一个标准是重要的，那么所有人就都会认同这三种分配中的任意一种。但这三种分配都有资格成为合理的、非偏倚的正义原则，而且没有唯一正确方式去权衡它们。[14]“完美正义社会中不偏不倚的唯一解决办法，其问题的核心在于**使正义多元和对立的理由长期存在，所有这些理由**

12 Sen, *The Idea of Justice*, pp. 12—15.

13 不过他要用他不能演奏的长笛做什么并不明显。森说，这支长笛“会带给他一些乐趣”（Sen, *The Idea of Justice*, p. 13），这不是暗示，他会把它当成一根奇特的棍子，或像一个可以制造很大声响的派对礼物。如果他学会演奏它，那么安妮的情况就被弱化。如果他没有学会演奏它，那么它就不可能长期满足他的需要。

14 即是说，我们没有共享一个映射函数（§Ⅱ.1.1）。

都要求不偏不倚，它们却彼此不同且相互竞争。”[15]除非我们借助一个极具争议的归一化程序（例如只排除与应得相关的信息），否则理性的、不偏不倚的、自由和平等的个人会对这些备选项进行不同的排列，在最优要素上持不同意见。

即使我们尽最大努力去确认非偏倚的旁观者（合格的部分归一化视角），这些旁观者将他们的判断建立在所有人都接受的考量之上，并免于偏见和狭隘，森还是认为我们最终会面对多个非偏倚的旁观者。[16] **我们有多个部分归一化的视角**。即使我们假定每个非偏倚的旁观者都能提供完备的、基于正义的可行备选项排列，[17]但这些选项排列只会部分重叠。“当然，在不同的非偏倚视角间会有相当大的分歧……［而且］ 155
基于被一致排列的配对，这会产生一个不完备的社会排列，而且这个不完备的排列可以被看成被所有人共享的排列。”[18]表4-1提供了一个经过大幅简化和修饰的例子，这个例子与排列五个备选项的三个非偏倚旁观者有关。在这里，三个非偏倚旁观者（或根据我们的模型，部分归一化视角）共享的排序是a>b,[19]b>e（因此，通过传递性，a>e）。请注意，需要对非偏倚的旁观者使用帕累托规则：如果对于所有旁观者而言a>b，那么根据**这个**完整的（整全性）正义理论，a就比b更正义。请注意，虽然每个非偏倚的旁观者都可以排列c和d，但我们或许认为“各种合理的正义观念”之间有分歧（对于旁观者阿尔夫和贝蒂来说c>d，但对于查理来说d>c）。在森看来，（完整的）正义理论不能对c和d（或配对

15　Sen, *The Idea of Justice*, p. 12（强调是我加的）。

16　亚当·斯密也提倡多个非偏倚的旁观者。参见*Theory of Moral Sentiments*, 如pp. 78, 82。

17　这是一种简化；森的解决办法不要求每个旁观者可以提供一个完备的排序。借助森，我在《公共理性的秩序》中展示了处理这种不完备性的方式。参见我的*The Order of Public Reason*, pp. 303—310。

18　Sen, *The Idea of Justice*, p. 135.

19　读作“a比b更可取（或a比b排列得更正义）”。

[c, e]、[d, e]）进行排序，因为在它们的相对正义上存在合理的分歧。

表 4-1　部分归一化的非偏倚旁观者排序

旁观者 阿尔夫	旁观者 贝蒂	旁观者 查理
a	c	d
b	a	a
c	d	b
e	b	e
d	e	c

森最具开创性的工作大多与基于不完备排序的理性选择有关。[20]因此，他指出了一种摆脱罗尔斯难题的方式。即使我们有多个不一致的部分归一化视角，如果我们允许我们的正义理论是不完备的，那么我们就可以承认，不同视角对正义做出的明确成对判断有时会引起冲突，
156 然而基于我们对很多情景下的正义有共识，我们仍然可以产生理性选择。我们可以只用部分归一化来实现确定性（虽然不是明确判断的完备性）。

1.2.2 受到严格限制的评价多样性。如果采用森关于非偏倚旁观者的想法，我们就只需要考虑一小群合格的归一化视角，这似乎很合理：帕累托规则会产生一大群成对比较，以至于我们的（完整的）正义理论即使不完备，也不会是无意义的。但随着可能的归一化视角集合增大，以至于非偏倚旁观者的数量变大，帕累托规则就起不到什么作用了。一旦单一旁观者认定b>a，完整的理论就没法根据（总体或完备的）正义来断定a>b。这是个麻烦吗？森的支持者回应得直截了当：合理

20　例如，参见 Sen, “Maximization and the Act of Choice”。

归一化的正义视角可以在很多地方有分歧，但它们也必须在很多地方达成一致。森的辩护者或许认为，任何归一化虽然可能是部分的，但它必然限制了被评价的世界的可能排序范围。无论是出于哪一种合理的正义视角，以严重侵犯人权和饥荒为特征的世界不可能比那些在维权上得分非常高且使所有人都有充足食物的世界更可取。[21]

虽然到目前为止这一切都是真的，但这立马让我们想起罗尔斯对正当或正义的合理观点最核心的担忧：这些差异有多深层、多普遍呢？罗尔斯坚持认为，就此产生的部分归一化观点是平等自由主义的所有版本，[22]但这一结论没有得到任何论证的支撑；如果存在很多政治价值，这些价值可以通过多种方式来权衡，那么我们就有初步理由认为，合格的正义视角集合可能比罗尔斯和森暗示的要大得多。此外，如果我们 157
面对一大群不同的合格正义视角，森的帕累托规则归根结底会是彻底不完备的。森的进路看似适用于罗尔斯有时考虑的有限多元的合格视角，但是如果我们不能更好地识别很小一群适度部分归一化视角，这种方法就会显得力不从心。

1.2.3 社会世界的完全归一化。但那不是森的进路真正让人担忧的地方。森的解释以一个“社会选择视角”为基础，这个视角直接评价各个社会、各个事态，或者我们可以说，各个社会世界，而不是聚焦于规则或制度，这一点森十分看重。森借助了印度思想，强调niti与nyaya之间的对比：前者似乎是一条严格的、基于规则的义务论进路，而根据后者，“正义不只是判断制度和规则的东西，而是判断社会自身的东西”。[23]nyaya在广义上是一种结果论理念，这种理念认为评价的关注点应该是构建一个社会的各种事态，而不单单是建构这个社会的规则和

21　这里参见大卫·艾斯特兰德的“基本恶品”（primary bads）清单，*Democratic Authority*, p. 163。

22　Rawls, *Political Liberalism*, pp. 6, 7n.

23　Sen, *The Idea of Justice*, pp. 20—21, 210.

制度。“正义最终与人们的生活方式联系在一起，而不**只**是与围绕人们的制度的性质有关。”[24]因此，森坚持认为，我们必须注重评价整体事态的正义。“即使‘完整’描述任何一种事态的可能性不大（我们总是可以添加更多细节），一种事态的基本理念也可以包含丰富的信息，并且使我们**留意到所有我们认为重要的特征**。”[25]

这引出了一个微妙但根本的问题：在合格视角如何刻画备选社会世界的{X}域中的要素这个问题上，森的论述假定了一种完全归一化。[26]在非偏倚旁观者的不同判断形式上，森似乎允许各个评价标准（ES）之间的差异，如应得、需要等等，以及映射关系（MP）上的差异，但{X}中的社会世界及其相关属性被固定了下来，并在部分归一化的视角中被完全归一化（§Ⅱ.1）。如果这些非偏倚旁观者的活动要合乎情理，他们就必须对**同一域中的社会世界**进行排序，并且对被排序的各选
158 项（社会选择理论家常常称之为“可行性集合”）有一致的看法。再次考虑表4–1。如果我们要弄明白为什么**非偏倚旁观者同意**a>b，他们就必须在a和b的同一性条件上达成一致。现在正如我们之前看到的那样（Ⅲ.2.4），事态不同于人造物或城市。对于人造物或城市而言，我们可以确认一个东西（或许是通过一个名字），但在这个东西的几乎所有属性上都持不同意见。事态只不过**是**一些属性。既然是这样，那么一致同意任何特定选项a就是一致同意它的属性。如果旁观者没有在它的属性上达成一致，那么他们就不会对他们正在排序**什么**有一致的看法，因此他们就不能一致认同这些属性的排序。如果所有人在a和b是什么上有分歧，那么他们都认同a>b就没什么意义。如果阿尔夫的“a”实际是a’且他的“b”实际是b’，[27]那他就不会真正认同贝蒂的排列，即

24 Sen, *The Ideal of Justice*, p. x（强调是我加的）。另参见p. 410。

25 同上，p. 214（强调是我加的）。

26 当然，对于森而言，{X}无需包含理想。

27 当然，在这里a ≠ a’且b ≠ b’。

a>b。

将这些以不同方式描述的社会世界（a和a'）分割成他们认同的更小社会世界似乎可以克服这个问题。假设这些非偏倚旁观者意识到，旁观者阿尔夫由a'想到一套特征{f, g}，而旁观者贝蒂将{f, j}确认为a的相关特征。阿尔夫和贝蒂的确在特征{f}上持一致意见，所以我们或许认为，他们可能同意把注意力放在由a和a'的交集（以{f}为特征）来界定的“共同的小世界”上，并且排列与其他世界相关的**那个**世界。但是，我们的旁观者不会认为这个由{f}来界定的小世界很重要，因为它脱离了其他相关特征（回顾当评价“更大”世界的正义时，特征之间的相互依赖关系[§Ⅱ.2]可能大不相同）。鉴于对一个社会世界的评价出自那些被应用于相关特征（WF）的评价标准（ES），当阿尔夫和贝蒂分别认为这个世界只有相关特征{f}和特征{f, g}的时候，他们对这个世界的判断会发生变化，所以双方都不会对一种只基于共同特征{f}的评价感兴趣。

另一种可能方案被我们称为**共同投影标准**（the common projection criterion），它指的是阿尔夫和贝蒂使用{f}仅仅是为了**确认**一个共同的社会世界，但阿尔夫继续将这个世界看作是由{f, g}组成的世界，而贝
蒂则将这个世界看作是由{f, j}组成的世界。我们或许可以说，贝蒂的 159
视角无法将特征{g}视为有关正义的属性，而阿尔夫的视角无法“看到”特征{j}。但他们一致认为，“世界a”是拥有特征{f}的世界。[28]根据这种可能方案，每个人都像他或她看到的那样对完整的（大）世界进行评价，但他们凭借自己所看到的共同特征（在这个例子中是{f}）对各个世界进行个性化处理。这显然避免了“小世界”进路的问题，因为每个人就像他或她理解的那样对所有相关属性进行评价。但回顾一

28　正如我们稍后提出的，{f}是他们的不同视角在这个社会世界上的共同投影，参见§Ⅳ.1.3.1。

下，各个社会世界凭借它们的所有相关特征在我们的模型中被赋予不同特征（§Ⅱ.1.2）。这不是随意的，因为很多在正义方面大不相同的社会世界共享很多相同特征。考虑另一个世界（假设它是b），阿尔夫的视角将其确认为{ f, x }，而贝蒂的视角将其确认为{ f, z }。如果我们将我们共同的特征用作共同的确认标准，那么阿尔夫的a世界{ f, g }和他的b世界{ f, x }会被公认为相同的世界，这个世界以{ f }为特征。当然，这对于贝蒂的不同世界{ f, j }和{ f, z }而言也是如此。因为具有共同特征，所以世界a和世界b被确认为相同的世界，但阿尔夫和贝蒂都认为这两个世界有很大区别，它们具有不同的正义分数。阿尔夫很可能被贝蒂搞得晕头转向——当评价{ f }世界的时候，贝蒂有时给它一个分数（当贝蒂视它为{ f, j }时），有时给它另一个分数（当贝蒂视它为{ f, z }时）。阿尔夫看到，贝蒂对同一个世界给出了不同的正义分数。贝蒂对阿尔夫的评价也是如此。实际上，当每个人对自己的完整世界
160 有完全一致的评价时，他们就会把其他人的评价看作是不一致的。[29]

29　似乎另一种选择将通过联合他们每个人看到的属性来描述他们共同的（视角间的）社会世界。世界“a”既是阿尔夫的{ f, g }，也是贝蒂的{ f, j }，所以视角共通的世界a是具有属性{ f, g, i }的世界；在这种情况下，阿尔夫和贝蒂都不会将这个世界视为具有这三个属性的世界。这引出了很多深层次的困惑。其中之一是，阿尔夫致力于采用一个个性化标准，这个标准依赖于他不认为世界a具有的属性。假设他的视角是一个马克思主义视角：他可能认定共通视角下的世界a以财产权、剥削（他看到的两个特征），以及违背上帝的命令（贝蒂“看到”的特征，他认为很冒险）为特征！撇开那种困惑，这个联合的过程仍然不会给出唯一的个性化论述。假设贝蒂继续只看到一个具有{ f, j }的世界，而阿尔夫看到两个世界，一个具有{ f, g }，一个具有{ f, g, j }。根据联合的论述，在贝蒂看来，阿尔夫的两个世界都有相同的视角间属性{ f, g, j }，但这不能区分阿尔夫的{ f, g }世界和{ f, g, j }世界，他倾向于对这两个世界进行不同的评价。最令人困惑的是，这种联合的论述仅仅通过结合不同视角所确认的世界属性来“创造”大量“新世界”。因为这些视角在这些世界中会看到彻底不同的特征，所以它们会对这些世界属性的联合做出非常不同的评价，这样就导致我们的非偏倚旁观者们有无限多的排序，因此削弱了森的帕累托规则的用处。

其结果是，针对多元的社会选择进路要求各事态特征的归一化。这不仅仅是一个形式上的问题。回顾一下，罗尔斯查阅了宗教历史上“难以调和的”斗争，宣称“政治自由主义以关心**不可调和的潜在冲突之深**作为起点”。[30]这些斗争如此深层和普遍的一个根本原因，不只是（也许在一些情况下根本不是）各种宗教视角和世俗世界观对各个正义原则（ES）有彻底不同的理解，而是它们对各个正义原则旨在管控的社会世界有根本不同的理解（WF）。[31]和一个世俗达尔文主义哲学家相比，一个福音派基督徒对社会世界（其真实的基本特征）有非常不一样的理解。福音派视角的社会世界是这样一个世界，在其中罪恶和神圣是各事态的特征；它们不只是价值和偏好，还是世界本体论的基本方面，这些方面决定着社会生活的境况。这些特征在这个世俗达尔文主义者的社会世界中根本不存在，正如他看到的那样，它们是错觉或幻想。他没有与这些特征相对应的任何范畴；以他对域中社会世界的理解（WF），没有哪个世界拥有这些属性。如果他很大度也很“开明”，那么他有可能承认福音派教徒“偏好”继续他们的宗教实践，而且因为这些偏好是真的，它们至少可以算数，但表面之下的社会世界根本不存在福音派教徒想象出来的实体。仅仅存在一个世界，它是科学所揭示的世俗世界。这是所有正义理论（比方说，世俗达尔文主义正义理论）必 161
须预设的归一化世界。

这似乎是森的观点。这种观点表示，我们在《正义的理念》中看不到与宗教视角，以及一个教徒的社会世界性质有关的严肃讨论，而这在当今的很多（或许是大多数）社会中是一个重要问题。森将宗教自由作为一个人参与教派文化的自由，并为之辩护，[32]但很显然，任何合格的非

30　Rawls, *Political Liberalism*, p. xxvi, 4（强调是我加的）。

31　同上，p. 17。

32　Sen, *The Idea of Justice*, p. 237.

偏倚旁观者都会有一个归一化的、世俗的、自然主义的社会本体论。非偏倚旁观者有不同的评价，但他们以相同的方式对社会世界进行分类。然而，如果我们把福音派服从上帝之言的义务解释为参与一种文化实践的权利，那么我们甚至还没有开始理解正义的合理多元主义问题。我们在森的著作中没有看到罗尔斯后期工作充满的担忧，即从各种以根本不同的方式阐释世界和宇宙的整全性观点来看，自由主义的正义是否可以得到认同。这并不是因为森的疏忽。除非他严格归一化那个构建所要评价的社会世界的东西，否则他的方案（以帕累托社会选择为基础）对于正义观的多样性问题来说就不可能奏效。

重要的是强调，在我们所居住的社会世界的性质上存在一些分歧，这些分歧既不是次要的，也不能被重新描述为价值或偏好之争（被推入一个视角的评价标准要素）。我们最深层且最棘手的争论点不在于价值或正义原则，而是在于这些原则适用的世界。最显著的例子是关于堕胎权利的长期斗争。这种权利的拥护者果断把这种权利当作个人自治的基本权利；堕胎权利的反对者被说成是不关心女性支配自己身体的要求。[33]但情况绝不像是这样，也经常根本不是如此；堕胎的反对者
162 可以深切致力于这种自治，但拒绝否决另一个人生活的权利。当然，在抽象意义上，大多数堕胎权利的拥护者也会在这种情况下退缩。这个争论主要与自治原则和生活权利适用的社会世界有关：两个社会世界没有相同的人群，因此即使在正义的抽象原则上达成完美一致，也解决不了这个争论。这只是因为，有太多的道德哲学家认同森，认为只存在单一的、完全归一化的世俗社会世界，以至于这个争论不得不被错误地描述为一个仅仅关于价值或抽象正义原则的争论罢了。

一个类似的问题困扰着关于伤害原则的讨论。回顾罗伯特·保罗·沃尔夫（Robert Paul Wolff）的一个经典反驳，他指出，根据密尔的

33 参见Rawls, *Political Liberalism*, pp. 243—244n。

伤害原则，

> 当我影响他人的“利益”时，我要对他们负责。社会可能只干涉我生活的一些领域，它对这些领域感兴趣。目前我的生活的那些方面，即那些影响其他人利益的方面与那些他们不感兴趣的方面之间的区分极其细微，却并非不真实，而且密尔并没有强调这一点。当史密斯殴打琼斯的时候，或偷他钱包的时候，或在法庭上指控他的时候，或向他出售一匹马的时候，他在某种意义上正在影响琼斯的利益，密尔认为这个区分毫无争议。当史密斯践行罗马信仰的时候，或理解哲学的时候，或吃肉的时候，或参与同性恋活动的时候，他并不影响琼斯的利益，密尔似乎认为这也是显而易见的。现在假设，琼斯是一个虔诚的加尔文主义者或一个有原则的素食主义者。一个天主教徒或肉食者恰好出现在他的共同体中可能会使他完全像脸上挨了一拳或钱包失窃一样痛苦。事实上，对于一个真正虔诚的基督徒来说，身上挨一拳远远比不上异教徒的亵渎。归根结底，身上挨一拳会通过使我痛苦或阻止我做想做的事来影响我的利益。如果不虔诚的人出现在我的共同体中，折磨我的灵魂，让我夜不能眠，那么谁能说我的利益就没有受到影响呢？[34]

如果伤害原则的拥护者对容纳这些“伤害”有一点点兴趣，他们通常就会试图将它们描述为心理伤害或冒犯的行动。[35]没有人**真的**意图 163
生活在没有同性恋的社会，或摆脱各种不虔诚仪式的社会，因为这种宗教世界观在遵循世俗伤害原则的归一化世界中是不可接受的。然而，

34　Wolff, *The Poverty of Liberalism*, pp. 23—24.

35　我在这里批判我自己。参见我的 *Social Philosophy*, chap. 8。

假如人们真的很苦恼，至少**那种痛苦**是真实的，而且或许可以对它做些什么。这对于世俗的归一化观点而言可能是足够的，但它漏掉了宗教不满。[36]这种不满不是一个人正感到苦恼；无论一个人是否了解这种行为，他的利益都会被它所耽搁。[37]或许，在当代自由主义的大量话语中（以及在福柯的更险恶的意义上）[38]，涉及宗教分类的争论以一种引人注目的方式被归一化，这种方式是将基于宗教的、对同性恋的反对重新描述为一种疾病，即“同性恋恐惧症”（homophobia），这明明是在努力通过给同性恋贴上疾病的标签来控制一个异常分类。[39]

很多相同观点适用于环保主义和动物权利的各种支持形式。此外，环保主义者和动物权利支持者的要求可以被理解为一个标准的西方归一化世界（其中没有人类，而只有单独的个人），但痛苦对于所有有感觉的生物而言都是坏的。[40]但是，很多要求不可以被这样理解。那些把自然视作一个要被尊重的实体，或认为生态系统有基本权利的人，并
164 不生活在这个归一化世界中。其他例子比比皆是。甚至那些几乎全盘

36　请注意，即使是沃尔夫，同样既诉诸折磨灵魂也诉诸夜不能眠，前者当然依赖于一种宗教分类，后者则不然。

37　关于一个与伤害有关的有力分析（这个分析预设关于社会世界的各种有争议的看法），参见 Muldoon, “Perspective-Dependent Harm”。

38　Foucault, *Discipline and Punish*, pp. 177ff.

39　同样，那些拒斥女权主义要求的人，或在更一般的意义上拒斥女权主义视角的人经常被贴上“厌女”（misogynistic）的标签，他们使女权主义归一化，以至于只有一种病理性的情绪状态才可以解释反对意见。通过将反对方的视角描述为病理性的视角，来使个人政治立场归一化，正逐渐成为一种趋势；观察约翰·托马西（John Tomasi）给传统自由意志主义贴上的（特殊）标签，他相信社会正义在规范性意义上是可被反驳的，或预设关于社会世界的一种错误看法，就像遭受“社会正义病”（Social Justicitis）的痛苦（这里他指的是奇怪的“社会正义恐惧症”）一样。参见 *Free Market Fairness*, chap. 5。当前工作的核心论点已经被描述为一种疾病了；参见艾斯特兰德的“Utopophobia”。

40　这个归一化世界的道德被一些人称为“奇怪的”道德，即西方的、有教养的、工业化的、富有民主的道德。参见 Haidt, *The Righteous Mind*, chap. 5。

接受罗尔斯对正义的分析的人，也根本不同意将它应用于国际正义或全球正义，而且其中一个重要原因无疑是一个根本的争论，即“人民”是否是具有道德地位的实体。[41]我们在这里得到了一个简明的提示，即如果同意一种正义理论，却没有一致同意它所适用的社会世界，那么就无法保证在判断社会实现时会达成一致。

这并不是说，对于一个社会中的任何视角而言，如果它与其他视角在它们所处的社会世界上有很大分歧，它可能就会正当地坚持将自己的社会世界强加于其他视角。在你的社会世界中，生态系统和人一样，上帝禁止同性恋，或有关性别的玩笑并不好笑[42]，这些东西本身并没有告诉我要去做些什么，或我要怎样和你一起生活。无论如何都要坚持的是，除非我们对多样性的思考认真地参考了与这个社会世界的性质（常常用来刻画它的那些分类）有关的深层分歧，否则我们就无法理解在一个自由开放的社会中生活需要些什么。

1.3　马尔登的非归一化契约

1.3.1 当各个世界重叠的时候。根据深度的视角差异重新思考政治哲学，其中最具创新性和精密性的成果是瑞恩·马尔登的研究，他提出了一种免于归一化假定的社会契约。马尔登的主要洞见是，即使你的社会世界和我的社会世界不以相同方式对对象进行分类，我们也可能有共同的社会“对象”，或者可以说，对象的部分投影，而我们可以就这些投影进行协商。沿着马尔登的思路，让我们先考虑一种简单情况，[43]如图4-1。关于同一对象，阿尔夫、贝蒂和查理有三个视角；所

41　“自由主义的国民有三个基本特性：一个相当正义的宪政民主政府，服务于人们的基本利益；由密尔称为的‘普遍同情心’所联合的公民；以及最后，一种道德本性。”参见Rawls, *The Law of Peoples*, p. 23。

42　它们根本没有被当成笑话；它们在那个社会世界中不是笑话，而是统治形式。

43　Muldoon, *Beyond Tolerance*, chap. 3.

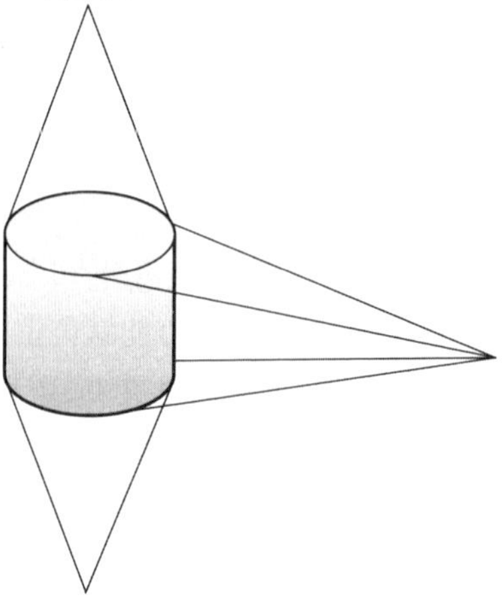

图4-1　不同视角的共同投影

165 有人都可以在三维空间中看到这个世界。根据阿尔夫的视角，这个对象是一个二维的圆形，根据查理的视角也是如此，不过根据查理的视角，它是一个不同的圆形（它与阿尔夫看到的圆形不共享相同的空间位置）。贝蒂看到的形状是圆柱体，但不是一个封闭的圆柱体。与之相较：对于一个科研工作者来说，胎儿可能是干细胞的来源；对于一个天主教徒来说，胎儿是有灵魂的人；对于一个自然权利哲学家来说，胎儿可能是入侵者，它会侵犯母体的权利。虽然就所有人都认同的真实对象而言，不存在任何归一化描述，但这并不意味着，这些非归一化视角不共享任何东西；它们共享关于这个对象的部分描述（或者我们可以说，它们看到了这个对象的不同投影）。归根结底，三个人因此可以就如何恰当对待"胎儿"展开争论，即使他们把它归于非常不同的属性——从根本上来说，他们心中想的根本不是相同的对象。请注意，森的社会选择进路无法处理与被评价对象有关的分歧，相较而言，马尔登将这种分歧作为其分析的核心。[44]

马尔登富有洞见的、真正革命性的提议的核心是，我们可以将社会契约建构为一些谈判博弈，这些谈判与谁对“对象”拥有权利有关，与此同时承认各方不一定同意他们正在谈判的对象性质。马尔登写道：

> 如果两个行动者有不同的分类，这就意味着他们不会以相同的方式划分状态空间。这仅仅是因为他们以不同的方式划分这个世界，因此他们对重要性持不同的观念……他们正在观察同一个东西，只是对它的阐释不同。由于不存在对状态空间的中立［或归一化］描述，我们就不能认为一种划分比另一种更好，因此我们不能只挑选一种划分并要求每个人都使用它。这一点是非常清楚 166
> 的。但我们也不能只联合每个人的划分集，并期望每个人都共享这个更大的划分集。这是因为，如果一些视角没有容纳其他视角所看到的区分，就无法保证它们可以**看到**这些区分。所以，就像我们没有对价值（从而对效用函数）的共同解释那样，我们也没有相同的划分集。但即使我们不能期望个体可以联合所有划分集，我们也可以通过参考这个联合的集合来描述总体谈判，只要我们不假定谈判中的行动者自己意识到了它。[45]

总体谈判博弈确实关注阿尔夫视角、贝蒂视角和查理视角的**联合**，

44 这并不是说，**共同投影标准**（我们在§Ⅳ.1.2.3中探究过）的一些问题不会在马尔登的契约中出现。可能的是，阿尔夫会区分两种不同的谈判，但就贝蒂看来，这些谈判有相同的投影。放在形状的例子里，阿尔夫有时会看到一个椭圆形，有时会看到一个圆柱体，但如果这些对于贝蒂而言总有相同的投影，即在两种情况下贝蒂都会看到一个圆柱体，那么她会认为阿尔夫的评价是不一致的，因为她不能理解为什么他在不同时间对同一个圆柱体（就像她看到的那样）进行了不同的评价。阿尔夫谈判的个性化与贝蒂的不同。

45 Muldoon, “Justice without Agreement.”

因为这个谈判博弈如何发生，会影响到使用整个圆柱体的方式；但是，没有任何视角看到了封闭的圆柱体，所以没有任何视角会认为这个谈判与封闭的圆柱体有关（从他们的个体视角出发，这会是一个关于谁对
167 哪个圆形拥有权利，或谁对开放的圆柱体拥有权利的谈判）。

因此，马尔登的非归一化社会契约是一种关于权利分配的N人谈判。一方面，这种谈判与对世界重叠部分的权利有关，但在每个视角看来，它也决定对"完整对象"的权利（当这些完整对象包括被共同看到的世界重叠部分时）。请注意，这种契约不要求我们共享一个归一化的，哪怕是部分归一化的社会世界视角。然而，如果我们接受了马尔登所依赖的纳什谈判解，那么权利分配就适用于每一个非归一化的社会世界，并且每个视角就都可以认同权利的总体社会分配了。[46]

在缺少归一化的情况下，马尔登的契约提供了公共的辩护。只要每个视角都认为，考虑到其他人的视角，这些条款可以在合理预期的条件下促进其关心的东西，联合的最终条件对于所有相关的评价视角来说就得到了辩护。[47]虽然，马尔登常常将他的提议看作是公共理性政治理论的备选项，但那仅仅是因为占支配地位的公共理性观点已经致力于强有力的归一化了：公共理性通常被当作归一化公共视角的理性，即

46　关于纳什谈判解对道德证成的适用性有相当大的争议。肯·宾默尔（Ken Binmore）在《自然正义》中为之辩护。在放弃道德契约论应该被建构在谈判之上的想法以前，大卫·高蒂尔在一段时期内认同纳什的解决办法。参见他的"Twenty-Five On"。关于罗尔斯的批评，参见"Justice as Fairness," p. 58n。和很多人一样，罗尔斯担心纳什谈判对于威胁优势（threat advantage）太敏感：一旦依据每个人的威胁优势分配，就不是公平的原则了。虽然马尔登依赖纳什的解决办法，但只要参与者的平等得到尊重，他并不反对其他解决办法。`Muldoon, *Beyond Tolerance*, chap. 6. 关于一种对修正纳什谈判解的辩护（被修正的谈判解会减轻对公平的担忧），参见Moehler, "The (Stabilized) Nash Bargaining Solution as a Principle of Distributive Justice"。

47　我们可以通过相关的谈判公理——尤其是对称性——来理解什么是"合理预期"的概念。参见Thrasher, "Uniqueness and Symmetry in Bargaining Theories of Justice"。

自由主义视角。[48]不过，马尔登是正确的，这种传统的公共理性观点与其说是帮助我们为所有人设计一种正义理论，不如说是推崇其中一个视角和它对正义的理解。作为回应，那些被排斥的视角要么反对将公共理性自由主义作为一项派别研究，要么退缩、被疏离，回到它们自己的视角中。公共理性在多元的进程下提供一种正当化的正义观的承诺并未实现。不仅如此，它还为了支配有争议的世俗社会世界成为一个屏障。[49]最后，这种公共理性观点与传统的道德理论非常相似，这些道德理论基于一个归一化视角，声称自己是确认社会世界道德属性的唯一正确方式。[50]马尔登的研究承诺要复兴公共理性，把它作为真正回应我们深层而持久的分歧的一种学说。 168

1.3.2 动态与开放社会。马尔登认为他所理解的社会契约是动态的，强调不断地适应。随着新视角的进入和旧视角的消失，社会契约必须做出调整。[51]意料之中的是，他认同约翰·斯图亚特·密尔对于生活实验的重视，也支持不断发现生活在一起的更好方式；[52]相反，他尤其批评罗尔斯的主张，即我们在建构一种社会契约时应该假定各方将被不可预知的未来所限制，而且不能在他们前进时进行重新商议。[53]人口视角的不断改变（例如，穆斯林群体的移民）、环境条件的改变，以及对生

48　见 Quong, *Liberalism without Perfection*, esp. chap. 1, part 2。参见我的 “Sectarianism without Perfection? Quong’s Political Liberalism”。

49　参见 Haidt, *The Righteous Mind*, chap. 5。

50　关于这一点，参见范·舒兰德的分析，“Justification, Coercion, and the Place of Public Reason”。

51　Muldoon, *Beyond Tolerance*, chap. 6.

52　Muldoon, “Expanding the Justificatory Framework of Mill’s Experiments in Living.”

53　参见 Rawls, “Justice as Fairness”。在其中，未来的不确定性是选择相关原则的基础。罗尔斯认为，将这个协定建构为不可修正的是这项研究的契约性质的基础。参见他的 “Reply to Alexander and Musgrave,” p. 249。

活在一起的更好方式的探索，都要求我们将社会契约构想为一系列为了互惠互利而进行的动态的、发展中的谈判，而不是一套“一次性”被固定下来的原则。因为不存在任何归一化的、固定的视角，用来推断出各
169 种固定原则，所以社会契约必然与社会中现存的各个视角都密切相关。

从根本上讲，马尔登是绝对正确的：一种恰当的社会契约（或可以让不同视角接受的正义理论）必须内外拥有各种资源来适应急剧变化的条件。我们必须吸取密尔、哈耶克和波普尔的洞见，即我们总是在不断完善我们的正义理念和对其“社会实现条件”的分析。[54]理想正义的概念像是一个固定点而不是一个要修订的主题，这或许是关于波普尔所谓“乌托邦”理论（§Ⅱ.3.4）最不合理的假定。基于这一切，我们应该遵循马尔登的观点。然而，罗尔斯的假定，即我们应该设想各方“一次性”选择各个原则，不必被阐释为一个关于固定观点的说法，更确切地说，他的假定是在提醒我们两个重要事实，这两个事实与作为社会合作基础的正义规则有关。

首先，要认同一个正义规则就需要这种认同是“可逆的”：如果规则R规定角色1和2必须相关，那么对于阿尔夫来说，基于他对视角Σ的判断，真正认同一个规则就需要阿尔夫无论处于位置1还是2都会认同它。[55]如果阿尔夫认同一个规则，因为他相信他只会位于位置1（比方说，他知道他只会是老板而永远不会是员工）的话，那么在一个重要意义上，他并不认同这个规则是正义的一种要求（而只是一个利己的规则）。虽然，在非归一化的社会契约中，我们的目标是去发现不预设任何归一化视角（或一小群这类视角）的正义规则，但我们仍然探寻在可逆性上符合某个非偏倚理想的联合条件。说一个规则不允许被反复协

54　关于哈耶克，参见*The Constitution of Liberty*, pp. 23—24。

55　我在《公共理性的秩序》中更充分考虑了这个要求。参见*The Order of Public Reason*, pp. 299—301。

商，就是强调各方受到了它的**制约**，即使它有时并没有促进各方视角认为重要的东西（包括他们的利益）。更实际的是，如果阿尔夫对这个规则的认同预设了他永远不会占据角色2，那么在各种情形中预计的改变（例如，他成了一个员工）就会使他放弃这个规则，这表明他对这个规则的认同并不稳固。因此，罗尔斯在他早期版本的社会契约理论中论证，各方必须假定，如果他们确实不占据更有利的位置，那么协定就不能被 170
重新商议。"他们每个人都明白，在这个场合下被提出和承认的原则在未来的所有场合下都有约束力。因此，假设提议会被接受，每个人都会谨慎提出一个在当下赋予他独特优势的原则。每个人都知道他会在未来的情形中受到这个原则的制约，它的特点不为人知，而且很可能对自己不利。"[56]因为一个人所选择的原则会在较长一段时间内制约着他，管控着他无法预知的情形，所以一个理性的人不会为了获得当下的优势而试图调整原则，因为这些原则有可能产生不可预见的改变，而且他最终可能会处于这些被操纵了的原则中劣势的一方。[57]在**这种**情况下，因为事实已经改变，所以抵制重新协商，对于认同正义规则来说至关重要。

其次，哈耶克有效地论证过，**正是因为**我们想要一个动态且不断适应新条件的社会，所以我们就需要**相对**稳定的社会和道德规则。[58]社会生活中的不确定性的深层根源与我们同伴的行动和预期有关；将我们和共同规则绑定在一起会使我们减少这种不确定性，从而参与到富有成效的合作中。除非我们被绑定在相对稳定的规则上，否则我们就无法减少这种不确定性。基本的社会道德规则和执政的基本道德规范为

56　Rawls, "Justice as Fairness," p. 53. 布坎南（Buchanan）和塔洛克（Tullock）也提出了这样一种不确定性之幕。参见他们的 *The Calculus of Consent*, pp. 77ff。

57　请注意，这个论证试图保证无知之幕在之后的构想中实现的结果。参见 Kohlberg, *The Philosophy of Moral Development*, pp. 190—201。

58　参见 Hayek, *Law, Legislation, and Liberty*, vol. 1, *Rules and Order*, esp. chaps. 2 and 3。

社会和经济实验提供了背景。除非这个背景设定了相对固定的参数，规定了这些参数要尊重哪些财产要求，以及要保证哪些个人权利，否则革新者就没有足够多的固定点来制订计划。革新通常不是一个无计划
171 的随机活动；它以去中心化的个人计划为基础，而且这些计划和它们之间的协调需要重要的固定参数。[59]

为了使讨论不那么抽象，让我们对比关于一个动态社会的两种看法，并假设这个动态社会乐意且不断接纳新的视角，比如，尚未被代表的种族或宗教群体移民，或者只是定期产生新视角的内部过程（就像重组那样，§Ⅲ.3.4）。根据马尔登的提议，这样一个社会将承认，社会契约需要不断被修改，所以权利的基本分配会随着（具有新视角的）新团体的进入而被修改。[60]但要注意的是，这势必会让当前视角付出很大的代价。虽然马尔登正确地强调，通过劳动力的分工，我可以从新的群体和视角中获益（参见§Ⅳ.3.3），但基于他的动态谈判模型，我不知道我将按照哪些规则与他们互动，因为随着新群体和视角的进入，社会契约会被重新协商。因此，更难预测代价和好处。同样假设大多数人是传统主义者（这似乎是真实情况），因此认同生活中的大多数规则，若是允许有文化差异的群体移民，他们当然会从中看到明确和重大的代价：这会大大修改当前的道德规则系统。也许，有人担忧，宗教和解（就像在一些西欧国家中被协商的那样）的本质与马尔登的模型相当接近，它基于基督教派之间的谈判，而这些基督教派都接受了国家的影响和资助。一旦穆斯林群体登场，这个基本的谈判就不得不被重新协商了，而且现在要与不太熟悉的视角群体进行谈判。这个结果往往是极不情愿地容纳穆斯林群体：代价是直接和明确的，而且考虑到我们不清楚新的权力分

59　关于个人计划的重要性，参见 Hayek, “The Use of Knowledge in Society”。

60　Muldoon, *Beyond Tolerance*, chap. 6. 马尔登认识到，他的进路所面对的挑战是我们的固定点过于少，因此我们没有稳定的正义原则。然而他希望他的论述能提供长期的稳定性。

配，未来的政治利益是远远不能确定的。相比之下，如果我们的规则能 172
够在面对新视角的时候保证很高的稳定性，即使当前的居民会预料到新的互动（有些人欢迎，有些人则不欢迎），基本的权利分配和义务分配也不会持续改变。不仅如此，因为游戏规则相对稳定，所以既有更强的能力来计划如何与新到来的群体互动，也有低得多的代价，也就是说，新的到达者不意味着新的社会契约。

1.4　并非所有自由主义正义都适合开放社会

让我们汇总一下从罗尔斯、森和马尔登的分析中学到的教训。在完全归一化的情况下，一个视角 Σ 与各个正义判断之间的联系显而易见；Σ 借助其视角的5个要素[61]来确定任何社会世界的正义。一旦我们接受一种正义理论，它自身试图容纳多个部分归一化的正义视角，以至于我们在正义上有根本的分歧，我们马上就会面临这样一个问题：任何特定的部分归一化视角与这种理论的总体正义判断是什么关系呢？我论证过（§Ⅳ.1.1），罗尔斯从未真正解决这个问题：他允许一组依赖不同正义原则的合格视角（一系列自由主义观点），但他尚不清楚这组多元的“合理”视角如何在他的理论中被全部包含在一致的总体正义判断之中。他的政治自由主义研究了解到了归一化的某些危险，但并没有看到我们可能如何得出一种方式，将每个合格视角与视角间的正义判断关联起来。

在§Ⅳ.1.2中我们看到，森提供了一种方法，可以将多元评价标准整合进一种正义理论；每个部分归一化的正义观点（被建构为一个非偏倚旁观者）采用自己的评价标准，将这些标准应用于一组共同的、归一化的社会世界。如果所有非偏倚旁观者都同意社会世界a比社会世界b更正义，那么根据完整或完备的正义理论，a就比b更正义。正如我们看

61　评价标准、社会世界的各个特征、一种映射关系、一种相似性排序，以及一个距离度量。

173 到的那样（§Ⅳ.1.2.3），森的程序要求{X}域中社会世界的属性是被完全归一化的；虽然森在思考没有完全归一化的正义时取得了很大进展，但他的社会选择进路不能容纳社会世界的正义特征上的重大差异。这抑制了大量与这个社会世界的本质有关的视角多样性。但它也抑制了评价标准的多样性；只有这个世界有某些特征，评价标准才有意义，比如在宗教方面很可靠的那些标准。如果灵魂和有关上帝意志的知识不是这个世界的特征，那么关于神圣命令理论（甚至自由平等主义理论）就没什么可说的了。[62]

马尔登的分析克服了这一限制。认为他的论述使正义成为所有合格视角的一个载体是很有效的。[63]对于视角的任何特定数组（array）来说，视角间的正义都是数组中的视角共同影响的结果。用我们更为熟悉的哲学语言来讲，正义是由合格视角的集合“构建而成的”。相应的担忧是，这将视角间的正义与当前合格的视角连接得过于紧密，因此虽然马尔登的提议富有洞察力，但还够不上是一个多元开放社会的框架。

回想一下，我们的问题是，为道德探究和实验的“共和主义”共同体（§Ⅲ.4.3）创造一个包罗万象的“自由主义”框架。只有那些共同体把自由主义的框架当作一种真正正义的关联方式，自由主义的正义理论才可以为多元的道德视角提供一个框架；目的是去发现一种正义理论，多元视角为了诠释罗尔斯，可以将这种正义理论视为可接受的东西。[64]现在，一个开放的自由主义框架试图容纳多样性的两个领域。**首先**，它试图容纳社会中一批现有的合格视角，以至于这些视角都可以在
174 某种程度上认同所有视角间的正义要求。在森的非偏倚旁观者模型

62 参见 Waldron, *God, Locke and Equality*, esp. chap. 3。

63 我说“合格”是因为一种理论会将这个集合限定为应该被严肃对待的正义观点。当前重要的是合格视角的集合预计是很大的。我在§Ⅳ.3中转向讨论什么可以被当作合格的限制。

64 Rawls, “Kantian Constructivism,” p. 306.

中，这是通过帕累托规则来实现的：如果所有合格的旁观者都认为a比b更正义，那么视角间的正义也会如此认为。请注意，在这种情况下，视角间的要求必然被所有视角认同。在马尔登的论述中，视角间的正义是一种理性的谈判或一种所有相关视角间的妥协；它通常不是任何一个视角的准确观点，但从自己的视角来看，大概所有人都可以把这种妥协当作理性的。**其次**，一个容纳多样性的自由主义框架试图向新的视角开放，这些新的视角要么产生于内部，要么通过迁移产生。它试图容纳和利用的不仅有现存的不同视角，还有新的和尚未考虑的视角。容纳各种各样的视角正是一个自由主义社会向探究和改变开放的基础，而该社会对不同视角的容纳与具体是哪一批视角无关。

一个开放且正义的自由主义社会要同时尽可能地容纳两类多样性，既要尊重现存视角，也要向新视角开放。如果一种自由主义的排序只关心第一类多样性，那么马尔登的社会契约就会是一种强有力的解决办法：在各种情形下，社会秩序中的每个成员都可以和其他成员进行谈判，产生每个视角都认同的契约。但是，如果一种自由主义的排序，通过将视角间的正义与各个视角目前的数组紧紧绑在一起，来容纳现存视角的多样性，那么它只通过改变视角间正义的自由主义基本框架就能够容纳新的视角了。如果当前的框架由当前视角的数组中出现的特定内容构成，即如果它可以对**那个特定的多样性布局**做出积极的回应，那么在缺失自由主义框架中显著的、或许是主要的转变的情况下，新视角能否逐渐融入，似乎令人存疑。因此，我们所得到的多元社会有一个被证成的自由主义框架，尽管它不是特别开放的社会，因为创新和迁移很可能对这个社会的正义观念构成根本性威胁。这样的社会可能更像是罗尔斯所谓“封闭系统”。[65]我敢说这不仅仅是理论上的可 175

65　Rawls, *A Theory of Justice*, p. 7. 罗尔斯将这视为一个被简化的假定，它可以在之后被放宽；我们在这里发现，考虑到适应多样性的方法，这个假定可能不容易被放宽。

能性，还是当前很多自由主义社会的特征，一旦这些社会关于共享生活的特有框架想要容纳那些本来不是现有安排中的新视角，它们就会受到威胁。

然而，另一种可能性出现了。一个自由主义框架或许善于容纳各个视角目前的数组，因为它善于容纳多样性本身。这个框架在容纳当前的不同视角上不太成功，却成功地容纳了多样性本身。在发展出一种视角间的正义观念，且它可以很好地实现对多样化视角的认可之后，额外的多样化视角就可以被相对简单地容纳进来了。这种正义观念非常擅长处理差异性，以至于新的和更大的差异对它而言并没有什么挑战。根据这种观点，一个社会可以达到这样的程度：在发展出一种关于视角间正义容纳多样化的理解之后，向更远的视角开放就不存在任何困难了。在这一点上，自由主义社会也是开放社会。

我们现在能够将我们的调查精练为一个被证成的自由主义框架：在什么条件下我们可以生活在一个容纳多样性的、共享的道德框架(由于这个道德框架容纳多样性本身，所以是一个开放社会)之下呢？我将论证(本章的 §2)，当我们的公共社会世界被开放社会的一组特有特征所塑造时，这样一个多元自由主义框架似乎最有希望取得成功。我相信，我们在多元社会中已经有足够多的生活经验了，我们至少可以得出一些试探性的结论，这些结论与对多样性本身友好的各种制度结构或原则有关。当然，像任何关于社会实现的主张那样，这些主张可能被证明是错的，但我把它们当作相关分析的一种优势，而不是一种担忧。然而，我将在本章的 §3 中论证，即使这些对多样性友好的安排也不能为所有视角都留下空间；我试图在确认多元自由主义的界限上取得一些进展，并试图回答为什么这些界限在捍卫开放社会的语境下是有
176 意义的。

第二节　一个人为、开放、公共的社会世界

2.1　创造一个公共社会世界

2.1.1 公共道德体系的理念。虽然很少被注意到，但罗尔斯后期的研究总提到社会世界的理念。他以各种各样的方式使用这个理念，其中两种方式对于我们当前的讨论来说很重要。一方面，罗尔斯使用"社会世界"的时候说的是它们大体上是分隔开的：罗尔斯说，当我们被疏离的时候，"我们渐渐远离政治社会，退回到自己的社会世界中"。[66]另一方面，罗尔斯强调从原初状态的视角来看，"各方实际上试图塑造某种社会世界；他们认为这种社会世界不是由历史给定的，而是在一定程度上取决于他们自己。"[67]或者，正如他在《政治自由主义》中所说的那样，"只要我们有理性，我们就准备好了为**公共的**社会世界制定框架"。[68]

让我们将这个区分解释为以下两者之间的区分：前者是以一个人的"整全性视角"为特征的社会世界，而后者是其规则和制度由各成员共同创造的"公共社会世界"。在后者的意义上，一个公共的道德框架加上各个基本制度就**等于**一个公共社会世界，即它们构成了一个公共社会世界。[69]我们可以把由规则和制度构成的公共社会世界当作一个人为的社会世界，它的存在是各成员相互协调的心理状态的一个特征。[70]关键点在于，在一个多元的、自由主义的社会中，这个共享的社会

66　Rawls, *Justice as Fairness*, p. 128.

67　同上，p. 118。

68　同上，p. 53（强调是我加的）。

69　同上，pp. 41, 77。

70　存在很多将这些协调的心理状态理论化的不同方式；不同的解释可以为文本中的主张提供依据。关于各种进路，参见 Lagerspatz, Ihäheimo, and Kotkavirta, eds., *On the Nature of Social and Institutional Reality*。

世界没有展示如何在不同视角相冲突的社会世界之间做出选择。这个共享的社会世界没有重要的本体论承诺：这是我们的社会世界，因为这些是我们共同构想且奉行的规则和制度。就像罗尔斯所说的那样，我
177 们可以通过我们共同的选择和信念来“塑造某种社会世界”。这一想法是为了让各个视角都致力于它们自己对社会世界的性质和理想正义的理解，去寻找自己想要的公共社会世界。如果每个视角都可以弄明白这个人为社会世界的各个范畴，认可这些范畴的用处（我在§Ⅳ.3之前没有谈到这个问题），我们就可以拥有一个没有归一化的共享人为世界了。没有任何可以理解且认同这个人为社会世界的视角会发现自己是被归一化的，因为每个视角都以一种**对**自己有意义的方式与这个公共的人为社会世界关联在一起。

虽然我在本书中广泛地使用了“社会世界”这个概念，但我们可以在为我们社会发展“公共道德体系”方面给出一样的观点。[71]为了让大家一同生活，我们共享的公共社会世界仅仅是一个稳定的、共享的、道德的，以及政治的框架。它的制度结构提供了共同范畴，以及阐释那些范畴的共同来源，这使得我们共享一些合作事业，这些事业以被所有人视为正义的社会关系为特征。[72]尽管如此，公共社会世界是一个我们集体创造的制度结构。[73]这不是说每个视角从一开始就参与其中，而是说凭借与它相关联且认同它的不同视角，公共社会世界作为一个公共视角被维持了下来；对于每个参与其中的视角而言，这个人为的公共社会

71 Rawls, “Kantian Constructivism in Moral Theory,” p. 326. 另参见我的“Moral Constitutions”。

72 这就是为什么森错误地指责罗尔斯为“制度基础主义”（*The Idea of Justice*, p. 82）。只有通过制度，那些有着深层分歧的视角才可以共享一个共同的、公共的社会。另参见我的“Social Contract and Social Choice”。

73 对于一个与制度结构重要性有关的细心且有洞见的分析，参见Van Schoelandt, “Rawlsian Functionalism and the Problem of Coordination”。

世界通过其范畴可以与这些视角所确认的、表面下的社会世界相关联的方式而得到维持。

一个真正开放的社会需要这样一个公共社会世界，因为它提供相对稳定的公共范畴、规则，以及阐释，这些东西为个人规划和动态变化提供必要的固定点。就像市场动态变化的原因只是财产和契约的规则不经常被重新协商那样，一个动态且开放的社会有一个相对稳定的公共社会世界。但这并不是一个归一化的社会世界（我们的公共理性理 178
论就基于此）。它是一个**由**公共理性**诞生**的共同世界：它是我们集体的创造物。

对于我们共同的社会世界而言，这个基本的社会道德框架——我们的道德体系——不等同于任何特定的道德视角，不等同于它对价值观、正确性，以及该社会世界的道德相关本质的独特理解。确切地说，道德的核心是一套公开且共同的规则，这些规则提供共同的规范性和经验性预期，而这些预期与其他人会要求什么，以及对立的主张将如何被裁决有关。这样一个共享的预期系统对于使不同行动者群体克服我们面对的很多集体问题来说至关重要，比如帮助我们在"社会困境"中合作——在"社会困境"中，如果我们合作而非按照我们视角认为最好的方式行动，我们就都会表现得很好，但如果每个视角通过背离合作，按照在自己看来最好的方式行动，每个个体甚至可以表现得更好。[74]用罗尔斯的话来说，如果我们的公共框架要扮演"人类生活中预期的角色"，那么解决这些集体问题就是它必须做的事。[75]如果没有共同的规范性预期（我期望其他人应该做什么，以及他们认为我应该做什么）和经验性预期（我预计其他人实际会做什么，以及其他人预计我实际会做

74 就克服这种困境而言，共享规则的重要性不仅被理论性的研究，还被实践性的田野研究所证实。例如，参见 Bicchieri, *Norms in the Wild*; Ostrom, "Collective Action and the Evolution of Social Norms"。

75 Rawls, "The Independence of Moral Theory," p. 286.

什么），合作就会遭到破坏，社会冲突也会加剧。

正如詹姆斯·布坎南所主张的那样，一种关于道德体系的分析与宪政经济学有着明显的亲和性。和宪政经济学研究一样，我在这里的关注点是高度多元的行动者如何根据一套规则来调整他们的合作行动。此外，像布坎南一样，我将考虑哪种规则可能在高度多元的社会中获得几乎一致的认同。在表面上，有人或许认为，一种根本差异是布坎南的研究假定了自私的行动者，这些行动者只关心自己的损失和利益，
179 然而我的关注点在于各种各样的正义视角。虽然布坎南有时确实提出了自私假定，但这对于他的核心分析来说无关紧要，倒是与我的关注点非常相关：行动者在如何排序可能结果上非常不同。[76]尽管如此，我们在这里关心的是一种更深层的多样性，这种多样性不仅仅是偏好的多样性，还是视角的多样性。然而，我和布坎南的主要区别是，虽然布坎南的宪政经济学倾向于关注国家的正式规则，尤其是关于如何制订和改变规则的二阶规则，而我的关注点是非正式的道德框架，它为国家制度奠定基础。当然，二者之间不存在任何明显的断裂：我们将看到，非正式的道德框架常常要求法律规则来完成它的任务，而法律规则在缺乏道德构造基础的情况下通常是无效的。不过，侧重点上的差异很重要，而且我们没有过多强调国家，而是强调在开放社会中为一个有效的自由主义国家提供基础性道德框架。

2.1.2 问责实践。这些共同的社会规则协调着我们的经验性和规范性预期，是我们共同生活的根基，但除非我们使彼此遵守这些规则，否则每个人都可能抵挡不住诱惑，按照自己的方式行动，即鉴于他们各自的观点，以他们认为最好的方式行动。这不是说他们自私；每当个人

76 这项研究始于布坎南和塔洛克，参见Buchanan and Tullock, *The Calculus of Consent*。关于对那个分析来说必要的假定，参见Thrasher and Gaus, “The Calculus of Consent”。另对照我的“The Limits of *Homo Economicus*”。

以自认为最好的方式行动而抛开社会生活的共同规则时就会背叛这套共同规则。因此，要维护这套规则就需要一种对公共责任的实践：在这种实践中，我们要求彼此因为没有遵守我们的共同规则而承担责任。维护一个公共道德框架要求维护共享的预期，即谴责那些不按照公共规则行动的人（他们的行动会破坏经验性预期）和那些对这些规则要求有误解的人（他们因此破坏公共的规范性预期）。近期的经验性研究已经有力地证实了，合作的个体确实在意这些规则的执行，并常常用他们 180
自己的办法来惩罚犯规者。[77]于是，缺乏这种公共责任的社会已经在寻求建立它的方法了，并且把它作为增强合作的基础。[78]

不仅公共道德体系由共同责任实践来维持，更关键的是，共同责任实践为维持公共道德体系的特有实践提供必要的基础。众所周知，彼得·斯特劳森（Peter Strawson）就向我们表明过，我们的社会道德实践难免与我们对那些交际对象的善意或恶意的反应有关。我们向他们提出要求，他们也向我们提出要求；而且我们要求他们（和我们自己）为没有达到这些要求而负责。[79]这种反应性态度——怨恨、愤怒、内疚等等，是这些责任关系的基础；因为那些没有达到我们要求的人向我们表现出了恶意，所以我们感到怨恨；当作为第三方，我们将他人视为这种恶意的对象时，我们感到愤怒。斯特劳森强调，对于我们是否应该关心他人在这些实践中对待我们的态度，我们实际别无选择：我们不得不对

77　有大量实验性文献证实了这一点。很多关键性工作已经被恩斯特·费尔（Ernst Fehr）和他的同事完成。例如，参见Fehr and Fischbacher, “Third Party Punishment and Social Norms”。关于一篇非常好的概述，参见Bowles and Gintis, *A Cooperative Species*, chap. 3。另参见我的“Retributive Justice and Social Cooperation”。

78　最著名的大城市里的“田野研究”是安塔纳斯·莫茨库斯（Antanas Mockus）在波哥大所做的工作。他作为市长，设计了各种方法为违反社会规则的人灌输一种公共责任感。关于一篇简短的概述，参见“Building Citizenship Culture in Bogotá”。另参见§Ⅳ.2.6。

79　Strawson, “Freedom and Resentment.”

与我们交往的人的恶意做出反应。[80]如此理解,道德体系并非主要是对他人(以及我们自己)行动的正确性或错误性的客观判断:这是一个预期系统,这个系统嵌入在我们对他人的态度,以及我们对他人对我们的意图和态度的判断中。当我让另一个人负责时,我不只是认为他的行
181 动违反了某个标准;我对他的恶意、无礼或不管不顾都有反应。

然而,如果他人不共享我的正义视角,那么这种反应性态度就很容易被削弱。[81]如果我生活在视角合理多元的社会环境中,即我承认其他人完全合理地持有不同的正义视角,那么即使我有正确的视角,以至于我知道正义真正要求什么,我也会在把恶意归咎于他人时受到阻力。我要求他们遵守一个规则,因为这是一个更正义的社会世界的一部分,但我承认从他们的视角出发,情况并非如此。除非我认为他们的视角明显不合理(因此我们在返回归一化的路上),否则我就必须承认,他们对我要求这一规则的不理解并没有流露恶意。他们只是没有发现正义要求服从这个规则罢了。也因为他们没有流露恶意,所以就谈不上有反应性态度和责任实践了。因此,对于维持责任实践而言,仅仅诉诸我的正义视角是不充分的。然而,一种共享的、被证成的[82]道德体系(它可以阐明我们对每个人的共享规范性预期)正是提供了这一点:当我们拥有这样的体系时,我们便认同这些共享的预期,因此违反者是反应性态度的首要目标。你知道,我们的道德体系,即那种你认同的道德体系,要求服从这个规则,但你却没有服从。现在,**你的不服从**通常表明一种恶意,即你缺乏应有的尊重。

反应性态度和公共道德体系之间的相互支撑对于道德化的社会生活而言至关重要。考虑到我们不同的道德视角,我们需要公共道德

80 Strawson, “Freedom and Resentmen,” p. 197.

81 此外,参见 Bringhurst and Gaus, “Positive Freedom and the General Will”, 以及我的 *The Order of Public Reason*, chap. 4。

82 关于论证过程,参见§Ⅳ.3。

体系来齐心协力地生活；我们通过实践共同责任来维持它。遵循斯特劳森的观点，我们可以称之为一种来自客观视角的分析，这种分析与我们的体系和附带的道德责任实践有关。但斯特劳森强调，就像道德关系中的参与者那样，当接受交易的观点或人际的观点时，我们不禁为了考量向他们提出要求，并且在这些要求被忽略时做出反应。如此看来，被社会秩序的不同成员认同的公共道德体系以特定的反应性态度为基础，而为了取得（客观的）成功，它要求这样的反应性态度。 182

2.1.3 功能主义。从这种客观的（但并非交易的）视角来看，公共道德体系的规则是在为一种功能服务。正如我刚刚说到的那样，我们可以分析该体系为顺利完成它的工作而要求的条件。此外，必须强调公共道德体系的这种功能性特点不是有关道德本身的一般要求，或可接受的正义视角。很多正义视角持有一种**反技术的信念**，即正义不是一种能使人类过上合作的社会生活的技术，也就是说，正义没有任何功能或作用。一个开放社会的框架不肯定或否定这种信念——它内在于一个正义视角。我们这里的关注点不是确认正确的正义视角（它只会再将一个视角混合进来），而是反思我们**为了**富有成效且齐心协力地共同生活而创造的公共社会世界，以及探索我们对正义完全不同的理解。那是一个与创造一种合作生活的社会技术有关的问题。

公共道德体系可以为社会生活和合作提供框架，但只有当我们根据一套普遍的道德规则相互协调时，它的根本任务才可以达成。因为公共道德体系具有协调我们规范性和经验性预期的职责，所以拥有一种关于它的独特、特殊的观点对于每个人来说都是无用的。我可以拥有一种绝妙的理论，与理想的公共道德体系是什么有关，但仅凭我一个人的力量是无法完成这项工作的。的确，即使我们恰巧共享有关它的相同观点（比方说，在我们所有人看来，R是一个正义规则），但只要我们不知道这个事实（就是说，不存在关于它的公共知识），我们就无法协调按照R来行动的规范性和经验性预期。所需要的是，人们实际共享,并且知道他们共享共同的规范性和经验性预期。[83]由于**功能性要求**,社会道德有一个**生存要求**:只有社会中的一套规则在其成员中被
183 足够广泛地共享(他们共享相关的信仰、意图、态度,以及行为),而且众所周知他们共享这些规则,这套规则才可以成为这个社会的公共道德体系。该公共道德体系部分由各个社会成员协调一致的信仰、意图和态度所构成。它不仅在它属于共同问题这个意义上是公共的(任何道德都可以将公共问题作为它的内容),也在它的构成条件上是公共的。因此,只有当一个社会事实成立的时候,一套规则才是公共道德体系:只有这套规则满足生存要求,它才是那个社会的"实然道德"(positive morality),而且只有这套规则是这个社会的实然道德,它才可以是这个社会的公共道德体系,即在规范性上被证成的社会道德。这就是为什么一个公共的社会世界不仅事关什么可以被证成,还事关什么已经被创造。[84]

2.2 多中心主义

虽然为简单起见,分析一个社会的**一个**公共道德体系很有效,但开放社会的道德体系实际上以跨越不同领域的各套规则为特征,这些规则管控着社会生活的不同领域和不同类型的问题。此外,相同的社会经常会以相冲突的成套规则为特征,这些规则被不同的群体所服从(进一步参见§Ⅳ.4.2)。我强调过,我们共享社会生活的那些规则是处理各种共享问题的工具;不同的问题需要不同的工具,而且它们要覆盖不同大小的群体才是有效的解决办法。那些共享一个问题,进而需要一个规则来帮助解决问题的群体会因问题不同而发生变化。凭借在各种社

83 参见Chwe, *Rational Ritual*。

84 与一些人声称的相反,这种主张不包含自然主义谬误。对于规范性公共道德体系来说,社会事实是必要但不充分的。参见我的"On Dissing Public Reason"。

会语境下数十年的研究，艾琳诺（Elinor）和文森特·奥斯特罗姆的重要研究表明了，附带责任实践的非正式社会规则经常可以使特定人群有效地处理他们的具体问题。[85] 184

当我们认为一个社会由各种社会网络组成，而这些社会网络处理不同网络中不同层次的不同问题时，会得到与开放社会的制度有关的两个洞见。**首先**，当不同的人聚集在一起解决他们的特定问题时（比方说，关于使用某个供水系统或社区安全的问题），他们在解决**这个**问题时共享的关注点为在**这些**特定规则或制度上达成广泛一致提供了坚实的基础。即使他们的视角可能是深度多元的，当他们作为一个互动的群体面临所有参与者都意识到的问题时，他们仍然会建造共享的公共小世界和共享的分类。一个无神论者和一个福音派教徒可能分摊守夜人义务。在这些情况下，局部问题特有的性质有助于在共同方式上产生趋同来与之抗争。有些人会认为，我们的差异非常大，以至于无法共享任何被普遍认可的规则，但他们将这个问题设想得太过抽象了。当我们面对被共同察觉且需要协调行动的问题时，那些有着深度多元看法的人往往会设计并遵守共同的规则。

其次，对于同一社会中的很多问题，不同的社会网络可能被互相冲突的规则所吸引：看看素食主义者、宗教公民、女权主义者，以及自由意志主义者的社会网络就知道了。当我们生活在一起的时候，我们同时生活在不同的且经常相对立的公共小世界中：女权主义的社会网络通常与自由意志主义的小世界网络有明显不同（即使一些人可能同是两者的成员）。[86]每一群视角都建造它们自己的共享社会世界——比起我们的公众世界，共享社会世界天生更丰富，也更有深度——同时也给

85 关于对奥斯特罗姆整项研究的精彩分析和它与各种视角的关系，参见阿里吉卡（Aligica）富有洞察力的*Institutional Diversity and Political Economy*。关于一个一般性概述，参见Aligica and Boettke, *Challenging Institutional Development*。

86 关于“参考网络”对现实规则的重要性，参见Bicchieri, *Norms in the Wild*, chap. 2。

公众提供很多相对立的小社会世界，常常试图将其他视角吸引到它的
185 网络中。以这种方式，网络与网络之间的冲突可以被用来探寻更密集、更实质性的规则，这些规则或许自下而上被社会中的更多成员所接受。回顾小规模社会实验的困难之处（§Ⅱ.4.1）。考虑到这种关于具体问题的实验数量之小，很难决定实验结果的缘由，进而很难决定它的经验是否可以适用其他语境。相比之下，在一个多中心的系统中，相对立的网络可以在相同的社会境况中探索不同的规则；创新可以传遍一个人群，因为不同视角接受被它们视为更好的社会规则，这也许会取代一些社会规则，后者不太适合这个群体的参与者视角。[87]这指向了开放社会中一个有关规范性改变的模型，即从群体的视角来看，一个有关规范性改进的模型。

像大多数洞见那样——社会的道德体系可能通过向更好的、相冲突的社会规则逐渐转变而得到改观——这可以在很多方面给我们启发，但我们也必须认识到它的局限性。道德体系的很多部分已经在这个过程中发生了变化：在过去的50年里，西方世界在管控两性关系的规则上的惊人变化是一个显著的例子。然而，其他社会规则几乎需要信仰和/或一个社会网络成员态度的同步变化。如果一个规则是通过一个人期望别人做什么的信仰网络来维持的（例如，监狱看守者之间的准则，即所有看守者期望其他看守者打囚犯，而且会排斥不这么做的看守者），那么个人就不愿意背离被视为固定的社会预期。在这里，集体思考和/或某种法律干涉很可能是至关重要的（参见§Ⅳ.2.6）。[88]没有任何单一的分析可以对开放社会中规则变化的所有方式做出解释。此外，我们不应该忘记，正如奥斯特罗姆对多中心主义的分析所强调的那

87　关于这样一个过程的模型，参见Boyd and Richerson, *The Origin and Evolution of Cultures*, chap. 12。

88　参见Bicchieri, *Norms in the Wild*, chaps. 1—2; Bicchieri and Mercier, "Norms and Beliefs"。

样，当这些多元组织网络的小世界冲突时，它们必须在共同的全局规则下被统一。[89]然而，多中心主义的洞见是，我们不应该错误地将整个道 186
德体系与这种适用所有人的重要框架等同起来。

2.3　自由、禁令，和探索

2.3.1 自然自由原则。自由对于开放社会的道德体系来说是基础，这是老生常谈：在密尔、波普尔，以及哈耶克的研究之后，这还有什么可说的呢？尤其是密尔非常果断地表示，一个开放、动态的社会必须基于思想自由和言论自由。如果不同的视角要交流它们的洞见，并希望丰富彼此，一个开放社会就必须保护思想自由的条件，而且还要确保沟通渠道一直开放。开放社会并不是对立视角间的一个纯粹的僵局或一种妥协，而是一场讨论会，在这场讨论会中，虽然一个视角忽略，甚至贬低了一些视角，但它可以在其他视角那里有所收获。不仅如此，究竟哪些视角能教给自己某些东西——它们的哪些发现是可以利用的——这从始至终就是一个发现的过程。

这一切就跟自由是基础一样令人熟悉。重复这些重要的洞见没有任何意义。然而我相信，我们可以谈一些不太熟悉的，却对思考开放社会中自由的地位有启发的东西。

罗尔斯注意到，虽然原则上存在数量不定或无限多可能的道德（或法律）规则，但一个试图指导行为的道德（或法律）观念假定了一个**闭合原则**：考虑到这样一个闭合规则，规则系统可以是完备的，并且向行为提供完整的指导。[90]凭借这一想法，约翰·米哈伊尔（John Mikhail）将一个闭合规则确定为：

89　参见 Aligica, *Institutional Diversity and Political Economy*, pp. 58ff。

90　Rawls, *A Theory of Justice*, pp. 300—301.

> **自然自由原则**（The Principle of Natural Liberty）：任何不被禁止的东西（这包括不履行特定的行动）都是被允许的。[91]

根据这个闭合原则，阿尔夫查阅了规则系统，并确定他 ϕ 是否被
187 系统中的某些规则所禁止；如果 ϕ 没有被禁止，那么他就可以 ϕ 。这个闭合规则与在自由主义著作中制定自然自由原则的标准密切相关。[92]例如，斯坦利 · 本（Stanley Benn）的基本道德原则是，那些只按照自认为合适的方式行动的人没有义务为他们的行动向其他人作辩护（但是那些干涉他人行动的人有义务为他们的干涉作辩护）。[93]正像本所说的那样，"辩护和借口至少假定了表面上的过错，意味着一个需要被驳回的指控"。[94]如果阿尔夫没有了辩护的负担，他就可能在不作辩护的情况下行动，也就是说，阿尔夫没有要驳回的指控，他无须辩解。因此在本看来，除非阿尔夫遇到一个管控他所作所为的道德规则，否则他就可以自由行动。这个道德规则并没有一个长期要求，即它不要求阿尔夫能够确认对 ϕ 的许可；它只要求当 ϕ 被禁止的时候，他不这么做（对 ϕ 的要求也可以理解为对不进行 ϕ 的禁止）。因此，在人际的语境下，贝蒂并没有资格叫他出来做 ϕ，除非她可以指出他无视了某个禁令。本的观点是，仅凭行动本身无法营造辩护的语境，因为根据自然自由原则，阿尔夫理所当然不必在行动前引证对行动的许可；只有当贝蒂能够指出他的 ϕ 似乎无视了某个禁令时才会出现这个表面上错误的语境。

---

91 Mikhail, *The Elements of Moral Cognition*, § 6.3.1.

92 例如，参见 Feinberg, *Harm to Others*, p. 9; Rawls, *Justice as Fairness*, p. 44; Mill, *The Subjection of Women*, p. 262。另参见 Mill, *On Liberty*, p. 299。

93 Benn, *A Theory of Freedom*, p. 87.

94 同上。

自然自由原则意味着行动和行动的义务之间存在基本的不对称。[95]通常情况下，阿尔夫显然没有必要为做 ϕ 辩护，以表明道德允许 ϕ；然而，如果说应该阻止他 ϕ，因为 ϕ 与道德发生冲突，则意味着存在一个禁令，以至于 ϕ 被禁止，所以这个规则必须得到确认。因此，我们可以从这个闭合原则中得到一个道德义务原则： 188

人际自然自由原则（The Interpersonal Principle of Natural Liberty）：阿尔夫不必有对 ϕ 的道德辩护，除非 ϕ 看上去与一个禁令相冲突。因此，基于道德反驳阿尔夫做 ϕ 必须以"规则R禁止 ϕ"这一形式的辩护为基础。

我相信，这是本的基本观点：是贝蒂这个道德反对者，而不是阿尔夫这个行动者，有责任为她的立场引证道德理由，这是沟通的第一步。在这个意义上，在一个自然自由的系统中确实存在一种基本的道德不对称，这种不对称更支持自愿行动，而不是对它的道德反驳。

如此理解，"自然自由"的核心是一个闭合原则。现在符合逻辑的是，一个规则系统不需要闭合原则。如果所有行动类型都是特定的，那么理论上每种类型就都可能被归类为禁止规则或许可规则。根据行动类型的数量和学习者的能力，这个列表可以通过死记硬背的方式进行内化。然而，就人类的道德规则系统来说，这个行动类型列表似乎很长，并且认知资源很有限。[96]真正的人类思考者只能学习适量的道德

95　一个有些人反对的特征。参见Wall, "On Justificatory Liberalism"; Hillinger and Lapham, "The Impossibility of a Paretian Liberal"。森指出，否定这种不对称意味着"每个人做任何事的权利都是以其他人的不反对为条件的。"参见"Liberty, Unanimity and Rights," p. 227。

96　正如吉尔伯特·哈曼（Gilbert Harman）所论证的，一个在推理上是闭合的，或在逻辑上是完备的信念系统的理想既不是合理性所要求的，对人类而言也不是现实的。*Reasoning, Meaning and Mind*, pp. 21—23.

规则，并且他们不具备认知资源去推断这套规则的所有可能应用。在缺少一个闭合规则的情况下，考虑是否要 φ 的人可能根本不能够确定 φ 的状态。这样一个系统会缺乏**决定性**。对于任何行动 φ 而言，一个决定性的规则系统总是允许、要求，或禁止 φ（“或”具有排他性）。在形式上，决定性是一个一致性条件，即对于任何行动 φ 来说，道德系统是唯一起作用的，它提供一个且只提供一个答案。[97]如果道德系统不是唯一起作用的，一个人在原则上就不可能总去遵守它。如果这个系统无法单独起作用，那么很明显，对于某些行动 φ 而言，在相同的境况下 φ 既被禁止又被要求。当然，这个系统可能产生“表面上”或“乍看上
189 去”矛盾的判断，这些判断需要被权衡，而且作为一个实际问题，这个系统可能很难做出权衡。但这些复杂情况与这个系统在原则上，且经过通盘考虑后不是“过于完备的”这个要求完全一致：[98]就是说，这个系统天生就是不一致的。决定性的另一个失败是欠完备性，这看起来可能不太令人担忧。就这一点来说，在 φ 是一个可行选项的语境下，这个系统不产生任何判断：φ 被要求、φ 被禁止，或 φ 被允许。这种欠完备性也使遵守这个系统变得不可能：如果这个系统在“φ 被允许、φ 被要求、φ 被禁止”之间是不完备的，那么一个人就不能总按照这些规则行动，因为这些规则不包含**任何**指示。在这种情况下，一个人不能继续 φ，因为那样会假定 φ 是被允许的，而那就是这个系统不完备的地方。此外，一个人不能简单避免 φ，因为这个系统关于 φ 是否被要求也是不完备的。

我们已经看到，道德体系的一个重要任务是在一个允许行为协调的群体内实现共享的经验性和规范性预期。为了在合作环境中实现协

97　参见 May, “A Set of Independent Necessary and Sufficient Conditions for Simple Majority Decision,” p. 681。

98　关于相关讨论，参见 Sen, *On Ethics and Economics*, pp. 66ff。

调，这些规则必须指导我们的预期，以便我们可以预测一个人是必须 φ，还是不可以 φ，还是有可能 φ，而且也存在一种共享的理解，它关于什么时候一个人可能要求另一个人 φ（或克制不 φ），以及什么时候一个人恰当地指责其他人的所作所为。因此，一种缺少决定性的道德体系在一定程度上不能履行我们所要求的这一任务。当然，每套规则在重要方面都缺少决定性：在某些语境下，这些规则可能不明确，或者许多条规则适用于同一种情况，但这些规则中隐含的指令是互相矛盾的。我们将在 § Ⅳ.4 中看到，这种不完美实际上可以帮助一个规则系统变得更加灵活。尽管如此，如果要在协调多元社会的道德生活中扮演自己期望的角色，这个构成道德体系的规则系统就必须在一般意义上具有决定性。要注意，决定性和闭合规则是由合理的系统义务论逻辑来假定的："φ 不被禁止且 φ 不被要求" 意味着 "φ 被允许"。

2.3.2 残余禁令原则。所以（1）支持 "自然自由" 的假定可以被解释为一个闭合原则，而且（2）决定性的社会道德要求一个闭合原则，但并非只有一个闭合原则。似乎很多人都拒绝 "自然自由原则"。作为其中一分子，兰尼尔·福斯特（Ranier Forst）就明确如此，他坚持认为，只有支持自由的可信 "假定" 才是一种 "同样**可辩护的**自由"。[99] 相比于自然自由原则： 190

> **"所有自由主义的自由都是明确得到辩护的" 原则**（All Liberal Liberties Are Specifically Justified Principle）：在一个自由主义社会中，只有当阿尔夫可以向其他所有人提供 φ 的辩护的时候，他才拥有 φ 的自由。

这把握住了福斯特的那种坚持，即仅仅当一种自由是一种同样可

99　Forst, "Political Liberty," p. 242（原文中即有强调）。

辩护的自由时，一个人才拥有它。“所有自由主义的自由都是明确得到辩护的”原则有一种弱的解读，还有一种强的解读。根据弱的解读，这个原则非常接近于假定我们添加一个限制性条款的“自然自由原则”：作为一个闭合规则，“自然自由原则”本身是道德系统中一个得到辩护的部分。如此，这个“自然自由原则”就会是一个合理的闭合规则，并且阿尔夫的行动 ϕ 得到了辩护，因为这是他得到了一揽子辩护的行动。按照这个解释，我们可以说“一个人在做不被禁止的事情时总会得到辩护”，这效仿了“自然自由原则”，但它不同于本的“人际自然自由原则”，因为贝蒂的确总是可以质疑阿尔夫，但阿尔夫嘴边总会有一个答案，即他有一个得到辩护的假定来支持他的行动。

更强的，并且我认为更有意思的解读是，阿尔夫必须总能够表明，ϕ
191 受到某些允许他 ϕ 的特定规则或原则的管控。有人已经论证过，一个自由主义社会不是基于对自由的一般承诺，而是对一些具体自由的辩护，这些自由对我们来说是有价值的。[100]或许，我们可以有一个自由主义社会，这个社会以包含一系列广泛许可的公共道德体系的形式高度重视自由——这样的道德体系是一个道德规则系统，根据这个系统，一个人**被允许**以他的视角行动、**被允许**随心所欲地处置他的财产、**被允许**与其他

---

100 Dworkin, “Liberalism,” pp. 124—125. 根据马赛多（Macedo）的说法，“对基本自由的一种解释本身是可辩护的事业的产物之一……将自由视作不干预的一般假定并非一个预设基准”。参见“Why Public Reason?,” p. 13。马赛多对“基本”自由的参考使它很难解释他的观点，他认为他的观点构成对自然自由的一个反驳。一个接受自然自由原则的道德系统会认为，重要的**基本**自由，比如言论自由，是被特别辩护的，这就是为什么他们在道德上受保护（确实，罗尔斯似乎采信这个观点）。与言论自由有关，一个人不仅拥有在公共场合无可非议的言论自由，还拥有这么做的**要求权**。像福斯特的担忧那样，马赛多的深层担忧似乎是，最小限度的自然自由原则将一种无可非议的 ϕ 的自由归于阿尔夫，而 ϕ 本身免于道德上被辩护的需要，并且不可接受地将道德系统偏向于对自由而不是平等或正义的要求，这的确面临着辩护的负担。琼（Quong）有同样的担忧。参见他的“Three Disputes about Public Reason”。

人商讨常见问题的更优答案等等。如果这是我们自由主义的公共道德体系，当且仅当一个人可以引证一种这么做的自由（许可）时，一个人才会自由地行动。现在，米哈伊尔注意到，这将意味着另一个闭合规则：

> **剩余禁令原则**（Residual Prohibition Principle）：任何不被允许的东西都是被禁止的。

如果这是一个闭合原则，那么除非规则系统允许 ϕ，否则一个人就被禁止 ϕ。我们在这里会看到本所指的人际动态的对立面：阿尔夫要 ϕ，则贝蒂可以非常明智地主张，他必须能够引证一个他不会错误行动的许可。很明显，在行动之前，一个遵守规则的行动者总要有引证一个许可的义务，这表明“剩余禁令原则”并不适用。

2.3.3 道德学习和两个闭合原则（Moral Learning and the Two Closure Principles）。当人们按照义务论系统行动时，他们实际上采用这样的闭合规则吗？学习者在什么条件下采用闭合规则呢？作为系统的规则之一，闭合规则必须是被教授的吗？或者规则学习者要亲自关闭这个系统吗？在最近的一系列实验中，我和肖恩·尼科尔斯探究了这些问题，而且发现学习者的确可以推导出闭合规则。[101] 例如，在一个实验中参与者被告知：

> 假设有一个老鼠农场，这里的所有老鼠都遵守一本“老鼠规则”。这个农场有四个谷仓：红、蓝、黄、绿。[102] 192
>
> 一些参与者被给定两个禁止规则：

101　Gaus and Nichols, “Moral Learning in the Open Society.”

102　这个实验部分受到卡明斯（Cummins）的启发，参见他的“Evidence for the Innateness of Deontic Reasoning”和“Evidence of Deontic Reasoning in 3-and 4-Year-Olds”。

这本“老鼠规则”只有两条：

1. 不允许老鼠到红色谷仓中，

2. 不允许老鼠到黄色谷仓中。

其他参与者被给定两个许可规则：

这本“老鼠规则”只有两个规则：

1. 允许老鼠到红色谷仓中，

2. 允许老鼠到黄色谷仓中。

我们有第三个条件，该条件混合了这些规则（对秩序起到平衡作用）：

1. 不允许老鼠到红色谷仓中，

2. 允许老鼠到黄色谷仓中。

接下来，所有主体被问及是否允许老鼠到绿色谷仓中。因为规则通常要求行动，进而规则遵守者必须做出一个决定，所以这个实验中的主体不得不选择一方，这要求他们根据从“不允许老鼠到绿色谷仓中”到“允许老鼠到绿色谷仓中”的六分制(a six-point scale)[103]来作答。

我们的假设是，学习禁止规则的主体会推导出“自然自由原则”，并将它作为一个闭合规则，而学习许可规则的主体会推导出“剩余禁令原则”。这是基于以下假设，即学习者假设他们的老师们正在设法提高效率；吸引他们注意力的情况对于理解如何（维特根斯坦主义者会说）“从这里前进”来说很关键。因此，如果这个闭合原则是“自然自由”，老师就应该提供禁令的例子，因为那些是需要有人向你指明的。如果这个闭合
193 原则是“剩余禁令原则”，那么老师就应该选择许可的例子。请注意，在

103　在其他有着类似结果的处理中，主体依据一个七分制作答，这允许它们通过选择中间分而保持中立。有趣的是，比起受禁令训练的主体，受许可训练的主体似乎更有可能保持中立（不知道该做什么）。

这个实验中，我们不能认为主体是在猜测一个遗漏的规则可能是什么；他们知道这是一套完整的规则，所以他们正被引导为这个系统直接规定一个闭合原则。有趣的是，这意味着闭合规则不能成为这个系统的一部分。“老鼠规则”只包含两个规则，并且闭合规则不在这两个规则当中。因此，没人教授他们闭合规则，甚至没人告诉他们存在一个闭合规则。尽管如此，正如我们所预测的那样，主体的确倾向于用所期望的方式推导闭合规则：那些学习禁止规则的人往往推断出允许老鼠到绿色谷仓中（就像“自然自由原则”所暗示的那样），而那些学习许可规则的人往往推断出不允许它们到绿色谷仓中（就像“剩余禁令原则”所暗示的那样）。在这项任务中，混合条件下的反应也并非随机性的，参与者明显更有可能认为，当给定一个禁止规则和许可规则的例子时，这个新的行动是被允许的。

因此，两个闭合原则都可以被教授。即使当主体被告知这些规则很完备（并且这些被规定的规则不包含一个闭合规则）的时候也可以推出“自然自由原则”，这表明，不同于对“所有自由主义的自由都是明确得到辩护的”原则的弱的解读，他们不把“自然自由”看作是这个系统的规则之一。确切地说，他们往往认为一个完整的规则系统正在使用闭合规则，这使系统具有决定性。闭合规则非但没有被教授，他们反而有理由断定它不能成为“老鼠规则”的一部分，但仍然采用了它。

2.3.4 在开放社会中做出的道德决定。两个闭合原则都可以被教授。如果一种道德大肆教授禁止规则，人们往往就会推出“自然自由原则”，而教授许可规则会使他们倾向于“剩余禁令原则”。如果混合着教授，就有推出“自然自由”的趋势。现在，教授一种聚焦于禁令，从而聚焦于“自然自由原则”的公共体系，会有一个决定性的优势。开放社会特有的本质是新的视角不断出现，这些视角以新的方式对行动和这个社会进行分类。随着新的行动类型（那些没有在原初的规则集合中被分类的行动类型）出现，一种“剩余禁令”道德会把它们归为禁令： 194
不在许可规则列表上的行动类型就是被禁止的。因此，新的行动方式在道德上被禁止。可以肯定的是，这个系统最终会被修改，使得这些新的行动类型明确地被归为许可规则的范畴，但修改的过程相对缓慢，而且永远不会完全将动态社会中出现的所有行动类型都进行分类。因此，一个剩余禁令系统很保守，即使它列举出数不尽的自由：它很难适应新的环境，如果在其中参与某个行动类型的社会或个人价值摇摆不定。这样一个公共道德体系可能适用于一个封闭的自由主义社会，但不适用于一个开放社会（§Ⅳ.1.4）。

有人可能认为，一个剩余禁令系统可以通过类比来处理关于新行动类型的突发情况。这确实是一种方式，规则系统以这种方式发生变化：新的行动类型被重新阐释为与现存规则所涵盖的某个熟悉的行动类型相似的类型。例如，在2015年，美国联邦通信委员会把有线电视公司的一些活动归为公共事业，[104]因此将有线电视公司的互联网服务条款置于原本为电话供应商制定的规则之下。以此类推，“写博客”可以被归为出版、“网络恐怖主义”可以被归为暴力。问题就出在这里。在所有这些情况中，当前分类的扩大既是不确定的，也是有争议的。在这些问题上存在真正的分歧，而且这就是集权主体，比如联邦通信委员会，做出权威（且经常是有争议的）裁定的原因。在作为我们公共道德系统核心的社会管控的非正式系统中，当“剩余禁令原则”正常运行时，新的行动类型要么干脆被禁止（因此这种道德是保守的），要么由个人重新阐释，从而使这些规则的范围变得非常不确定，进而削弱它们的决定性。

相比之下，一种自然自由的公共道德会把新的行动类型当成是可允许的；一个人可以随心所欲地从事一个未被现存禁令所涵盖的新行
195 动类型。无疑，自然自由的系统无法避免关于如何将新行动分类的争

104 Federal Communications Commission, *Report and Order on Remand, Declaratory Ruling, and Order*, http://transition.fcc.gov/Daily_Releases/Daily_Business/2015/db0312/FCC-15-24A1.pdf.

论。考虑1980年的一个明确规则：一个人有权利控制自家（合法）活动的信息。因此，其他人禁止出于商业目的在未经同意的情况下获取和使用这种信息。[105]由于产生了与网页浏览相关的新行动类型，并且谷歌公司可以使用一个人“在自己家电脑上”浏览的历史信息来筛选广告供其日后浏览，一些人认为这个新的行动类型应该被包括进反对“商业间谍活动”的旧禁令中，其他人则反对这种类比。

然而，这两个系统之间存在至关重要的差异，即使是在面对不确定性和争议的时候。在一个自然自由系统中，如果一个道德革新者无法得出类比所支撑的结论，那么他就会断定道德允许他的革新活动；在一个剩余禁令系统中，除非这个革新者得出一个类比所支撑的结论，即这种新的行动类型与一种被允许的类型相似，否则他就会停止行动。正是在这个意义上，一个自然自由系统鼓励实验和探索。道德实验者，即那些正在探索新的正义视角的人不必首先让自己相信一个新的行动类型属于一个之前的许可；只要他们推断不出这个新的类型属于一个当前的禁令，他们就可以继续前行。考虑到在很多情况下与之前行动类型的任何类比都会非常不完善且特别不明确，这种不对称具有重要意义，它使革新者免于（向自己）证明他们探索的自由。

拒斥“自然自由原则”的公共道德系统似乎可以避免剩余禁令系统中暗含的保守主义，通过诉诸：

> **从辩护入手原则**（The Proceed with Justification Principle）：如果一个人正从事某项新的行动类型 γ，而当下的道德规则系统中没有对 γ 的许可，那么当且仅当他可以向他人辩护 γ 时，他才能 γ。

对于一些人来说，这可能是一个康德主义的公共理性原则，其中一

105　参见Benn, *A Theory of Freedom*, pp. 289—291。

196 个人向所有自由且平等的人辩护 γ；对于一个功利主义者而言，这可能是一个用普遍福利的吸引力使新活动得到辩护的原则。以环保主义视角来看，这可能是某个版本的“预防原则”，当可以明确说明新行动的收益会超过成本时，这个原则就会允许新的行动。这些观点都会认为，通过将这个普遍原则纳入规则系统之内，一个剩余禁令系统可以是动态的，它允许那些可辩护的、有效的新行动类型。

“从辩护入手原则”明显缺乏一种认知的决定性；要如何进行这些计算经常特别不明确。虽然“从辩护入手原则”或许在理论上有一个明确的答案，但人们不大可能根据它来进行协调。至少从我们公共道德体系的视角，以及它协调规范性和经验性预期的目的来看，包含这样一个原则在功能性需求方面得分不高（§Ⅳ.2.1.3）。此外，在某些情况下，考虑到我们当前的信息，可能我们就无法得到确定的答案，因此这违背了一个更深层的确定性理念。

然而，有人或许认为，相关的收益会超过由于接受“从辩护入手原则”而造成的确定性方面的损失。然而，这份收益不是很大——即使加上这个原则，剩余禁令的道德规范还是对“开放社会”保持敌意。我们在前面看到（§Ⅳ.1.3.2），大量革新依赖于计划，但足够多的革新者通常不能为他们的革新活动进行辩护，这不仅因为他们对于革新的后果一无所知，还因为他们对于他们正在做的事情也一无所知。一个经典的例子是亚历山大·弗莱明（Alexander Fleming）发现青霉素；当他在清理培养皿时注意到“霉菌斑”的那一刻，他不知道自己即将发现青霉素。[106]弗莱明说过：“一个人有时会发现他没有在寻找的东西。”[107]弗莱明很可能无法为他发现青霉素的实验作辩护，因为他不知道那是他正在做的事情，而且没

106 Royal Society of Chemistry and American Chemical Society, *The Discovery and Development of Penicillin, 1928—1945*.

107 同上。

有人可能知道这些。不存在与发现有关的逻辑；一些革新者寻求一个结 197
果，并在邻域中实现某个东西，而其他人发现完全不同的另一些东西，并且其他人并不十分确定他们正在做什么，或为什么要这么做。如果在从事他们的革新活动之前，革新者必须为此作辩护，那么通常情况下很难实现这一辩护，因为他们并不清楚自己正试图辩护的东西是什么。如果是这样，那么"剩余禁令原则"将凭借其保守的含义再一次发挥作用。

总之，开放社会的公共道德体系主要是一种有关禁令和要求的道德，因为这样一种道德使个人最有机会去探索新奇和多元的东西，从而在探索他们视角的同时还拥有共享的道德体系，即一个共同的公共世界。这样，他们就可以协调他们的活动，并利用公共规则和分类来针对彼此。这不是说许可规则没有一席之地，更不是说禁止规则的所有方案都在给一个开放社会提供恰当的道德体系。相反，这是说，道德体系的形式特征比很多当代自由主义者已经意识到的还要重要得多：对于多样性本身而言，某些形式结构比其他形式结构适宜得多。[108]

2.4　凭借辖区来减少复杂性

从定义上看，一个多元社会由异质性主体构成，这些主体在社会世 198

108　这里提到的分析关注禁令/要求与许可之间的区分。这不应该与哈耶克对禁止规则与要求的区分混淆在一起。哈耶克强调，遵循霍布斯和约翰·朗肖·奥斯丁（John Langshaw Austin）的观点，将法律视作命令是一个根本性错误。虽然哈耶克承认一个连续体，但他强调其一端是一个典型的命令，这个命令的目的在于极大减少对行动者开放的可行选项（在极端情况下只有一个可行选项）；而另一端是一个禁令，这个禁令不寻求在特定情境中指定特定行动（从而将可行的集合减少为一个选项），相反，它禁止某种特定行为，使顺从的个体从被略微削减的集合中挑选他们的行动方针。对于哈耶克来说，这两个极端的重要区别是，禁止规则允许个体用他们的信息制订计划，并回应新奇的情况，而要求则不这样。这一点不只是大多数哲学家以为的那样，但对这一点进行拓展就把我们带得太远。参见Hayek, *The Constitution of Liberty*, p. 150。对比Adam Smith, *Theory of Moral Sentiments*, pp. 78—82。

界、他们的选项，以及他们的价值上有不同的理解。基于我称为多元之下的正义“载体”论述，一个社会的道德体系由那个社会中特定的视角集合产生（§Ⅳ.1.4）。因为道德体系与各个视角的特定集合紧密结合，所以那个集合中的变化很容易引起公共道德体系中的变化。例如，考虑一个道德体系，它产生于一个社会中所有成员的谈判；每个成员与N−1个其他成员进行谈判，结果产生一个特定的道德体系。将各个参与者的异质性与谈判的整体论（每个人都对其他人有某些要求）相结合的做法使这个系统变得高度复杂；任何视角中的改变都很容易传遍整个系统，这在极端情况下会改变所有谈判，也无疑会改变公共道德体系。复杂的系统介于秩序与随机之间。[109]虽然它们根据普遍原则来运行，并且某些系统状态是可能的，而其他系统状态是不可能的，但复杂系统难以预测，而且整个系统状态对异质性构成要素中的改变会极其敏感。

虽然我们不能将复杂性从异质性的互动网络中消除，但我们有充分的理由尝试减少复杂性，并实现一种为互动提供相对稳定的框架的社会秩序。我论述过，这对于一个开放社会而言是必要的（§§Ⅳ.1.3—4）。面对不同的评价标准（或更一般地说，各个视角），我们可以试图以类似森的那种整合系统或凭借某种谈判使它们匹配；这两种办法都可以用来匹配，但它们往往将社会结果与现存的视角集合紧密结合。与之相反的进路是去分离这些视角，从而减少这个系统的复杂性，以至于一个视角中的改变不会自动引起整个系统的改变。我在别处称作“管辖权”（jurisdictional rights）的东西具有这种功能。[110]“为了简化决策的基础，这种方法旨在使多元的利益群体分开”，而不是构建“一个评价

---

109 参见Page, *Diversity and Complexity*, chap. 1; Waldrop, *Complexity*。另参见§Ⅱ.2.2。

110 *The Order of Public Reason*, §18. 同样参见我的*Justificatory Liberalism*, pp. 199ff。

系统，使他们聚到一个计算领域中。”[111] 199

> 事实上，我们认为在有n个个体成员的社会中，存在n个独立范围，其中有可能找到……一个答案；理论上每一个范围都是不可侵犯的，且对于占有它的个体而言是特别的。A决定他自己应该相信什么；B为她自己作决定；诸如此类……换言之，我们不会认为“基本信念”问题……要求将所有选项中的某一个（集体意义上最好的）选项作为全体限定，然后（或许在归一化之后）汇总个体对这个问题的判断。确切地说，我们将它视为一个被移交给个体的问题，他们自己决定这个问题的权利受到小心翼翼的保护。[112]

管辖权通过使公共道德体系脱离各个视角中的改变来减少复杂性，它在不影响共享公共世界的情况下，允许某些视角发生很大程度的改变。

再次考虑宗教皈依的例子（§Ⅳ.1.3.2）。根据对宗教皈依的一种有效理解，一个社会无法回避一系列宗教视角（在欧洲，通常是基督教的视角），而且这种皈依在很多国家都采取了谈判的形式，即每种宗教都经营自己的教派，得到公共资助，在各国议会上发表言论，等等。这里，我们有一个被达戈斯蒂诺称为把争论带进“同一领域”的例子；这个结果是要在根本上增加道德体系的复杂性。随着那些构成性视角的重新结合和消失，并且随着新视角的进入，持续应用汇总方法将使体系发生持续变化（或者更有可能的是，体系会停滞在某个过去的视角安排那里，直到改变的压力将它颠覆为止）。相比之下，对宗教实践、教学和探究的管辖权在面对改变时会坚固得多，这只是因为，这些管辖权通过分离破坏了构成性视角与共同公共社会之间的关联。而且行使它们的道

111 D’Agostino, *Incommensurability and Commensuration*, p. 104.

112 同上，p. 105，我合并了段落。

200 德体系因此向大量新视角开放。

达戈斯蒂诺指出，财产权和市场本质上都是以这种方式来起作用的。[113]约翰·格雷(John Gray)曾注意到，“对于公民社会而言，[私人]财产的重要性在于它充当了一个启动装置，借此即便不依赖任何集体决策程序，竞争和可能无法通约的善观念也可能得以实施和实现”。[114]私人财产权本质上是具有辖区性质的。财产所有要有一个范围，在这个范围内一个人可以自由地按照他的视角行动，并探索他的视角。财产允许我们创造小社会世界，在其中一个视角(或至少是它的要素)可以在不与他人协商，以及在很大程度上不考虑他人视角的情况下被建构。

社会主义要么被理解成了所有财产由国家掌控，要么被理解成了更有吸引力的教义，即“所有权在或应该在人民手中，而不在国家手中”。[115]但无论在哪一种情况下，社会主义显然都不适用于“开放社会”。在制定无数多的分配决策时，真正回应多元视角的尝试把巨大且无法承受的重担施加在了社会汇总机制上。鉴于分配决策要求复杂的价值权衡，除了要求一种完整的、可实施的社会福利功能，我们无计可施：要么产生一个社会排序，要么产生一个人际上可比较的社会效用丈量尺度。[116]考虑到视角多样性，无法使一个视角的世界特征要素归一化的社会福利功能，不能假定对所评价的事态进行了权威描述(§Ⅳ.1.2.3)。意料之中的是，对践行社会主义的努力已经与使可接受的评价视角强力归一化的公共意识形态相伴而生了。

财产权的重要性并没有使分配问题(涉及机会、收入和财富)在开

---

113 D'Agostino, *Incommensurability and Commensuration*, p. 105. 另参见 *The Order of Public Reason*, pp. 374—380。

114 Gray, *Post-Enlightenment Liberalism*, p. 314.

115 Wiles, *Economic Institutions Compared*, p. 40.

116 关于一个精彩的分析，参见 Mueller, *Public Choice Ⅲ*, chaps. 23—24。

放社会的政治生活中无一席之地。对财产权的辩护和分配问题是携手并进的：一个人不能既维护财产权制度的重要性，又否定财产权的分配是与政治能力有关的问题。然而，我们必须认识到，分配正义的理想是 201
特殊正义视角的一部分，而且在开放社会中，没有任何视角会特别要求它的理想在法律上被建立。[117]像很多问题一样，分配的问题是民主政治的问题。一种民主政体在开放社会中必须谨防破坏道德体系，因为它使多元视角中共享的公共生活成为可能，但这种民主政体有很多任务，这些任务不只是维护这个一般性的框架。

2.5　市场

虽然达戈斯蒂诺无疑是对的，市场采用了“分离”的做法，但这些市场位于开放社会的深处。它们不仅仅是一个管辖装置。可以肯定的是，市场中的行动者根据自己的理解来追求他们的评价标准，但市场也是一种基本方式，不同视角可以通过这种方式在缺少归一化的情况下互动。再次考虑马尔登的深刻分析，即不同视角可以通过一种方式就某个社会对象进行谈判，而不用在这个对象的特征上达成一致，因此在根本上，这些视角不用真正同意谈判的对象（§Ⅳ.1.3.1）。虽然我不认为道德体系本身应该被构想为这样一种谈判，但在市场交易过程中，这恰恰是反复发生的事情。阿尔夫希望卖掉1988年的斯巴鲁傲虎；他认为这辆车理应是中产阶级做派的破旧象征，并寻求新的、奢华的、有驾驶乐趣的车。贝蒂是一位环保主义者，她认识到驾驶省油的二手车会减少她的碳排放；而且作为一个人文学院非终身制的助理教授，她认为这辆车会向同事证明，她没有被美国的汽车文化俘获，只是

117　关于对此问题的一个更全面的分析，参见Van Schoelandt and Gaus, “Political and Distributive Justice”。我也已经考虑过这些问题，参见*The Order of Public Reason*, pp. 509—529。

对汽车运输采取最功利主义的观点。尽管如此，阿尔夫可以将1988年的斯巴鲁傲虎卖给贝蒂，并且他们可以在交易条件上达成一致，即便阿
202 尔夫卖掉的东西和贝蒂买来的东西并没有被他们视作同一物，但马尔登很好地展现出，他们确实有重叠的投影，这些投影使他们的交易成为可能。

因此，市场提供了不同视角间的桥梁；每个人以不同的方式看待对象（的确，看作不同的对象），但参与者通常共享足够多的东西，以至于从每个人的视角来看，他们都可以在被交易的东西上达成一致，而且每个人的处境都会变得更好。因此，一点也不奇怪，那些让道德体系为他们的视角建立最高权力的人常常贬低市场。比如，一位艺术家，他因为画廊老板将他的艺术视作一种投资而感到悲哀；一位环保主义者，他坚持认为森林不能被当作可再生资源；一位女权主义者，她坚决认为卖淫有辱女性人格；一位保守主义者，他坚称美国国旗必须受到尊重且永远不能用于给牛仔裤打补丁；或者一位天主教徒，他要求不能为了科学研究而出售干细胞。当然，大多数视角认为，它们描述世界特征（WF）的方法是正确的描述方法，因此其他视角，即那些不认为这些对象拥有相同属性的视角，正在歪曲那些世界特征。然而，当一些人基于他们的视角认为别人的描述方法不妥当，从而认为基于这些描述方法的交易应该被禁止的时候，他们正在固执己见地认为不相容的视角脱离了归一化（应被认为是不合法的）。这样的观点经常会批判市场，并质疑交易什么取决于买卖双方这一深层假定。

可以肯定的是，在任何特定的共同体中，各个视角可能在它们对某些对象的看法和这些对象的属性上趋同，因此道德体系可以禁止某些交易。更重要的是，不可能在不对第三方产生有害影响的情况下允许某些交易，而且没有任何实践方式可以将这些交易纳入谈判。[118]但是，

118 参见Satz, *Why Some Things Should Not Be for Sale*。

随着道德框架使“禁忌交易”(被认为是不尊重这些对象“真实特征”的交易类别)增多[119]，它正在使公共视角归一化，这假定了它对社会对 203
象及其价值有一种正确的理解。一旦它这样做了，道德体系就会削弱市场的能力，不利于它促进对自己世界有不同理解的那些人之间的交易和合作。

开放社会出现于西欧的商业大城市中。这些商业大城市的市场之广泛促使宗教和文化背景极其不同的人们(他们以非常不同的方式看待这个世界)进行合作。只要缺少对市场的高度依赖，多元视角就不能为大量互动制定条款——在这些互动中，各个视角并不完全同意如何刻画它们的交易或从中获益。从来没有一套社会规则可以为一个庞大的、各式各样的社会日常互动界定什么是合理的谈判。

然而，这一切并不是在说市场规则超出了道德体系的范围。有力的证据表明，对公平和非剥削交易的关注近乎是多元社会的一个普遍特征。[120]一个特别重要的发现是关于被广泛复制的“最后通牒游戏”。最后通牒游戏是介于两个匿名主体——发起者和回应者之间的单回合游戏，有X数量的某种善品(比方说，金钱)要在他们之间进行分配。在最简单的游戏版本中，发起者迈出第一步，给出以下形式的报价，“我将拿走n%的X，留给你100–n%”，在这里$n \leqslant 100$。如果回应者接受，每个人就都会得到发起者所述的数量；如果回应者拒绝，每个人就都得不到任何东西。如果游戏参与者只关心他们接受的X数量，那么对于发起者而言，拿走99%，给回应者留下1%是合乎理性的。回应者会在1%的X与一无所有之间进行选择；如果回应者只关心使接受的X数量最大化，那么他就会接受这种报价。因为发起者知道这一点，而且他会选

119　关于人们对“禁忌交易”的不同理解，以及这些理解与意识形态的关系的一项研究，参见Tetlock, “Coping with Trade-Offs”。

120　关于对这个问题的一个讨论，参见我的“The Egalitarian Species”。

择更多而不是更少，所以发起者会给出99∶1这种“自私的”报价。但这不是观察到的结果。在美国和其他很多国家，单次最后通牒游戏的结果往往是，发起者给回应者的报价是50%与40%的中间值，而平均报
204 价在30%到40%之间。

表4–2 最后通牒游戏的结果比较

	加州大学洛杉矶分校	亚利桑那大学	匹兹堡大学	耶路撒冷希伯来大学	加查马达大学	马奇根加	马普切
平均出价	0.48	0.44	0.45	0.36	0.44	0.26	0.34
众数出价	0.50	0.50	0.50	0.50	0.40	0.15	0.50/0.33
拒绝率	0	—	0.22	0.33	0.19	0.048	0.065
拒绝出价<20%	0/0	—	0/1	5/7	9/16	1/10	2/12

大约有一半时间，回应者会拒绝少于20%的报价。[121]引人注目的是，虽然世界上各个市场社会中的人都以这些方式参与最后通牒游戏，但在小规模的非市场社会中存在着**多得多**的变化。确实，在某些小规模社会中（秘鲁亚马孙的马奇根加和南智利的马普切），这个游戏以一种持续“自私”的方式进行下去，就像表4–2示意的那样。[122]马奇根加在本质上没有市场；马普切对市场的了解有限。请注意，公平参与最后通牒

121 Bicchieri, *The Grammar of Society*, p. 105. 关于一个有帮助的概述，参见Guth and Tietz, “Ultimatum Bargaining Behavior”；同样参见van Damme et al., “How Werner Guth’s Ultimatum Game Shaped Our Understanding of Social Behavior”。

122 Henrich and Smith, “Comparative Evidence from Machiguenga, Mapuche, and American Populations.” 马奇根加和马普切都是小规模社会；其他结果是从美国、以色列，以及印度尼西亚的城市大学生那里得来的。针对参加者的年龄或性别，最后通牒游戏没有表现出显著的变化。

游戏似乎是市场社会，而不是非市场社会的特征。一个合理的假设是，关于与陌生人互动的公平条款，市场社会已经发展出了各种道德规则，这些规则是其基本框架的各个部分。例如，马奇根加人似乎没有管控与陌生人匿名交易的社会规则，因此没有看到发起者“自私的”出价有任何不公平的地方。马奇根加的回应者似乎只是将这视为坏运气，即他们没有被选为发起者。马普切人倒是将“自私的”出价看作是不公平的，但似乎不认为存在一个使他人为此负责的基本道德规则。 205

2.6　道德体系与政治构造

我一直在强调开放社会的道德体系，而不是政治构造和法律框架。政治哲学通常聚焦于国家和法律，忽视了——实际上否认——道德体系的存在。关于管控开放社会，这已经导向了一种以国家和法律为中心的观点。在政治哲学中，一种具有代表性的观点会认为以下说法是不证自明的：如果存在一种不正义，那么国家就应该制定法律来禁止它；如果人们有权利做一件事，或有权利要求他人做一件事，那么法律就应该这样规定。与道德有关的真理决定了正义要求什么，并且法律必须强制执行它。格里·麦基（Gerry Mackie）已经在近期论证了这是一个错误。他指出，世界上存在数百种严重情况，在这些情况下极其不正义的做法普遍被认为是非法的，却继续被实践，这些做法涉及女性生殖器切割、种姓歧视、童婚。如果法律背离社会的基本道德和社会规范，它就很可能会被忽视，这常常导致对法律的蔑视。接续艾莉丝·马里恩·杨（Iris Marion Young）[123]，麦基总结道：“定罪是对刑事不正义的一种恰当回应，针对的是偏离公认规范的行为，这类行为的有害后果是由那些可见的个人有意而为的，而那些做错事的人就应该受到惩罚。这不是对结构不正义的一种恰当回应，结构不正义符合公认的规范，其

123　Young, *Responsibility for Justice*.

有害结果是无意中产生的副产品，这些结果既是每个人造成的，也不是任何人造成的。对有害社会规范的恰当补救是有组织的社会变革，而不是批评、指责和惩罚。”[124]

近年来，社会变革的研究者已经达成了一个共识，即有效的法律管
206 控不能偏离基础性的非正式社会规则太远。[125]基于这一洞见，最引人注目的“社会实验”之一是安塔纳斯·莫茨库斯的实验，他是20世纪90年代末和21世纪初的波哥大市长。[126]根据目前的分析，莫茨库斯的目的在于协调道德体系和立法；他认识到，除非得到基础性的非正式道德和社会框架的支持，否则试图通过法律引起变革就不会成功。例如，由于市民普遍漠视交通规则，20世纪90年代中期波哥大的交通死亡率非常高。莫茨库斯分发了35万张“大拇指向上/朝下”卡片，驾驶员可以将其展示出来，以回应其他驾驶员的危险驾驶，这是为了传递这样的信息：这种行为不仅不合法，而且违背其他驾驶员的非正式规范性判断。伴随着相关程序的出台，从1995年至2003年，波哥大的交通死亡人数减少了63%。同样是用非正式社会规范性预期来协调法律，类似的规划还导致了用水量的降低，以及重要的是，减少了凶杀案的数量。

当然，在开放社会中法律对互动的管控享有一个基础性地位。吉莉恩·哈德菲尔德（Gillian K. Hadfield）和巴里·温加斯特（Barry R. Weingast）发展出一个有启发性的法律协调模型，根据这个模型，法律的

124 参见Mackie, “Effective Rule of Law Requires Construction of a Social Norm of Legal Obedience”。感谢格里·麦基讨论了这个问题。

125 同上。另参见Bicchieri, *Norms in the Wild*; Bicchieri and Mercier, “Norm and Beliefs”; Platteau, *Institutions, Social Norms and Economic Development*; Stuntz, “Self-Defeating Crimes”。

126 关于对这个实验的一个简短描述，参见Mockus, “Building Citizenship Culture in Bogotá”。关于一个深度分析，参见Mockus, “Bogotá’s Capacity for Self-Transformation and Citizenship Building”。另参见http://www.corpovisionarios.org。

关键功能是要为实质上不同的视角所禁止的行为提供共享的分类。[127]在这个意义上，法律在创造一个共享的社会世界时绝对是关键性的。尽管如此，这部分的基本观点是：政治哲学家和政策专家总是将法律系统设想为自治的社会管控中心，而没有意识到，它的效力依赖于用基础道德体系来协调它的要求。 207

第三节　我们可以接受的规则

3.1　在不同意最佳选项的情况下进行选择

之前，我描绘了一套制度，它对多样性很友好。现在，我们转向辩护的关键性问题：在什么意义上我们可以说一个正义视角会认同公共道德体系的规则呢？也就是说，在什么条件下把握视角 Σ 的阿尔夫可以认同这些规则和制度，将其视为一种使其他人遵守的道德责任实践，并且接受其他人适度地要他负责呢？我首先考虑一些条件，在这些条件下某一个视角可以做到这一点，然后扩展这一分析，检验可能实现这一点的视角范围。

回顾我们在这一章开头提到的问题。罗尔斯似乎不能将他关于正义观点具有高度多样性的洞见导入他的契约模型中。有人可以看到他或许为什么一直不愿意将多样性导入契约中：很容易假定，如果一个契约模型不产生唯一的结果，它就可能会以僵局告终，而僵局在决定什么是正义时毫无帮助。在《正义论》中，罗尔斯如此建构原初状态中的各方：他们正在排列成对比较中各种对立的正义观念。[128]但是，相关的选

127　Hadfield and Weingast, "What Is Law?" 关于将这个模型应用于有关公共理性的更广泛的主题，参见 Hadfield and Macedo, "Rational Reasonableness"。范·舒兰德在 "Rawlsian Functionalism and the Problem of Coordination" 中展示了另一种应用（由哈德菲尔德和马赛多提出）的优越性。

128　Rawls, *A Theory of Justice*, p. 106.

择取决于关于在集合中被列为最佳选项的一致意见：如果在你的排列中，你认为x优于y，而在我的排列中y优于x，我们似乎就会卡住。森认为，社会契约的一致性要求看上去就像一件"紧身衣"，它使我们根本作不出任何选择。[129]当罗尔斯认识到合理正义观念的多样性时，他似乎允许出现多个原初状态，这些原初状态会产生多个结论。但没有哪**一个**结论可以告诉我们正义是什么。在50年探索的末尾，我们尚没有得到一致的正义**理论**。对于一些部分归一化的视角，我们有一种观念（比方说，"作为公平的正义"），对于另一种归一化，我们有另一种理论。
208 但什么才是**唯一的**正义理论呢？

让我们从这个问题的版本之一说起。我们以一组备选规则$\{R_1...R_n\}$来代替正义理论$\{T_1...T_n\}$，这组规则是道德体系的一部分，管控着视角$\{\Sigma_1...\Sigma_n\}$之间的互动，其中包括了阿尔夫的视角。我们假设这些是严格的备选项，因为对于集合中每个这样的规则来说，其他成员都为R类规则旨在管控的核心情况提出了不一致的义务论要求或许可。[130]为简单起见，我假定所有视角（或一个视角的所有代表）$\{\Sigma_1...\Sigma_n\}$都根据正义来严格排列$\{R_1...R_n\}$中所有的规则，依据各个视角对其的判断。

似乎我们只是再现了森的问题：为了让选择情景有意义，不同的视角必须排列相同的东西，但这恰好就在它们确认对象特征的过程中，而

129 Sen, *The Idea of Justice*, p. 135.

130 进一步形式化这个理念的困难在于区分两类规则：一类是和其他R类规则不一致的R类规则；另一类是可能产生义务论禁令、要求，或在某种具体情况下和相关R类规则所产生的许可不一致的许可，因此与R类规则不一致的（Q类）规则。例如，财产权分配不一致（关于备选R类规则的冲突），以及财产权与获得援助的权利（Q类规则）相冲突，这两者存在差异。如果一个人认为所有权利必然共存，那么这个问题就不会出现，但另一方面，一个人必须对整个权利方案（整个道德体系），而不是对个人规则做出选择。关于对这个备选社会规则理念的一个更全面的分析，参见*The Order of Public Reason*, pp. 267ff。

不同视角对对象特征有不同的看法（§Ⅳ.1.2.3）。然而，回顾一下，一个规则仅仅**是**一个共同的公共分类系统：它是在社会意义上被构建的人造物。对视角的“立约人”而言，问题在于某个人为的社会分类系统如何与他们的正义视角相关联：考虑到他们的正义观，他们会询问这个社会分类系统的得分有多高。[131]我暂且假定他们对一个特定规则R的描述有非常高的一致性；我在§Ⅳ.4.2中放宽了这种假定。

暂且承认各个视角在它们如何理解所提出的任何特定规则上都达成了一致，而且考虑到我们关注的是不同视角之间的契约，我们会清楚地看到，我们或许称为最优化的（在集合中是最好的）一致是一条死 209
路：几乎可以肯定，这些视角不会在集合中的最佳规则上达成一致。当然，我们可以通过完全归一化来保证最优化，即如果阿尔夫的视角是唯一的归一化视角，那么他的选择必然会确认集合中的最佳选项；他的选择诠释了什么是阿基米德视角（§Ⅳ.1.1）。我们分析到这里，但愿归一化的吸引力已经减退了。现在足够讽刺的是，正是森在选择集合、最大集合，以及在非完备性之下的选择方面的开创性工作有助于使契约论研究摆脱最优化僵局的幽灵。为了简化，假设在集合｛R_1, R_2, R_3｝中存在三个规则，每个视角都对这些规则从优到劣进行排列，而且没有一个规则被所有视角列为最好的规则。这些视角在它们对这个集合的排列上存在分歧，但正如罗尔斯经常强调的那样，它们需要一个公共道德体系，即一个共享的社会世界。有些人并不认为R_1是唯一正确的规则；考虑到其他同样合格的视角赞同$R_2>R_1$，R_1的拥护者如何可以要求所有人必须认同$R_1>R_2$呢？森认识到，R_1在一个评价视角上排名更高，但因为我们已经假定它不是唯一重要的视角了，所以它的结论对于其他视角而言并不是决定性的。各方需要设计一个共享的社会世界，但他们

131　根据一个合理的契约论解释，对所提出的规则的评价将是森称为“整全性”的东西：这些视角的代表会考虑这些规则在程序和结果正义上做得有多好。参见§Ⅰ.2.2。

不同意什么才是最好的。

我们各方处于“布里丹之驴”那样的境地，即一头驴恰好站在两堆草中间，它不能决定是去吃右边那堆草（x），还是去吃左边那堆草（y），最终死于饥饿（z）。森写道：

> 没那么有趣但更常见的解释是，这头驴在这两堆草之间保持中立，它找不到任何理由选择一堆而不选另一堆。但因为在中立的情况下选择任意一堆草都不可能有损失，所以无论从最大化观点来看，还是从最优化观点来看，这里都不存在深层的困境。第二个解释更有趣，即这头驴无法排列这两堆草，而且它对这两堆草没有完备偏好。因此，它没有最优备选项，但x和y都是最大化的，就是说两者都不比另一个备选项更差。事实上，因为x和y对于这头
> 210 驴而言都无疑比它死于饥饿更好，所以有强有力的理由做出最大化的选择。[132]

我们在多元视角之间的契约处于相同的境地。假设z属于$\{\neg R_1, \neg R_2, \neg R_3\}$，所有视角都认同$R_1>z$，$R_2>z$和$R_3>z$，且在集合$\{R_1, R_2, R_3, z\}$中，$R_1$，$R_2$和$R_3$都是最佳元素；它们都比z的排名高，但不存在关于$\{R_1, R_2, R_3\}$中任意一对规则的一致排列。然而，如果各方不在$\{R_1, R_2, R_3\}$中进行选择，他们知道他们会以z结束，而他们都认为这是最坏的选择。这种情况下，他们的困境就是布里丹之驴的困境：在他们的审议阶段，他们无法凭借全体一致而将这三个规则的任何一个选为最好的规则，但如果他们不做出选择，他们就会以z结束。森表示，只有一头驴才会如此做。因此，不同视角之间的契约很有可能会得出一个结果，即一个选择集合（一组最佳选项），从这个集合出发，所有立约人都有理由认同

132 Sen, “Maximization and the Act of Choice,” p. 184.

一个选择。重要的是别困于z。

3.2　社会意义上合格的集合

我们可以将{ $R_1...R_n$ }划分为三部分。关键的是在一些规则之间进行划分，而所有视角都认同这些规则优于“z”，我们将这解释为在这个问题上根本没有道德规则可言。如果任何一个立约人视角都将z排在某个被提出的规则R_i之上，那个视角就会认为，比起将R_i包括在内，让道德体系在这个问题上保持沉默更好。另一种思路是，阿尔夫的视角不能承认R_i是问责实践的基础；阿尔夫不愿意使其他人要他对没有按照R_i行动而负责，他也不愿意让其他人负责。因此，如果在遵守R_i与单纯按照自己视角认为最好的规则行动之间进行选择，阿尔夫会选择后者。接下来，让我们将**社会意义上合格的道德规则**定义为那些被契约中的所有视角都看作是优于z的规则。

重要的是强调，说一个社会在这个问题上放弃了**道德规则，**不是说它在这个问题上没有任何规则。将强制性社会规则与描述性社会规则（或规范）区分开是常见的做法。[133]根据克里斯蒂娜·比基耶里有影响力的分析，描述性规范只聚焦于对群体中其他人会做什么的群体经验性预期。与这种规范有关的例子是一些纯粹的惯例，比如说走在人行道的右侧。如果一个人期望他人走在右侧，这个人通常也喜欢走在右侧。在人行道上行走的时候（与在拥挤的马路上驾车不同），一个人有时可能会偏离规范（比如，一个人要到隔壁商店去，逆着人流行走更容易），而且其他人不太可能因为这个人的偏离而处于很大的劣势。因此，描述性规范没有被强制执行；贝蒂的唯一动机是通过与他人行为一 211

133　例如，参见Cialdini, Kallgren, and Reno, “A Focus Theory of Normative Conduct”; Bicchieri, *The Grammar of Society*, chap. 1; Mackie, “Effective Rule of Law Requires Construction of a Social Norm of Legal Obedience”。我在这里广泛采用一种“描述性规范”理念，将惯例包含在内。

致来最大程度地促进她的利益和目标。但总的来说，群体可以仅仅通过知道其他大多数人可能做什么来实现大规模的协调。相比之下，强制性社会规则不仅带有经验性预期，也带有规范性预期：其他人期望别人遵从他们，并且倾向于认为人要为违反行为负责。他们可以形成共同责任实践（§Ⅳ.2.1.2）。公平划分的规范就是这样的强制性规则：主体往往不仅遵守公平划分的规范，还同样指责和惩罚那些不服从这一规范的人。[134]

虽然阿尔夫最关注的是，管控某个问题的责任实践是否依据他的视角得到了辩护，但他也认识到，一种问责实践需要其他视角有理由去服从：因此，他在为一个道德规则辩护时关注所有人是否都有充足的理由认同**强制性**规则。与所有人都有兴趣遵守一个社会规则比起来，这是一个更加强有力的主张。当思考“没有道德规则”这一选项的时候，我们不应该认为它阻止了关于这个问题的描述性规范。重要的是，对于这个问题而言，是否认同某个规则 R_i 不仅在于我们是否试图在社会生活的某个领域内实现某种协调（纯粹的惯例可以做到这一点），还在于这个领域是否具有这样的性质和足够的重要性，使得我们必须通过
212 （得到辩护的）强制性规则来管控它，而这些强制性规则是一系列共享的规范性预期、需求，以及（很可能是）惩罚。这就是为什么一种混乱的道德自然状态对于契约论而言是一个不恰当的基准，就好像道德体系的缺失意味着根本没有得到协调一样。从可辩护的观点来看，对于某种社会互动来说，如果缺少一个得到辩护的强制性规则，那它就很可能只是一个描述性规范或相关的惯例。

话虽如此，当需要实现社会合作的时候，强制性道德规则常常比纯粹的描述性规范或惯例有更大的优势。描述性规范可能很不稳定：因为这些规范只是通过普遍服从的经验性预期来维持，一旦一个人开始

134　参见 Fehr and Fischbacher, “Third Party Punishment and Social Norms”。

对其他人实际上是否服从这个规范产生了怀疑，这个人就会倾向于撤回他的服从。[135]因此，“颤抖的双手”——由应用这个规范时犯的错误所导致的对这个规范的不服从——可能导致其他人也放弃这个规范，因为他们断定，普遍的服从正在失效（“看看违背这条规则的人；这并不是一个惯例！”）。相比之下，强制性社会规则被一系列规范性预期和需求所支持，所以它就是为回应不服从而被设计出来的。因此，虽然关于某个问题没有强制性规则并不意味着没有社会合作，但这常常意味着不完善和脆弱的合作。简单的“猎鹿游戏”提供了一个很好的例子（图4–2）。[136]

		贝蒂	
		猎鹿	猎兔
阿尔夫	猎鹿	一等 一等	二等 三等
	猎兔	三等 二等	二等 二等

图4–2　简单的猎鹿游戏

对各方来说最好是去猎一头鹿，但是他们必须为此进行合作。虽然阿尔夫不能独自抓住一头鹿，但他可以独自抓住一只兔子，尽管一只兔子的肉比半头鹿的肉要少得多。由于合作猎鹿对双方似乎都是最好的，一个描述性规范（“我们在附近猎鹿”）就足够了。但要注意的是，如果

135　Bicchieri, *The Grammar of Society*, pp. 29—43. 关于惯例如何成为强制性规则的另一个不同的分析，参见Sugden, “Spontaneous Order”。

136　参见Bicchieri, *The Grammar of Society*, pp. 39—40。

阿尔夫或贝蒂怀疑另一个人不会按照这个惯例行动，那么他或她就会忍不住背叛，转而去猎兔；在这个意义上，猎鹿/猎兔均衡是脆弱的。一个强制性规范（“去猎鹿！”）可能会改变这个游戏，允许游戏的参与者**要求**其他人猎鹿，而且惩罚那些没有去猎鹿的人。实践猎鹿的责任很可能会
213 对双方都有利，即便在简单协调的问题上也是如此。当阿尔夫和贝蒂都试图在类似于囚徒困境（在这个结构中，每个人都按照普遍合作而不是普遍背叛可以做到最好，但如果当其他人正在合作时一个人背叛，那个人就会做得更好）的局面下合作时，强制性规则显然更有说服力。[137]

因此，对于我们的立约人来说，一个视角是否将一个强制性道德规则排在除此之外的规则之上是关键性的区分：被一个视角排在“z选项”之下的任何强制性规则 R_i 对于那个视角来说都是不合格的；对于所有视角而言，那些合格的规则构成了社会意义上合格的集合。现在，在这个社会意义上合格的集合内，某个强制性规则 R_x 可能被所有立约人判定为（1）优于“z”的选项，但（2）比社会意义上合格的集合中某个其他成员更差的选项。用更专业的术语来讲，这个规则将是“帕累托”，它被社会意义上合格的集合中的另一成员所支配。如果一组规则（1）在社会意义上合格的集合内，并且（2）不是被社会意义上合格的
214 集合中任意规则所支配的“帕累托”，那么这组规则就是**社会意义上合格的最优集合**。[138]显然，我们的立约人更喜欢从社会意义上合格的最优集合中挑选一个规则；去遵守一个在所有人看来比社会意义上合格

137 这是因为强制性规则可以解决这样的问题，正如奥斯特罗姆所表明的，不能仅仅由此推断国家和法律对于解决“公地悲剧”问题来说很重要——在这个问题中资源的使用有类似囚徒困境那样的属性。参见 Ostrom, *Governing the Commons*。

138 在森的术语中，对于我们的立约人而言，社会意义上合格的最优集合是共同选择集合。在《公共理性的秩序》中，合格的最优集合没有被界定得很严格，只要求森所谓“最大集合”，而不要求一个选择集合（选择集合的元素总是最大集合的一部分，反之则不然）。我在这里采用后期的、更严格的理念，因为选择的逻辑更明显且问题更简单。参见 Sen, *Collective Choice and Social Welfare*, pp. 1—20。

的集合中的另一成员更差的合格规则，是所有人的不幸。他们会觉得自己就像蠢货一样，因为从每个人的正义视角来看，他们都可以做得更好。然而，出于我们的目的，关键问题是一些条件，在这些条件下，一个社会可能拥有一个社会意义上合格的集合，进而创造出所有人都可以接受的公共道德体系（无论它是否最优）。

3.3　抛弃最优化立场

回顾一下，对于一个社会意义上合格的集合，我们感兴趣的是，虽然契约中的所有视角不能为管控社会生活的某个领域而全部在一个最优规则上汇合，但它们或许会在一组强制性规则上汇合，在这个问题上，这些强制性规则总比根本没有任何道德强制性规则要好。为了使这样的合格集合存在，我们的立约人绝对不能坚持所谓“最优化立场”，即认为唯一可接受的规则是自己的最高排名规则。在这一点上，我们必须与许多道德哲学和政治哲学割裂，它们都以一个最优化视角来明确道德考量：从自己的正义视角思考这个问题，阿尔夫决定什么是最好的强制性规则，或最好的原则，因此他推断出**那个且只有那个原则**是道德所要求的。库尔特·贝尔（Kurt Baier）说过：“在利益相冲突的地方存在很多处理冲突的可能规则。包含管控的指令并非真正意义上道德的（并非法律或常规的）指令，除非它**据称**是管控这种冲突的**最佳**方式。”[139]如果阿尔夫和贝蒂不共享一个归一化的正义视角，坚持由他或她的视角给定的最优选择，也就是说，如果每个视角作为可接受的道德体系的一部分只能看到他或她视为最好的规则，他们就几乎不会认同一组合格的道德规则。关于什么是最好的，不同视角会持有不同的意见，因为它们对正义有不同的看法。如果我们接受最优化立场，那么一种契约论正义理论要么是一个幻象（因为这种契约应 215

139　Baier, “Moral Obligation,” p. 226（原文中即有强调）。

该在面对多样性的时候为一种正义观念辩护，而事实上它却预设了一个完全归一化的正义视角），要么是一条死路（因为达不成任何一致）。但这或许只是表明了契约论进路很愚蠢。为什么一个人不应该坚持遵从他或她个人的最优化承诺呢？一个人可能有哪些充分的理由不这么做呢？

根本的原因是，最优化立场妨碍了一种关于无处不在的道德问责的重要价值，每一种正义视角几乎一定认同这个价值（§Ⅳ.2.1.2）。假设阿尔夫根据他的视角认为，只有他的最优规则是可接受的，作为某种重要互动（比方说，关于肢体完整的权利）的道德规则的基础，而贝蒂认为只有她的（不相容的）最优规则有资格作为道德问责实践的基础。当他们相遇时，阿尔夫不能假定，善意的贝蒂（她思考正义，很多人都会这样）会认为她应该遵从阿尔夫偏好的规则。利用她理性的道德反思能力和主体性，贝蒂已经构建了一个合理的正义视角；考虑到这一点，她根本无法推断出阿尔夫的提议是最好的规则（我们已经看到了，她的视角以不同的方式对这个世界进行分类和评价）。但如果阿尔夫意识到所有这些问题，他就无法推断她有恶意，因为他也接受最优化立场，而且他把她的正义视角视为一个合理的视角。因此，他们对道德问责实践的反应性态度动摇了，进而实践本身也遭到了破坏。

正统的道德哲学家会认为这真是太糟糕了，但真正的正义就是真正的正义，而且阿尔夫无法抛弃由他的视角得出的结论，即他的规则最能把握住真正的正义。[140]然而，开放社会并不要求他这么做；确实，如果他的视角是一个系统的一部分，而这个系统正在进行道德改进（§Ⅳ.4），那么重要的是他**不要**抛弃自己的结论。道德改进依赖寻求最

216 佳答案的阿尔夫（和其他人），并且指望他使其他人相信他有一个更好

140 例如，参见Mack, “Peter Pan Strikes Back”; Arneson, “Rejecting *The Order of Public Reason*”。

的答案。他必须抛弃的主张是认为由他的正义视角确定的最佳规则是道德问责系统唯一可接受的基础，且这**必定**是我们道德体系的一部分。我们已经看到了，正是这种坚持破坏了问责实践，而他自己的正义视角无疑是重视这种实践的。

有些道德哲学家如他们所说的那样，愿意“硬着头皮”认同他们的最优化立场妨碍了道德责任的关系。[141] 斯特劳森主义者会极度怀疑他们能否真的丢弃他们的参与者视角，转而支持被他们看作是客观视角所认同的道德理论。当他们重新进入其他人中某个行动者的参与者视角，并且面对蔑视、缺乏尊重，以及他人的恶意（当他们认为他们的道德权利被忽视）的时候，他们会忘了像他们声称的那样坚持正确、客观的观点。但即使以道德哲学家从外部检验一系列关系的客观视角来看，如果善意的理性道德行动者不能让人人都为一个规则系统负责，那么这个规则系统必然是一个有很大缺陷的系统，因为我们在形式上和经验上都有充分的证据表明，在缺少问责和惩罚的情况下，背叛者会入侵道德规则系统，破坏道德且稳定的社会合作的特有基础。[142]

一旦我们采用一个包容性更强的最优化观点，最优化立场也就不攻自破了。我们在第二章中的分析总结道，一个个体正义视角几乎肯定找不到它的理想；它被限制在一个邻域内，对其理想的确认将是令人难以捉摸的。然而，我们在第三章中看到，其他视角可以发现自己视野之外的部分图景；揭示社会世界的各个特征（这些特征在个体自己看来并不明显），而这些特征有助于对个体的理想进行更细致的观察。但我们看到，这需要一个相互关联的探究共同体网络，我们称之为“共和主义的道德探究共同体”。“开放社会”的道德体系正是在为这种互动提供框架。在道德体系上采用最优化立场妨碍了一个人为探究而参与 217

141　例如，参见 Wall, “On Justificatory Liberalism,” pp. 143—144。

142　关于这些问题，参见 *The Order of Public Reason*, chaps. 3 and 4。

这个框架的视角；问责关系，以及一个人自己的视角与其他视角（那些可以让他学到新东西的视角）之间共享的经验性和规范性预期都将遭到破坏。为了与其他正义视角一起参与到共享的道德探究中，一个人必须为自己和他人互动中的道德责任关系提供基础。虽然有的人既希望学习其他观点，又认为只有自己的观点才是正确的且所有人必须按照它来生活，但这很难成为共同探究的共同体基础。一旦以这种方式进行最优化，一个人就会更好地了解自己对正义的承诺，从而放弃最优化。

有人会好奇，如果一个人不能在面对其他视角的反对时坚持将自己的理想制度化，那么他为什么还要关心如何改进他对理想正义的理解。似乎“开放社会”允许一个人更好地了解自己的理想，但同时嘱咐他不要去追求这个理想。既然如此，为什么要关心理想呢？那些相信对理想正义的探究更像是理论探究，而不是实践探究[143]的人不会将这视为一个紧迫的担忧，但那些认同种种建议对正义而言至关重要的（§Ⅰ.1.5）人确实会好奇这种道德“探究”的意义是什么。我们将重新探讨道德改进的理念（§Ⅳ.4），但有一点显而易见：“开放社会”邀请所有人分享他们的理想，而且向其他视角表明我们的共同生活如何能够变得更正义。尤其考虑到“开放社会”具有多中心性，与一个更正义的社会有关的各种理想可以从一个网络传播到另一个网络，这往往会深刻地改变公共道德体系。这有时在于消除不正义的范畴（比如，种族和性别），有时在于发展个人隐私和肢体完整的新规则。公共道德体系否认任何视角有权实施其有争议的正义理想，但这绝不意味着，对不同版本的理想的更深层理解并非有助于一起塑造我们的共同生活。在不同的道德探究共同体中进行理念交换有很多好处，哪怕没有一种理念是作
218 为我们共享的道德生活的一张蓝图而被接受的。

143 这里参见 Estlund, “Utopophobia,” pp. 132ff。

我们可以超越对正义的探究来归纳这一理念，以便得到更广泛的好处。针对宽容的条件，以及与不同意识形态视角的人互动所获收益，瑞恩·马尔登、迈克尔·博尔吉达和迈克尔·卡法罗在新近分析中发展出了一个模型，这个模型以里卡多对贸易的论述为基础，该模型指出，

> 由于宽容是一个尺度，它与一个人有多愿意与有着不同意识形态承诺的他人交往有关，所以宽容会使一个人更有可能在物质利益和意识形态纯粹性之间发现一种令人满意的权衡。这表明，如果一个人对物质利益感兴趣，那么他就有相应的理由变得更宽容。根据这个模型，即便考虑到与有着不同意识形态偏好的人交往的潜在不适感，宽容的增加也会导致奖励的增加。根据这个模型，我们看到理性的行动者应该选择尽可能宽容，并期望这种宽容会得到足够多的奖励。于是，宽容不仅可以被当作对他人的自由义务，也可以被当作对自己的理性义务：为了最大程度促进自己的利益，一个人应该对其他人更宽容。因此，理性鼓动个人把不同的人当作潜在的交易伙伴，而不仅仅是可能引发意识形态冲突的对象。[144]

基于比较性优势，那些在正义和其他问题上都有着不同视角的人会为富有成效的交易提供机会；一个人与不同的人互动得越多（即使承认这会冒犯一个人有关正义的某些感情），就会为有利的交易（或者更宽泛地说，富有成效的互动）带来越多机会。此外，重要的是，开放社会产生于巨大的贸易城市，在其中不仅不同的技能相互作用，而且不同的文化和道德视角也相互作用。因此，各种目标的满足往往会强烈反对最优化立场。当

144　Muldoon, Borgida, and Cuffaro, “The Conditions of Tolerance,” p. 330.

219 人们坚持他们的最优选择，并将它作为唯一可接受的共同规则时，他们就妨碍了对一种问责实践的普遍接受。这种责任实践会为多元主体之间的广泛合作提供一个框架，而这又会为互利提供数不清的机会。

3.4 开放社会的社会空间

罗尔斯告诉我们，他解释公共理性的目的在于得到一种“所有人都可以接受的”公共道德体系。[145]根据我们的分析，这种基本主张是，在一个对正义N持很多不同视角的社会中，对于一群接近N的视角而言，与“开放社会”有关的各种制度（§Ⅳ.2）位于社会意义上合格的集合中。这不是说所有或实际上很多视角都会把与“开放社会”的要素相符的规则列为生活的最优规则，而是说这些规则将是各个视角的最大子集可以接受的规则。然而，罗尔斯也观察到：

> 没有任何社会可以将所有生活方式都包含在内。可以说，我们的确可能为社会世界（尤其是我们的社会世界）的有限空间感到悲哀；而且，我们可能为我们文化和社会结构难免受到的某些影响感到懊悔。以赛亚·伯林一直坚持（这是他的基本主张之一），不存在完美无缺的社会世界：就是说，任何社会世界都难免排除某些以特定方式实现某些基本价值的生活方式。社会世界的文化本质和制度本质实际上太不尽如人意了。[146]

有些视角会断定，根本没有任何道德规则比开放社会的道德体系还要好：它们将微乎其微的重要性强加在责任实践所支撑的合作社会生活上，强加在改进自己视角更好定位理想的能力上，以及相互交易的框架

---

145 Rawls, “Kantian Constructivism in Moral Theory,” p. 306.

146 Rawls, *Justice as Fairness*, p. 154. 这段话也出现在 *Political Liberalism*, p. 197。

上。所有这些都是有可能的，并且无疑会发生。但要推断出开放社会的空间不足以面对视角的多样性，就要退回到个体视角的社会世界中，放 220
弃问责实践的巨大好处，也放弃与不同的共同体就道德探究展开富有成效的交流。[147]

很多人担忧，在一个多元社会中，任何表明几乎所有视角都必须认同一条道德规则的尝试都注定会失败：这肯定不会给我们留下任何社会意义上合格的集合。[148]当然，对于这样的担忧，一种回应是再次针对开放社会的基本元素，以及这些原则给几乎所有视角带来的巨大好处进行反思。但另外两个关键点应该被牢记于心。(1)开放社会的多中心性(§Ⅳ.2.2)不要求所有视角必须共享道德体系的所有特征。虽然所有人无疑共享最基本的方面(比方说，对辖区的轮廓有基本的了解)，但我们不应该假设所有规则都一定要覆盖所有视角。网络明确要解决公认的问题——那些寻找共同问题解决办法的人采用规则来实现他们的目的。有些人担忧多元社会有"空的合格集合"，而这些人对道德生活和为什么我们要参与道德生活持一种过度抽象的观点。(2)然而，很多道德规则得不到辩护不一定是一件不幸之事——我们就不该寻找一个最大的合格集合或一个完整的道德体系。哈耶克强调过，开放社会扩展其道德规则适用的那些个体的范围和多样性本身，会导致对规则内容的限制。[149]如果我们将维多利亚时期令人压抑的道德教化与我们当代的道德体系相比，我们就会为少得多的道德管控而感到震惊。这是一个更宽松的且不是那么无用的道德体系。关于社会规范的近期研究，比如女性生殖器切割、种族歧视、同性恋谴责，以及公共性别不平等已经表明了有多少深度压抑的社会规则成为各种社会的特征。在开放社

147 Rawls, *Justice as Fairness*, p. 128.

148 例如，参见D'Agostino, "The Orders of Public Reason"。

149 Hayek, *Law, Legislation, and Liberty*, vol. 2, *The Mirage of Social Justice*, p. 146.

会的发展过程中，很多视角推断出，在这些问题上，这样的规则比根本221 没有道德规则更差，这是一个很大的进步，而不是一个障碍。

尽管如此，罗尔斯和伯林无疑是对的，最终某些视角会推断出，开放社会最基本的要素甚至比根本没有道德体系更差。最终，某些视角无法与不同视角共享一个道德问责机制。甚至开放社会必须做好使一些视角归一化的准备，但愿这是在非常小的程度上进行的。这些“被排除的视角”不能在开放社会中找到充足的空间，它们几乎肯定会成为那些致力于最优化立场的视角，或某些与之相近的视角。面对赖以生存的不同规则，被排除的视角只能靠它们认为最好的那些规则来生活，因此它们无法认同开放社会特有的制度，这些制度试图为所有人提供尽可能多的空间。这样的视角可能与开放社会共存，却无法成为它的一部分，它们最多将开放社会的规则当作单纯的描述性规范，而不是道德命令。如此一来，只要可以完成有效的交易，即便缺少一个有帮助的、在陌生人之间建立信任的道德框架，我们仍然可以在只聚焦于互利[150]的工具论基础上应付这样的视角。[151]哲学家们倾向于担忧我们是否可以在缺少问责关系的情况下采取行动保卫自己，抵御我们当中这样的陌生人，并且如果需要，就强迫他们。这里，我未曾否认开放社会可能进行这样的防卫，包括通过法律手段。[152]我们没有理由让自己任由那些拒绝以其他人可以认同的条款生活的人摆布。然而，这种“被排除的视角”容易成为社会冲突和不稳定的根源。“被排除的视角”与公共社

150 默勒很好地解释了这个理念，参见“The Scope of Instrumental Morality”。

151 有理由怀疑这一点。除非贝蒂坚守强制性规范，否则她只有受到惩罚的威胁，才会倾向于遵守协议。她会忍不住参与“抢夺”，而不是“交换”。参见Schwab and Ostrom, “The Vital Role of Norms and Rules in Maintaining Open Public and Private Economies”。

152 这区分了当前的分析与一些罗尔斯追随者的分析，这些追随者似乎致力于“反复合理化强制”这项不可能的研究。关于这点的出色分析，参见Van Schoelandt's “Justification, Coercion, and the Place of Public Reason”。

会世界疏远了，投靠他们有整全性观念的社会世界，与此同时将“开放社会”的道德体系视为异己的压迫。当任何视角在社会契约之外被归 222 一化的时候，这对于所有人而言都是一个巨大的损失，可是毫无疑问，这种损失只能被最小化，无法被完全避免。

第四节　道德体系的不完美协调

4.1　协调减少多样性

到目前为止，我们顶多可以声称，具有开放社会特征的各种规则（§Ⅳ.2）会处于一个社会意义上合格的集合中，这是各种视角的集合，而且任何社会合作的有效基础都无法实现更普遍的认同。即使承认这一点，我也没有说过，如何才能挑选具体到足以成为责任实践一部分的规则。例如，我们可以考虑一系列关于隐私的权利；鉴于不同视角对正义的理解，这些视角会以不同的方式排列这些权利。如果一个契约产生一个没有最佳要素的社会意义上合格的集合，那么我们并不知道如何在这个集合中进行选择，而**只知道有理由做出一个选择**（§Ⅳ.3.1）。

根据彼得·范德施拉夫富有洞见的分析，这意味着我们的“契约”各方处于真正的“正义情境”中。根据他对正义情境的非休谟主义论述，这些情境可以被构建为一个“冲突的协调游戏……它有多个严格的均衡点，以至于参与游戏的各方也有各自最看好的不同均衡。在一个冲突的协调游戏中，各方有各种协调方式，但他们的利益在这些协调方式的选择上相冲突”。[153]在我们的案例中，在社会意义上合格的集合中

153　Vanderschraaf, “The Circumstances of Justice,” p. 330. 范德施拉夫的总体分析与这里提到的不同；在他看来，正义似乎排斥以纯粹的策略选定纳什均衡解，这反而会导致一个不正确的均衡，在这个均衡中每个人都要放弃某些东西。我已经在别的地方论证过了，这种“折中要求”在挑选规则的语境下并不恰当，尤其是顾及动态考量的时候。参见 *The Order of Public Reason*, pp. 403ff。

		贝蒂	
		规则R_A	规则R_B
阿尔夫	规则R_A	二等 一等	三等 三等
	规则R_B	三等 三等	一等 二等

图4-3　不纯粹的合作游戏

223 某个东西的正义规则上，各方的排列是不一致的，但他们意识到，只有当他们成功地根据其中一个规则进行协调时，道德体系才存在。关于正义情境中我们视角立约人的基本问题，图4-3给了一个小例子。

除非他们根据社会意义上合格的集合中的一个成员进行协调，否则他们就得不到一个相互承认的规则，这个规则为一种责任实践提供基础，而他们在这种责任实践中共享相同的规范性预期（§Ⅳ.2.1.2）。规则R_A或规则R_B都比缺少协调（根本没有共享的规则，即“z”选项）更好，因此，两者都是纳什均衡解：如果他们根据R_A或R_B进行协调，那么由于单侧的缺陷，两者都按照备选的规则行动，不能实现更好的结果。如果阿尔夫根据R_A行动，那么贝蒂的最佳回应就是根据R_A行动；如果贝蒂根据R_B行动，那么阿尔夫的最佳回应就是根据R_B行动。如果阿尔夫的行动因为R_A而合理，那么可以肯定，不仅R_A在社会意义上合格的集合中，而且他们已经根据R_A进行了协调，因此两者都有他们会据此行动的经验性和规范性预期。基于R_A的合理性预设了它是来自社会意义上合格的集合的规则，他们已经根据这个规则进行了协调（即使鉴于贝蒂对正义的理解，她认为这不是最好的规则）。正如我们之前看到的那样，道德体系的功能性本质意味着一个生存要求（§Ⅳ.2.1.3）。这表明，在为公共理性和正义建立理论的过程中要进行根本的修订，而大多数满意于为“一系列”自由主义观念辩护的人还没有意识到这一点（的确，这一点还没有被瞥见）。对一个正义规则的辩护不仅仅取决于各方为具体规则给出的理由，还取决于他们为某一个合格要素进行的协调。作为道德问责实践的基础，为正义规则R的诉求作辩护要求（1）R位于那个群体的社会意义上合格的集合中，**以及**（2）他们已经能 224
够据此进行协调了。

要注意的是，群体根据一个规则进行协调的必要性本身会降低多样性：协调降低了一个群体内的多样性，（通过引导他们在社会意义上合格的集合中进行挑选）使得成员们趋同，同时提高了群体间的（道德体系的）多样性。[154]不同的社会倾向于根据不同的体系进行协调，即使它们共享相同的社会意义上合格的集合。因此，就算每个人都有相同的视角范围，我们也可以期待各个开放社会的道德体系具有显著的多样性。

我们可以以各种各样的方式在这个合格集合中作选择。有时候，我们可以设想一个所有人都会接受的程序，比如某个民主投票形式。但我们也可能发现与最佳程序有关的分歧。阿罗之后的民主理论必须意识到这一点：不存在超过三个或更多选项的完美投票方式。[155]诺奇克观察到，“当真诚和善良的人们意见相左时，我们倾向于认为他们必须接受某个程序来解决他们的差异，他们……认同的这个程序是可靠且公平的……［但是］这种分歧可能会一直顺着程序的阶梯延伸”。[156]然而，从森的研究中得来的核心教训不是我们必须为一个元选择的程序辩护，以便依据某个元视角来决定什么是合格集合中最好的，而是理

154　关于一个大致分析，参见Page, *Diversity and Complexity*, pp. 109—110, 138—140。

155　一些人，如唐纳德·萨里（Donald Saari），近期提出波达计数法（Borda count）显然是最好的程序。关于一个重要的分析，参见Risse, “Why the Count de Borda Cannot Beat the Marquis de Condorcet”。关于萨里的回应，参见“Which Is Better: The Condorcet or Borda Winner?”。

156　Nozick, *Anarchy, State and Utopia*, p. 98.

性行动者会看到**作选择**的必要性。在我们的案例中，他们会把根据社会意义上合格的集合中某个成员进行协调的必要性视作他们将在道德体系中采用的规则。在多代重复的、不纯粹的协调游戏中，实验证据表
225 明，人们确实最终会选择采用一种或另一种（纯粹）均衡的传统，尽管他们在哪种均衡是协调的最佳方式上持不同意见。现在这一代人凭借采用的历史，更重要的是，也凭借一个社会化过程来决定采用哪种均衡，在此过程中，这一代将现在的惯例传授给下一代。[157]我在另一项研究中表明了社会进化如何可以确保一个类似的结果。[158]

哲学家们一般认为，克服辩护的不确定性的各种合理方式实际上都是令人遗憾的。可以肯定的是，他们推断，如果有某种汇总办法可以清楚明白、毫无争议地确定要在一组合格集合中做出什么理性选择，那么这就是最好的办法。一旦缺少这种确定的、唯一且最好的决策程序（孔多塞投票制，一种理性的谈判，等等），即使一个社会设法在图4-3中破解这个协调游戏（比如，通过一个社会过程，它用R_A产生一个体系），贝蒂也会继续强烈要求她所支持的R_B。归根结底，这个问题并没有得到明确、理性的解决。因此，哲学家们在永无休止地追求与**唯一确定的解决办法**有关的真理。我相信这是一个根本性错误。开放社会中道德改进的驱动力，正是缺乏一个清晰、确定的最佳方案来解决均衡挑选问题。

4.2 变化的道德体系

为了看到这一点，首先考虑一种我至今都没有提到的不确定性。我一直在假设，相关的视角在构建公共规则的分类上是一致的，因此当他们根据R_i进行协调时，他们就是在根据被他们视为相同的规则进

157 Schotter and Sopher, "Social Learning and Coordination Conventions in Intergenerational Games," p. 507.

158 参见我的*The Order of Public Reason*, chap. 7。

行协调（§Ⅳ.3.1）。为了更形式化一点，我们假设了他们在以下的意义上认同R_i：在情境C中，R_i禁止（要求）ϕ类行动。我们也假设了他们同意对建构C的情境（事态）分类的阐释，以及对ϕ类行动的分类。然而，考虑到各个视角以非常不同的方式看待社会世界，我们预计它们可能在如何理解相关情境和分类上有分歧。即使假设各个视角在核心情 226
况或范例上达成了一致，它们也可能在不那么明显的事情上对“如何继续”持有不同观点。在很大程度上，大多数人的判断就很容易说明什么是恰当的阐释了；如果我们希望协调，我们通常就会遵循大多数人的相关信念。因为在责任实践中，参与者对其他人应该如何行动有经验性和规范性预期，当这些预期没有被满足的时候，他们会相互指责。只要（1）可以观察到（持有视角Σ_A的）阿尔夫认为R要求什么行动，以及（2）大多数人断定这个行动肯定会辜负他们对遵从R的行为的期望，他们就会指出阿尔夫的问题，并重新建立协调。因此，规定一个规则绝不是一蹴而就的，而是一个不间断的过程。此外，关键是要注意这个规则是道德问责实践的一部分，而不仅仅是一种描述性规范（§Ⅳ.3.2）。

然而，在某些情境C中，相关规则是什么对于大多数人而言可能并不明显，因此阿尔夫或许能够利用这种模糊性来选择特定的规则，这个规则可以让他按照他偏好（列为最好）的但仍然满足其他人规范性预期的方式来行动。在一系列重要的实验中，比基耶里和她的同事发现，这种规范模糊性很容易被利用。在与艾利克斯·查韦斯（Alex Chavez）一起开展的著名实验中，主体参与最后通牒游戏（§Ⅳ.2.5）。在比基耶里和查韦斯的研究中，106名大学生参与了包含有限选项且向回应者提供不同信息量的最后通牒游戏。在他们称为“完整信息”的条件下，对于如何划分10美金，发起者共有三种选择：（5，5），（8，2）（8美金给发起者），或在（5，5）和（8，2）之间掷硬币。回应者知道，这些是发起者的选项，也知道发起者选择了哪个。假定回应者认为掷硬币是公平的，并且会接受它的结果，那么对于发起者而言，掷硬币的预期收益就是0.5（5）+ 0.5（8），或6.5，高于平等划分的报价选项的5（想象一下，只有[8，2]非常可能被拒绝，这让发起者什么都得不到）。参与者被盘问他们的规范性预期，然
227 后发现回应者普遍认为掷硬币是公平的，而且大多数发起者也确信回应者是这么想的。因此，如果信息是完整的，我们就会期望发起者选择“掷硬币”，因为这将给他们带来比平等划分更高的预期收益（重要的是，他们正确地预估到回应者接受掷硬币的结果）。这是一种发起者利用规则模糊性的情况：因为平等划分和平等机会对划分金钱来说似乎都是公平的方式（二者都被回应者当作适用于这种情境的规则），所以发起者可以采取一个更自私的选择（有6.5而不是5的预期收益），却仍然满足回应者的规范性预期。在“有限”信息的条件下，回应者知道这三个选项都可供发起者选择，但他们不知道实际上哪个选项会被选择；他们只知道这个报价是（5，5）还是（8，2），但他们不知道（8，2）这一报价是如何产生的（是掷硬币还是自私报价的结果）。在这个条件下，比基耶里和查韦斯预计更多的发起者会挑选（8，2）。因为回应者不知道这个结果是如何被挑选的，所以它**可能**是通过掷硬币产生的，回应者也就无法判断这个选择是自私的，还是符合平等机会的规范。因此，发起者期望回应者能接受（8，2），也就忍不住提出较低的报价。在“私密信息”的条件下，回应者不知道发起者可以选择掷硬币，而发起者意识到回应者认为（5，5）和（8，2）是唯二的选项。在最后这个条件下，比基耶里和查韦斯并不认为发起者会选择掷硬币；即使真的通过掷硬币选中了（8，2），回应者也只会把这当成发起者的自私选择，因此非常容易拒绝。这些预测很好地得到了印证。当满足或至少没有明显无视规范性预期的时候，主体确实试图利用
228 规则的模糊性，系统地挑选对他们最有利的行动。[159]

159 Bicchieri and Chavez, “Behaving as Expected.” 另参见Bicchieri and Chavez, “Norm Manipulation, Norm Evasion”。在用孩子重现第一个实验结果的一次尝试中，我们发现，虽然年幼的回应者嘴上说掷硬币是公平的，但当结果是一个低的报价时，他们会拒绝该报价。参见Castelli et al., “Fairness Norms and Theory of Mind in an Ultimatum Game”。

当存在规范的模糊性时，个人可以选择要去服从什么规则，从而可以按照他们偏向的规则行动，而在这种情况下，这条规则与另一条规则便起了冲突。比基耶里和她同事的研究有意强调了基于自身利益的规范选择，但我们不应该忘记，利益常常紧跟更宽泛的规范性承诺：那些寻求规范性改变的人经常这么做，因为他们不认为自己的利益得到了充分的迎合。广而言之，考虑到一个人的正义视角，规范性信念也可能列入模糊情况的规则选择中。这一点至关重要。因为重要的是根据社会意义上合格的集合中的一个规则进行协调，且每个协调的结果都是一个纳什均衡解，并且因为更进一步看，道德体系的规则是责任实践的一部分，所以一个人容易因为违背规则而被暴露出来，这似乎是在说，一旦我们根据一个规则进行协调，我们就被限制在了里面。规则的模糊性使这种情况得到了缓和。个人可以探索和促进备选规则，不是仅仅无视当前的规则，从而承担被问责和可能被惩罚的风险，而是利用规范的模糊性，按照个人视角视为（在社会意义上合格的集合中）较好的规则来行动，与此同时满足其他人的规范性预期。事实上，比基耶里和雨果·梅西耶（Hugo Mercier）在一项研究中发现，当一个人利用规范的模糊性时，他所关心的往往是提供一个“公共辩护”，表明该行动是合理的。[160]规范的创新和改进与在公共道德体系的范围内行动相一致；正是由于对道德体系要求什么缺乏完全认同，这种不可避免的模糊性为开放社会的道德体系改进提供了机会。哈耶克观察到，“实际上，我们希望这些规则只在大多数情况下要求被遵守，而且当个人认为值得遭受由此引起的厌恶时，应该可以违背它们……这是自愿性规则的灵活性，这种灵活性在道德领域使得逐步进化和自发成长成为可能，而这又使得进一步修正和改进成为可能”。[161]在规则模糊的情况下，如果 229

160　Bicchieri and Mercier, “Self-Serving Biases and Public Justifications in Trust Games.”

161　Hayek, *The Constitution of Liberty*, p. 63.

一个人不用为破坏问责实践规则所招致的“厌恶”担风险，他就有可能这么做。

4.3 多样性何以维护开放社会

我一直在论证，多样性是改进开放社会道德体系的根源。多元视角可以将它们对正义的不同理解应用在对新规则的探索上。在规则模糊的情况下，持有一个修订视角的人们可以利用模糊的空间，按照他们视为最好的且不会与规范性和经验性预期正面冲突的规则来行动。如果其他视角也认同修订规则的好处，那么道德体系就可以通过一个被大量视角视为明确改进的方式得到发展。重要的是，这个过程不要求一致性；只要被修订的规则处于相关网络的社会意义上合格的集合之中，就可以有遍及整个集合的运动（当然，它本身就可以扩展），哪怕不是所有人都同意这样的运动。我们可以期望那些试图探索修正道德体系的视角与那些试图支持当前道德体系的视角之间保持着张力。这些与规则相关的斗争、冲突和分歧内在于有着不同道德视角的开放社会中，每个视角都在寻求各种互动的方式，使我们朝着它认为更正义的方向前进。只要该运动处在社会意义上合格的规则集合内，各种改变就不会等同于一个视角将自己的正义观强加于其他视角，那会破坏开放社会的道德体系所依赖的问责关系。

然而，不断就相关规则进行争论和抵制对改变的尝试似乎表明，开放社会不能根据罗尔斯寻求的正义规则来实现稳定的协调。虽然传统的道德哲学和政治哲学可能明确主张，稳定性本身不是道德所欲求的
230 东西或一种正义理论，[162]但当我们探索道德体系的时候，稳定性这样的

162 可惜，这在今天是一个相对宽泛的观点。例如，参见 Cohen, *Rescuing Justice and Equality*, part 2；Estlund, “Human Nature and the Limits (If Any) of Politi cal Philosophy”。关于一种持续的、明显过激的对稳定性的批评，参见 Barry, “John Rawls and the Search for Stability”。

东西就会变得至关重要。[163]在面对导致稳定性偏离的内部打击和外部打击时，稳定性是指道德体系回归一种合理均衡的倾向(在这种均衡中，按照道德体系行动是对这么做的其他人最好的回应)。[164]如果我们正在试图评价一个道德框架，我们就需要知道它是在狭窄还是宽泛的条件范围内为稳定且正当化的道德体系提供基础；如果是前者，那么考虑到人类生活的变迁，我们就很有可能怀疑体系无法表现出所期望的功能。现在，罗尔斯，以及几乎所有考虑过这个问题的政治哲学家都已经假设了，稳定性是由同质性产生的，并且遭受多样性的危害。人们认为，比起包含多元正义视角的社会，共享相同基本正义观的社会可以更好地渡过难关。在《正义论》中，罗尔斯针对稳定性问题提出的解决办法是主张一种惊人的同质性，不仅有关正义，而且针对我们对善的理解，这将使我们哪怕在面对其他人的不正义时，忠于作为公平的正义。他的后期工作承认更大程度的多样性不仅是关于善的，也是关于正义本身的，并且挣扎着表明这样一个严重分裂的社会如何可能保持稳定的正义。[165]

在面对内生和外生的混乱时，惯于维持正义的社会关系的社会理念可以用两种方式来理解：稳定性和坚固性。让我们把“稳定性”看作一个系统回归同一种均衡的倾向，把“坚固性”看作一个系统维持一种均衡的倾向(基于一种被辩护的道德体系)，就是说，一个坚固的系统回归**一种**均衡，但不必是同一种均衡。[166]为了更好地看清二者的差异，比 231

163　“其他条件不变，原初状态中的人们会采用最稳定的原则方案。”虽然“稳定性的标准并不确定”，但如果各方发现一个观念不可行，这就会促使他们重新考虑最初的选择。Rawls, *A Theory of Justice*, pp. 398—399, 472, 505.

164　Rawls, *A Theory of Justice*, p. 401; Weithman, *Why Political Liberalism?*, p. 45. 关于一个正义均衡解的想法，同时参见我的“A Tale of Two Sets”。

165　我在“The Turn to a Political Liberalism”中给出了详细的论证。

166　我参照了Page, *Diversity and Complexity*, pp. 149—150。

较两个社会A和B。A是一个高度归一化的社会。所有可接受的视角都共享相同的正义观；这些视角不仅在什么是最好的正义规则上达成一致，也在规则的总体排列上保持一致。各个视角以相同的方式进行思考，获得相同的结论。它们一致同意什么是最佳的选择；如果在合格集合中有任何其他的东西，那就是由单一最佳要素所支配的“帕累托”。在这样一个社会中，抛弃最佳立场（§Ⅳ.3.3）几乎没什么压力，因为每个人都可以有自己的最佳选择。在社会A中，没有充分的理由让人们接受他们应该用次于最佳的选择来生活。正如贝尔所言，这个单一的道德规则将被确定为最好的规则。因此，社会意义上合格的集合很可能减少至一个选项。每个人都接受并知道其他人也接受**同一个正确的观点，而这个观点会被很多人视为唯一正确的观点**（正是在这个意义上，A是同质的）。相比之下，社会B没有在一个且唯一一个最好的道德体系上达成一致；对于这个体系中的所有规则来说，存在一个很大的合格集合，它在最好的要素上存在深层的分歧。虽然对于这个体系中的任何规则而言，都存在一种按照某个规则进行的有效协调，而它被视为他们赖以生存的规则，但规范的模糊性和在社会意义上合格的集合内更明确的移动是很多视角不断努力的原因，这些视角正在朝着自己视为更正义的方向改变这个道德体系。

为了固定各种理念，在每个社会的道德体系中只采用一个规则R，比如婚姻是两个成年人之间长期的一夫一妻承诺。进一步假设，目前社会A和社会B中关于这个问题的规则是R，但在社会A中，R不仅是被普遍商定的最优规则，还是社会意义上合格的集合中的唯一规则，而且所有人都已经选定了它；对照之下，社会B中的R在合格集合中，但一些视角正在积极地尝试用社会意义上合格的集合中的另一规则R^*来替换它。如果在（比如定期发生在美国的）宗教浪潮或移民浪潮下出现一个视角，它强烈认为一夫多妻制是最好的且无疑是可接受的婚姻形式，想想现在会发生什么。如果这个视角得到了发展，社会A的道德体

系就会处于压力之下；这基于一个假设，即所有可接受的视角必然会在 232
什么是最佳选项上达成一致。因此，社会A要么仅仅否认新的视角是“合理的”，要么开始寻找关于最佳婚姻安排的新共识。它的稳定性现在看起来不切实际，这基于以下的假定：它的体系会对一系列特定观点稳定回应，但适应不了将新的观点包含在内。在这个意义上，它是一个自由主义的社会，却不是一个开放的社会（§Ⅳ.1.4）。相比之下，社会B在社会意义上合格的集合中有很多婚姻规则，而各个视角以不同的方式将这些规则排序。因此，这个社会见证了各种讨论和争论；或许我们的一夫多妻视角试图利用规则的模糊性，用共同法律权利的要求来提倡终身一夫多妻的同居。因此，社会B有办法适应新的视角，而且给它留下社会空间，推动改变。社会B是**坚固的**，因为它既可以通过维持R均衡，也可以通过向新的R^*均衡移动来坚持为自己做辩护。A中的道德体系更脆弱；A没有更多的道德资源去适应变化的视角（考虑到它以归一化为基础，这并不令人奇怪）。**在社会意义上合格的集合内**有重大道德分歧的社会有更好的资源为所有人都可以接受的社会世界维护一个基本纲领。这样的社会经常会呈现出一种断断续续的均衡，即在一个均衡解上聚集一段时间，然后发生混乱，被吸引到一个新的均衡解上，但无论哪个均衡解都在所有人都可以接受的规则类型集合之内。

然而，担忧出现了，即坚固性是否实际上会导致不稳定性。考虑社会A和社会B中各自的代表人物阿尔夫和贝蒂，两个人都用规则R为道德体系做了辩护。假设在社会A中的某一时刻，人们正在势不可挡地按照包含R的体系行动；作为A的其中一员，只要阿尔夫对维护一种问责实践（及其有助于确保的协调好处）的承诺和他对受到惩罚的预期，战胜了他为更好追求其视角的理想而选择背叛的诱惑，他就会按照它来行动。简而言之，为了使阿尔夫的行动符合正义，必须是这样（用p表示相关的概率）：

233 （公式1）p［好处（责任实践）］≥p［好处（背叛）］−p［成本（惩罚）］

包含R的体系的持续道德关系可能带来一些利益，它只需要超过（扣除背叛的潜在惩罚后）背叛带来的潜在利益。将这与社会B中的贝蒂进行比较。她有一个额外的动机去背叛道德体系，即背叛的预期回报可能使B偏向她所喜爱的包含R^*的体系。所以，为了使她有理由遵从当前包含R的体系，必须是这样：

（公式2）p［好处（R体系之下的责任实践）］≥ p［好处（背叛）］+ p［好处（已经实现R*构造的责任实践）］− p［成本（惩罚）］

使社会向贝蒂视为更好的道德体系移动的可能好处可以给她提供道德理由去背叛当前的道德体系。不仅如此，当考虑到规则的模糊性，其他人认为R和R*都满足他们的规范性预期并接受它们的时候，即使［获得（达到R^*构造的）好处］的概率非常低，她仍然有动力去追求它。（确实，规则模糊性非常有助于规则创新。）相比之下，当显然只有遵从R的行动满足规范性预期，因此贝蒂预计会为基于R^*行动而负责或受到惩罚的时候，她按照R^*行动的动力就会大大减弱（像公式2表明的那样）。无疑，如果贝蒂认为有足够多志趣相同的其他人，以至于他们实际上可以向R^*体系移动，并且这一行动在这么做的过程中至关重要，那么她仍然可能根据R^*行动。因此，若其他条件不变，社会B中的贝蒂比起A中的阿尔夫更有动力去背叛包含R的道德体系。我们面临着这样的情景：向另一种合格的体系移动的可能性往往会动摇当前的道德体系，使人们为了实现他们认为更好的道德体系而忍不住去背叛，但我们需要当前的体系具有坚固性。于是，问题来了：我们如何在实现充分的稳定性的同时，又能利用促进坚固性和道德改变的那些道德资源呢？

正如公式2表现的那样，不断增加惩罚的力度确实会阻止那些试图向合格集合中的另一个道德体系移动的人，因此这必定可以使特定的均衡具有稳定性。虽然近期研究表明，惩罚在维持规范和道德规则的均衡时必不可少（§Ⅳ.2.1.2），但惩罚的问题在于它可能使**任何**均衡变得稳固，无论这一均衡是在合格集合之内还是之外。[167]当然，自由主义者有充分的理由在面对只能通过强力维持社会秩序的前景时退缩。 234

如果要执行协调任务，道德体系就需要显著的**稳定性**，这有助于确定对未来互动的预期，与此同时道德体系还应该具有充分的**灵活性**，能够回应因切换到一种新的均衡而引起的混乱，并鼓励探寻更好的体系。现在我们可以想象道德秩序的理想成员们，这些成员恰好在重视稳定性和激发变化之间找到了恰当的平衡点，但当然，我们在任何特定时间都不知道这个平衡点在哪。在变化较少的环境中，稳定性大体上是恰当的；在动荡时期，灵活性往往更有价值。此外，在任何情况下，我们既不应该在这种价值上，也不应该在其他任何价值上要求同质性。但那并不太令人担忧，因为我们不是真的需要个人在最佳平衡点上达成一致。文化演进、科学哲学、组织理论，以及民主理论的近期研究趋于一致，它们表明，多元的人群，即被划分为更支持改革/创新的行动者们和倾向于保守或顺从的价值或行为的行动者们，常常会比单一类型的人群得到更好的集体结果。[168]

考虑一个社会，如B_{DIV}，它分为那些批评当前体系，探寻改进方式的人，以及那些高度重视稳定性，从而不愿意向新的均衡移动的人。与之相较，B_{CON}是一个有秩序的社会，它的成员都重视稳定性，而社会B_{REF}是一个改革主义者的社会，它的成员们都强调实现他们视为最好

167　参见Boyd and Richerson, *The Origin and Evolution of Cultures*, chap. 9。

168　例如，参见同上，chaps. 1 and 2; Weisberg and Muldoon, “Epistemic Landscapes and the Division of Cognitive Labor”。

235 的体系(虽然不同的改革主义者当然不会在什么是最好的体系上达成一致)。存在有力的理由认为,在一系列环境条件下,就一段时间内更好地维持一种被辩护的道德体系而言,B_{DIV}会胜过B_{CON}和B_{REF}。佩奇表示,有两条分析思路支持这一点:平均类型收益和递减类型收益。[169]

(1)同质化的B_{CON}人群(a)在最不混乱的环境中,以及(b)在假设它已经初步实现了一种被辩护的均衡时表现得非常好。当(c)存在严重且频繁的混乱,使得当前的均衡难以维持时,以及当(d)当前的均衡不在社会意义上合格的集合内时,B_{CON}表现得很差。另一方面,B_{REF}在(c)和/或(d)的条件下表现得很好,但在(a)和(b)的条件下比B_{CON}表现得更差。在一系列环境中,同质化的B_{CON}群体和B_{REF}群体在维持一种得到辩护的体系的能力上会经历很大变化;相比之下,多元的B_{DIV}在表现上几乎必然变化更小,而且可以看出,这样变化更小的B_{DIV}的系统,大体上比不那么多元的系统,如B_{CON}和B_{REF},表现得更好。[170]

(2)通过诉诸递减类型收益可以看到一个相似的结果。[171]假设我们从B_{CON}开始,接着用n个改革主义成员来替换保守主义成员,在这里n是这个社会的一小部分。这个新的群体B_{CON}^{*}几乎无疑会胜过B_{CON};考虑到仍存在大量保守主义成员,失去n个保守主义者不会大大减少稳健性视角(the prostability perspective)的影响,但n个改革主义公民会做出本来不会有的贡献,使其他公民注意到新的可能性和问题(例如,在之前未被认识到的地方,当前的均衡是有缺陷的)。如果我们根据一个人实现一种被辩护的长期道德体系的边际价值来进行考虑,那么比
236 起被替换掉的保守主义成员,n个新的改革主义公民有更高的边际价

169 Page, *Diversity and Complexity*, chaps. 6 and 7.

170 这个结果有赖于几个定理,这些定理在各种各样的情况下表明了平均表现的好处。参见Page, *Diversity and Complexity*, chap. 6。回忆一下,如何通过综合多样化的视角增加预期的表现(附录B)。

171 Page, *Diversity and Complexity*, chap. 7.

值。[172]两种推理都支持同一个结论：虽然一个多元社会可能远离它当前的均衡，但它具有一些基本特征，这些特征增强了它在面对外部和内部改变时维持自身的能力。

4.4　改革的视角和秩序的视角

“开放社会”的道德体系和政治构造既需要用稳定性来维持一种均衡，也需要对更好的规则进行动态探索。凭借道德心理学而不是不同的系统动态学，乔纳森·海特（Jonathan Haidt）最近得出了几乎相同的结论：不同类型的视角更注重于这些任务中的其中一个，进而相互补充。海特的研究为这样一种想法提供了支持：那些致力于改革主义理念（他把它与自由主义相关联）的人和保守主义者的确有不同的基本道德观，这些道德观对当前道德体系中的改变有不同的定位。海特假设，道德推理建立在六个“基础”或“维度”之上，如图4–4所示。他发现，自由主义的主体做出回应和辩护时，这些回应和辩护特别关注自由/压迫和关怀/伤害的维度。我们一定要注意：这不是说他们没有基于其他基础的“直觉”，而是说他们的反应更倾向于那两个基础（或维度），特别是当他们提供辩护的时候。因此，在他们看来，道德的本质在于将所有人视作自由和平等的，避免伤害，以及确保需求得到满足。[173]相比之下，海特论证，那些持保守主义政治观点的人更倾向于依赖所有基础，这种倾向既体现在他们的反应中，也体现在他们的辩护中。[174] 237

172　当然，各种事先声明在这里是必要的。如果改革主义和保守主义公民倾向于发生冲突，从而动摇社会的道德体系，那么多样性的好处可能被淹没。参见Page, *Diversity and Complexity*, pp. 194ff。我这里的目的不是表明多样性绝不会给“开放社会”带来问题，而是正义视角的多样性有至关重要的、几乎总是被忽视的好处。

173　Haidt, *The Righteous Mind*, chap. 5.

174　同上，p. 161。“非常保守”的调查对象更多依赖权威和忠诚。在此处提到的讨论中，海特正依赖这种理论的一个早期版本，这个版本只规定了五个基础；其中一些基础在这个早期版本中以不同方式被描述。

名　字	特　征
自由/压迫	反对霸凌；反对约束他人；反对暴君；与平等主义相关
公平/作弊	强调按照规则参与，并在合作计划中尽到自己的职责；根据应得来给予奖励
关怀/伤害	强调不伤害他人；反对暴行；对他人的需求表示关切与同情
忠诚/背叛	忠于我们参与的群体；敏于背叛我们群体的人
权威/颠覆	尊重等级和地位关系；根据地位，敏于不恰当行为
圣洁/堕落	赋予物体和符号内在价值和神圣性；反对不尊重这些价值；厌恶

图4-4　海特所说的道德基础

（Haidt, *The Righteous Mind*, pp. 153—154, 181—185）

海特的保守主义者所利用的那些基础支持以下这种长期观点：保守主义者往往是当前道德体系的维护者。保守主义的主体更倾向于效忠当前的道德规则并尊重这些规则的权威，甚至认为它们是神圣的（它们并没有被理解为**纯粹的**社会规则）。[175]此外，他们还准备在监管这些规则上花费资源，以确保其他人不作弊。海特总结道，他们的道德观认可保护我们当前“道德资本”的重要性，而这种保护是我们为确保一种合作的、和平的社会生活应做的事。“道德共同体脆弱，难以建立又容易摧毁……如果你不重视道德资本，那么你就无法培养价值、规范、实践
238 和身份，以及增加道德资本的技术。”[176]他继续道：

> 如果你正在试图改变一个组织或社会，却不考虑改变对于道德资本的影响，那么你就是在自找麻烦。我相信，**这是左翼的根本性盲点**……它往往自不量力，过快地改变太多东西，不经意间减少

175　Haidt, *The Righteous Mind*, p. 290.

176　同上，p. 293。

了道德资本的库存。相反，虽然保守主义者在保存道德资本方面做得更好，但他们经常注意不到某几类受害者，不限制强大利益集团的掠夺，也看不到随着时代更迭，有必要对制度进行改革或更新。[177]

海特还联想到19世纪的秩序派和改革派："这是所有意识形态问题里最基础的东西：是保留目前的秩序，还是改变它呢？在1798年的法国议会上，支持保守的代表坐在会议厅的右侧，而支持改变的代表坐在左侧。从那以后，**右**和**左**就分别代表了保守主义和自由主义。"[178]

海特凭借道德心理学领域的研究得出了一个我通过另一途径已经得出的结论：**从开放社会的道德观点来看**，由多元视角构成的道德和政治秩序比任何一方的单一秩序表现得更好。正如密尔强调的那样，

> 秩序或稳定派，以及进步或改革派都是健康政治生活状态的要素；直到有的派系加大了它的精神控制力，以至于与秩序和进步的派系不相上下，知道且能分清哪些东西是要被清除的，而哪些东西适合被保留下来。每一种这样的思维模式，其效用都源于其他思维模式的缺陷；但在很大程度上，反对其他思维模式会使每一种思维模式保持在理性和理智的限度内。[179]

像理想理论自身一样，对"明确的解决办法"的哲学探究渴望理智上的安慰，这种安慰使一个人相信从未被明确解决的问题已经（在他自己的头脑中）得到了明确的解决。我们不知道可能的情况是什么，也不 239

177　Haidt, *The Righteous Mind*, p. 294（原文中即有强调）。

178　同上，p. 277（原文中即有强调）。

179　Mill, *On Liberty*, p. 253.

知道我们所提出的解决办法的真实性质。今天的解决办法会是明天的
问题。如果我们在被定下来的东西上达成了一致，我们的道德体系就
会僵化，也就是说，它不再充当一个动态开放社会的框架，而是充当一
240 座展现我们过去那些抱负的纪念碑。

第五章

从堡垒出发

这就好像我完成了一次战略性撤退，回到了内心的堡垒，即我的理性、我的灵魂……我缩进了自己的躯壳内；在那里，也只有在那里，我才是安全的。

——以赛亚·伯林

第一节 叙述旅程

我们对理想理论的探究以确认在哪些条件下理想理论与道德改进理论存在内在差别为起点(第一章)。很少有人怀疑，政治哲学可以基于正义对社会秩序进行排列，但森指出，这并不需要确定理想正义的社会世界。我并未宣称已经为一种被合理描述为"理想"的理论确定了必要充分条件(这是一个毫无希望的任务)，但我论证了一个充分条件，并且认为这个条件很有启发性：如果某个正义理论确定了正义判断的两个不同维度，它就必然会涉及理想正义的条件。这两个维度分别是，一个社会世界本身有多正义("社会实现条件")，以及那个社会世界与理想正义的社会世界有多相似("定向条件")。这样一来，我们就有了一类有趣的理论，在这类理论中，了解理想对于我们判断一种社会状态是否比另一种更正义而言是绝对必要的。一种社会状态也许本身不那么正义，但却更接近理想；或者本身更正义，但是却更远离理想。

第二章进行了更严格的分析，试图更好地理解这些条件，以及它们相互之间有什么联系。分析的关键在于“理想正义视角”。可以说，一个视角在形式上完整地确定了一种理想理论。它采用一组评价要素
241 （例如自由、平等、应得），来评价各种社会世界，通过评价这些世界中与正义相关的特征，来确定这些世界到底有多正义。因为理想是必要的，所以一个视角还会判断不同社会世界的基本特征与理想有多相似，以及这些特征离理想有多远。对理想进行更形式化的思考，也就是构建理想理论的模型，真正的好处之一是我们可以认识到，只有当确保正义问题“适度起伏”时，理想理论才是一项有用且与众不同的事业。如果各个特征的相似性与内在正义完全相关，就没必要参考理想了；如果它们完全不相关，问题就会变得混乱。不同的邻域刻画了这些适度起伏的图景，在这些邻域中，距离较近的社会世界的正义与我们当前的社会世界相关，但在一定区域之外，其他社会世界的正义与我们当前的社会世界并不相关。对我的分析重要的是“邻域限制”：与邻域之外的遥远的社会世界相比，我们更了解自己邻域内的社会世界的内在正义。我强调，什么在我们的邻域之内与什么是可行的（在实现我们的期望那个意义上“可行”[1]）绝不是同一概念，但我们可以期望二者很好地关联在一起。假设理想不在我们当前的邻域内，我们便很容易弄错它是什么，以及它在哪里。当我们接近一个理想时，就有充分的理由怀疑它不是我们所期望的，而且我们现在可以看到更好的社会状态。

理想理论特有的本质是它使我们面临“选择”。在我们的邻域内，我们能够更好地把握可能的社会世界的正义，因此我们可以寻求局部最优解，即寻找我们邻域内最好的社会世界。如果局部最优解总是能

1 与围绕空间随机跳跃并观察发生了什么相反。

让我们走在一条通向理想的道路上，那么理想就不是必要的了。森的持续改进模型足矣。如果理想是必要的，它有时就必须告诉我们正义的珠穆朗玛峰和局部最优解的方向不一致。因此，我们要进行“选择”。我们应该让自己所处的社会世界更接近理想，从而让它更远离我们邻域内最正义的社会世界吗？但我们并非十分了解理想，因为它位于我们的邻域之外。什么时候我们应该选择修正方向，朝着理想前进，而不是让我们的世界去接近一个我们相当了解的正义世界呢？ 242

理想理论总是面临“选择”。然而，如果一种理想理论能够扩展它对正义图景的认识，它就可以更好地了解自己的理想。它仍然不得不做出“选择”，但至少会有一个更确定的理想目标。第三章致力于探索实现这一目标的方式。近期其他领域的研究表明，多元视角对于解决起伏图景下的最优化问题来说非常有用。虽然我们发现，在某些方面，多样性可以增加对理想的认识，但我们也看到，随着多样性程度的提高，不同团队可以更好地探索整个图景，视角因此会分裂成多个相互竞争的理想理论。因此，我们不是在探索一个理想的**不同**视角，而是最终形成了关于这个理想的**竞争**理论。这些理论仍然可以在某些重要方面从彼此的探索中获益，但它们通常几乎不可能分享各自的洞见。有时候我们可以从一个视角的探索中学到一些东西，有时候从别的视角中学习；有时候不同的视角会结合在一起，有时候又会分裂。结果会非常复杂，形成一个部分重叠、变化的“共和主义”道德探究共同体。

我已经论证了，开放社会提供了一个框架，在这个框架内不同的视角可以探索、分享、辩论，当然也可以摒弃彼此的洞见，同时参与到其他具有合作性质的社会关系中。学习和洞见的本质是由视角的内在逻辑决定的，但我确信第二章和第三章证明了，束缚在自己对相关问题的看法之中，会使得一个视角永远不能真正了解自己的理想、正义的本质，以及最优的图景。我认为，开放社会提供了一个自由主义框架，那些致力于探索共和主义的不同共同体可以在这个框架内自行决定（由它们的视角来决定）向谁学习，借鉴和采用谁的观念，以及考虑谁的预测模型。

第四章的关键问题是多元视角是否可以认同一个共同的道德体系，及其伴随的道德问责实践。罗尔斯在很多地方都向我们展示了前
243 进的路，即考虑到不同的正义视角，我们必须构建一个人为的，所有人都可以共享的公共社会世界。确保这样一个公共社会世界的关键在于放弃**最优化立场**，即认为只有被我的正义视角判定为最优的世界才是可以接受的。在15世纪和16世纪，遍及欧洲许多地方的宗教信徒都放弃了最优化立场。他们相信，自己与同胞构建的社会世界无法再现他们教派视角下的“神圣之城”。他们学着去做许多当代政治哲学家坚决主张却做不到的事情（即使不在生活中也在作品中这样坚持）：按照他们认为并非最好的正义规则追究自己的责任。

我已经论证了，自由主义公共理性理论的一项任务是，表明这样一个公共的社会世界如何被建构起来，从而可以向最广泛的可能正义视角开放。每一个正义视角都和实现这样的社会世界有关，因为多元的视角可以用意想不到的方式突破短视，就算是复杂的视角也受制于此。然而，一个视角当然不能接受这样的公共社会世界，它没有充分表达这个视角的基本主张。一个视角可以参与的公共社会世界是有限的。我已经论证了，一个非常合理的提议是，开放社会特有的制度要最大限度地对多样性本身保持友好，同时还要认可构成它的不同视角。我遵循伯林和罗尔斯的观点，承认开放社会的社会空间存在界限。有些视角相信，它们不能从别的视角那里学到什么，并将它们目前的正义视角当作可以达到的最佳视角。开放社会对它们没有吸引力，因此它们很容易采取不妥协的最优化立场，退却到由他们的视角确定的权利、善和神圣的虚幻的确定性之中。

我已经论证了，一个开放社会必须平衡稳定和变化。只有一个相对稳定的公共社会世界才能真正向多样性开放。如果社会关系的基本框架随着新视角进入和离开我们的公共世界而不断变化，这里的居民

就会对开放的结果特别没把握。如果公共秩序的现有成员对他们未来关系的基础没有确定的预期，他们就容易认为，不同人和不同理念的引 244 入潜在地威胁着他们的计划，即他们赖以生存的社会空间。但开放社会并不是静态的，一旦陷入目前的协调均衡，就永远无法做出更好的安排。如果我们共同生活的条件被一劳永逸地固定下来，那么鼓励探索就变得毫无意义了。关于我们公共社会世界的辩护特有的不确定性使得这个公共社会世界内部的空间为了合格集合中的新均衡而发生运动，这使我们朝着所有人都能接受的方向移动，这样的移动被许多人视为一种改进。通过这种方式，不同视角对更大正义的信念就可以催生新的道德体系。

第二节　告别良序社会

本书的论点意在打破当代的社会思想和政治思想，它们已经被罗尔斯的良序社会理想深深影响。一个良序社会“不仅旨在发展其成员的善……还被公共正义观念有效管制。就是说，在这个社会中（1）每个人都接受且知道其他人也接受相同的正义原则；（2）基本社会制度普遍能满足且普遍被认为能满足这些原则。”[2]在《正义论》中，罗尔斯的原初状态利用一个归一化的、同质化的视角，产生一个所有人都认为最好的观念（因为每个人都以完全相同的方式进行推理，这并不让人觉得很意外）。当相关原则被所有人接受、被满足，并且被众所周知地满足时，就产生了一个良序社会。这样一个社会具有如理想一般的诱惑力：我们有关正义的根本分歧被抛在脑后，我们都可以追求自己的目标，并相信所有人都致力于相同的正义原则，而且知道我们的制度体现这些原则。即使我们陷入有着深层道德和政治分歧的现实社会，比如说，美国被分

2　Rawls, *A Theory of Justice*, p. 4.

为红州和蓝州，人们关于正义的看法因宗教观念产生分歧，并面临一系列相冲突的意识形态，这样一个社会的理想仍然可以引导我们，帮助我
245 们与这个冲突缠身、在很多方面明显不正义的社会世界和解。

我试图表明，这样一种理想最终是一座海市蜃楼，然而它却对我们的思考施以暴政，让我们不去关注邻域内那些紧迫的正义问题。这是一座海市蜃楼，因为即使我们实际上对正义原则有充分的信心和完全一致的意见，我们也不会同意哪种社会状态最好地满足这些原则。甚至在某个视角之内，随着它接近那种基本制度大体上满足这些原则的社会状态，它会发现自己对其运行的估测是错误的，这些原则的实现是有缺陷的。随着我们接近我们心目中的旅程终点，我们会发现这个目的地不是我们设想的目的地，另一个理想出现在视野之中。然而，为了达到那里，我们必须做出“选择”，放弃某些局部改进，紧紧盯着理想和良序社会。

良序社会是一个危险的幻象。理想理论家所珍视的目标是尽可能地了解正义和正义的社会状态，要实现这个目标需要一个开放的、多元的社会，在其中数不清的视角一齐合作和竞争、分享和冲突。在这个社会中，存在一个纵横交错的共同体网络，探索和改进道德理想，通过彼此的互动获得关于理想的更多洞见。我已经试图表明，为了成功和稳固，开放社会必须以一个道德体系为基础，这个体系要在尽可能多的视角之间提供责任和问责的实践基础，使我们能够收获由多样性带来的合作和竞争的成果。这是从良序社会的观念中保留下来的真理：我们确实要有一个普遍的公共道德框架，凭借这个框架来解决我们的争论和相互问责。但从多个极其不同的视角来看，这是多个视角在一个普遍框架上的初步趋同，这些视角基于非常不同的正义理想，而不是一个归一化的正义视角。

这并不是说开放社会的生活让人感到欣慰，或者提供了令人完全满意的与他人共同生活的理念。事实上，有经验性证据表明，多元群体

在解决问题上表现得更好，但参与者发现他们不如同质性群体那么令人满意。[3]开放社会提供了某些我们倾向于拒绝的东西：一个人可以 246
根据自己的视角更深入地认识正义，但他无法为整个社会简单地将这种理想付诸现实。但愿各个视角可以运用这种知识来改进开放社会的道德体系，并试图说服其他人相信这种正义观确实像它的追随者认为的那样强大。但其他视角很可能对此不以为然，转而制定自己的理想。此外，它们因其他视角似乎无法理解**它们的**洞见而失望。虽然开放社会使乌托邦的志向受挫，但它确实能够更好地回应那些易于察觉的正义问题：压迫、可怕的剥夺、我们所有人身边的暴行。在这里，多元的正义视角可以集中于局部改进，改进正义的基本规则，从而加强我们的责任实践。如果回顾过去一个世纪令人难以置信的道德变化，我们就会看到，那些边缘化视角绝不会认可、但却被权力强加的规则正在被稳步消除——这些权力往往来自一种占主导地位的、归一化的视角，它认为自己才是正义唯一的仲裁者。令人震惊的是，在经过20世纪一连串道德和人类灾难之后（许多灾难都基于统治者深层且真诚的信念，他们相信自己发现了一个正确的正义视角，可以制订前往"天堂岛"的路线），许多政治哲学家仍然屈服于理想的诱惑，坚持认为我们的社会应该向它前进。开放社会甚至都不会受到诱惑，去"选择"追求理想的海市蜃楼，而是努力构造更好的公共道德，消除明显的压迫，寻求改进规则的方式。

开放社会中的生活常常令人沮丧。如果相信我们正处于历史的终点，一劳永逸地知道了什么是正义，那么我们就会在自认为**非常清楚**的真理上面临分歧、怀疑和反抗。在公共社会世界中，大多数人并不觉得自在，人们几乎一致认为这样的社会世界并不完美。然而，因为我们并 247

3　Ellison and Mullin, "Diversity, Social Goods Provision, and Performance in the Firm."

非处于历史的尽头，像其他“知识”一样，关于正义的知识是可以改变和改进的，所以在开放社会之外追求正义会走向死胡同、失败，甚至暴政。波普尔在70多年以前就意识到了，柏拉图式完美的魔咒和终极理想的海市蜃楼都对哲学思想产生了强大的影响。然而，追求这样一种理想最终会背弃集体探究的动态性和不确定性，进而背弃我们为之奋斗的道德改进。

第三节　理想的堡垒

最后，许多政治哲学家会认为，我没有在这部著作中证明开放社会中的生活有可能改进正义理想。他们会说，我所谓“社会实现条件”只与社会的“规章制度”有关。[4]可以肯定，这些哲学家会回应说，我们可能会学到更好的方法来**建立正义**，但我们永远无法对**正义**有更多了解。**正义**在我们心中，在我们最深层的“直觉”中，关于其实现的任何纯粹事实都不会让我们怀疑这些真理。[5]即便我们按照这些原则来生活的所有尝试都导致灾难，这种经验也永远不会让我们修改对**正义**的笃信，只会认为人类可能根本就没有能力实现**正义**。

这个想法显然让罗尔斯深感担忧。他以痛苦的怀疑结束了《政治自由主义》第二版的序言：“本世纪的战争伴随极端的暴力和日益增加的破坏性，以大屠杀的疯狂恶行告终，这些灾难向我们提出了一个尖锐的问题，即政治关系是否只能由权力和强制来支配。如果一个基本正义的社会不可能使权力服从于它的目标，并且人们大体上是没有道德
248 感的——即便不是无可救药地愤世嫉俗和以自我为中心——那么一个

4　参见Cohen, *Rescuing Justice and Equality*, esp. pp. 308, 323ff。

5　很多政治哲学家似乎采纳了邦特夫人对“事实”的看法：“我的老母亲过去常说，主啊，事实就像奶牛一样。如果你狠狠地盯着它们，它们通常就会跑开。”参见Sayers, *Clouds of Witness*。

人可能会问康德：人类是否值得活着？”[6]保罗·韦斯曼（Paul Weithman）将罗尔斯的研究描述为一种“自然主义神正论”，[7]它表明我们终究适合**正义**。正义的观念当然有类似于宗教的东西，它可能超出人性的合理视野。像神学家一样，许多哲学家认为，正义在某种意义上处于人性之外，它用严厉的标准评判我们，说我们就像任性的孩子一样，太过调皮或软弱，以至于无法遵从它。弗兰斯·德·瓦尔（Frans de Waal）注意到，“根据大多数哲学家的观点，是我们自己用理性推导出道德真理。他们即使没有诉诸上帝，也还是提出了一个自上而下的过程，在这个过程中，我们制定原则，然后把这些原则强加在人们的行为之上”。[8]很多宗教、道德和政治哲学的基本信念是，“人类不知道如何行动，必须得有人告诉他们”。[9]

对于哲学家来说，这可能是最令人欣慰的观点。孩子们所做的任何事情都不能使哲学家怀疑自己关于标准的主张。这就像用罪恶来证明上帝不存在或上帝的戒律是错误的一样荒唐。退回到直觉上的确定性之后，哲学家观察人性并判断这是否符合他们的发现。因此，或许就像柏拉图那样，哲学家们描绘了一种他们永远不想要人类尝试实现的理想，因为人类不具备实现这个理想的能力。事实上，正如我们看到的，有些人甚至接受这样的观点，即他们对理想的探究对于人类而言很可能是毫无用处的（§Ⅰ.1.4）。

一种可以替代“我们没有能力实现正义”的观点是，正义取决于我们（justice is up to us）。正义是我们这个物种所找到的共同生活、繁荣和探索的方式。当人们认为自己达到了正义的标准，并且一再地发现，

6　Rawls, *Political Liberalism*, p. lx. 请注意，在20世纪的人类灾难中，对正义理想应该扮演何种角色缺乏认识。

7　Weithman, *Why Political Liberalism?*, pp. 8ff.

8　de Waal, *The Bonobo and the Atheist*, p. 17.

9　同上，p. 23。

试图建立“规章制度”来实现这个标准的努力反复导致灾难的时候，恰当的反应不是伤心地摇头，认为孩子们还没有能力实现正义。而是说，
249 尴尬的是，哲学家们才是犯错的一方，是他们弄错了正义。只有哲学家或神学家才会认为，即使他们的理想导致毁灭，错误也不在于他们，而在于那些理想所针对的造物。

当然，我们都有自己的信念和信条，其中的一些可能基于无法被证据击败的信仰或情感。但是，大规模人群应该如何生活在一起并不是这样的问题。关于这一点，我们可以向其他人学习，学习他们的经历、他们的资料、他们看待对于我们来说如此清楚的东西的不同方式。我们的正义理想与我们这个非同寻常的物种如何能以一种对所有人都好或有益的方式共同生活有关，在这一点上，我们已经学习了成千上万年，甚至几十万年。如果政治哲学家们抛弃某些原则和理想的堡垒，承认他们是一个集体发现过程的参与者，他们将会做出更大的贡献。也许并不奇怪，正是哈耶克这个经济学家（而非哲学家）深刻地意识到了这一点：

> 如果要前进，我们就必须为不断修改当前的观念和理想留出空间，这将是进一步的经验所必需的。我们几乎无法想象500年，甚至50年以后的文明会是什么样或可能是什么样，就像我们中世纪的祖先，甚至我们的祖父母无法预见到我们今天的生活方式
> 250 一样。[10]

10 Hayek, *The Constitution of Liberty*, pp. 23—24.

附录A

测量相似性

一、从成对的直觉判断开始搭建

可能的社会世界的相似性比较是满足“定向条件”的基础。正如正文中提到的那样，对于配对世界的成对比较，我采用标准的相似性判断：“世界a更类似世界b而不是世界c”，这表示为$(a \sim b) > (a \sim c)$。为了产生$\{X\}$域的完整传递性排序，还需要额外的公理：

(1) 对称性：$[(a \sim b) > (a \sim c)] \rightarrow [(b \sim a) > (c \sim a)]$；

(2) 不对称性：$[(a \sim b) > (a \sim c)] \rightarrow \neg[(a \sim c) > (a \sim b)]$；

(3) 自反性：$\forall i, j \in \{X\}$，这里$i \neq j$: $[(i \sim i) > (i \sim j)]$；

(4) 传递性：$[(a \sim b) > (a \sim c)]$和$[(b \sim c) > (b \sim d)] \rightarrow [(a \sim c) > (a \sim d)]$。

为了看到一个视角如何进行成对比较以生成一个相似性排序，我们从三个社会世界a、b、c开始。从这个集合出发，我们可以问：集合$\{a, b, c\}$的哪组排序与$(a \sim b) > (a \sim c)$这个直觉判断（一个基准）相一致呢？经过思考，我们可以看到$(a \sim b) > (a \sim c)$与$\{a, b,$

c}、{c, b, a}、{c, a, b}，或{b, a, c}都是一致的。因此，我们可以排除{b, c, a}和{a, c, b}，因为这些排序与我们假定的相似性判断不一致。

请注意，只要我们一开始不关心相似性排序是从右到左还是从左到右，{a, b, c}在一个重要的意义上就等同于{c, b, a}。只要我们确认并坚持一个方向，就不用担心这个维度向哪里运行。（与此类似，{c, a, b}也可以等同于{b, a, c}。）接下来，假设我们选择{a, b, c}的方向，就
251 可以将{c, b, a}的排序置于一旁，把注意力转向第二个等效配对，即{c, a, b}和{b, a, c}，这对排序与我们最初的直觉判断相一致。在这里，我们可以选择{c, a, b}，抛弃相反“方向”的{b, a, c}，这么做了之后，我们就可以做出这样的判断，即$(a \sim b) > (a \sim c)$与{a, b, c}或{c, a, b}是一致的。

现在假设第二个直觉的相似性判断由另一个视角给出：$(c \sim b) > (c \sim a)$。这与{c, a, b}不一致。（它与{b, a, c}，即{c, a, b}排序的“另一个方向”，也不一致。）所以我们仅剩{a, b, c}。要注意，我们已经考虑了多个相似性判断，并得到了沿着单一维度排列三个选项的排序。因此，我们通过“更相似”关系导出了“**居间状态**”（b居于a和c中间）。然后，我们可以从这三者的排序开始搭建，根据相似性产生一个完整的维度（或者根据我们的模型，产生{X}中所有世界的排序集合）。请注意，这比一个简单的序数排列包含更丰富的度量信息。如果我们得到了{a, b, c}，就可以发现b更相似于a还是c，这不仅给我们提供了居间状态，还提供了“居间但更接近”的信息。

我们往往沿着单一维度对各个域进行排列，经验研究通常都是这样做的。当来自世界各地的人们不得不对分类进行形式化思考时，他们就会被单一维度的分类系统所吸引。当被要求对{X}域中的元素进行分类时，参与者会反复挑选某个单一的共同维度，并按照这个维度进

行分类，避免汇总不同相似性维度的问题。[1]研究表明，人们事实上很难把握住那些即便只有两个相似性维度的类别（例如，一条线的长度和方向）。[2]然而，在非形式化的分类中，人们似乎利用了家族相似性，这使得他们可以在多个维度上进行分类。此外，菲利普·泰洛克（Philip 252
Tetlock）的研究表明，如果给定最优条件，每个人几乎都可以做出协调不同评估维度的决定，这为我们的直觉程序提供了支持。[3]

二、凯恩斯的担忧和多维加权系统

约翰·梅纳德·凯恩斯（John Maynard Keynes）认为，沿着上一节中的程序，不大可能通过汇总单独的成对相似性判断得到一个完整的排序。和我一样，凯恩斯提出了一种与配对的相似性分析有关的成对比较：

> 有三个对象A，B和C，当我们说B比C更像A时，我们的意思并不是说在任何方面，B本身在数量上就大于C，而是说如果三个对象被置于一种相似性排序中，则B比C更靠近A。在涉及概率的情况中也存在不同的相似性顺序。例如，比起用蓝色牛皮 [f_1, h_2]

1 相关经典研究是Medin, Wattenmaker, and Hampson, "Family Resemblance, Conceptual Cohesiveness, and Category Construction"; Ahn and Medin, "A Two-Stage Model of Category Construction"; Canini et al., "Revealing Human Inductive Biases for Category Learning by Simulating Cultural Transmission"。这似乎不只是西方推理者的特征；关于一项跨文化研究，参见Norenzayan et al., "Cultural Preferences for Formal versus Intuitive Reasoning"。

2 Ashby and Maddox, "Human Category Learning"; Ashby, Queller, and Berretty, "On the Dominance of Unidimensional Rules in Unsupervised Categorization."

3 Tetlock, "Coping with Trade-Offs: Psychological Constraints and Political Implications." 参见Fred D'Agostino, *Incommensurability and Commensuration*, pp. 68ff中的讨论。

> 装订它，一本用蓝色羊皮$[f_1, h_1]$装订的书更像一本用红色羊皮$[f_2, h_1]$装订的书；比起用蓝色牛皮$[f_1, h_2]$装订它，一本用红色牛皮$[f_2, h_2]$装订的书更像一本用红色羊皮$[f_2, h_1]$装订的书。[4]

人们经常误读凯恩斯，因为“比起用……装订它”这样的表述十分令人困惑，更确切地说，这里的“它”指代不清。我们应该这样解读他：蓝色羊皮$[f_1, h_1]$与红色羊皮$[f_2, h_1]$的相似度高于蓝色羊皮$[f_1, h_1]$与蓝色牛皮$[f_1, h_2]$的相似度；于是，一本用红色羊皮装订的书，比起一本
253 用蓝色牛皮装订的书，更像一本用蓝色羊皮装订的书，所以 $[(f_2, h_1) \sim (f_1, h_1)] > [(f_2, h_1) \sim (f_1, h_2)]$。这似乎十分正确。凯恩斯还认为，下面的说法也能成立：“一本用红色牛皮装订的书，比起一本用蓝色牛皮装订的书，更像一本用红色羊皮装订的书，所以$[(f_2, h_1) \sim (f_2, h_2)] > [(f_2, h_1) \sim (f_1, h_2)]$。然而，凯恩斯继续论证道，这些比较或许并不完备。继续上面的例子，他指出“红色羊皮$[f_2, h_1]$书和蓝色羊皮$[f_1, h_1]$书之间的相似性程度，与红色羊皮$[f_2, h_1]$书和红色牛皮$[f_2, h_2]$书之间的相似性程度可能无法比较。”[5]为了说明(f_2, h_1)是更相似于(f_1, h_1)，还是(f_2, h_2)，需要判断羊皮(h_1)与牛皮(h_2)是否比蓝色(f_1)与红色(f_2)更相似。凯恩斯在这里主张，红—蓝和羊皮—牛皮构成了“**不同的**相似性顺序”。[6]为了对这些配对进行相似性判断，需要比较两种颜色的相似性与两种皮革的相似性，但这些涉及不同类型的相似性。

如果我们考虑一个视角，它本身就对世界的某些特征而非其他特征进行分类和强调，那么在刚刚那个例子中，凯恩斯怀疑的那种比较就没有那么令人困惑了。假设在书本装订的问题上，我是一个皮革发烧

---

4 Keynes, *A Treatise on Probability*, p. 36, f_1=蓝色；f_2=红色；h_1=羊皮；h_2=牛皮。

5 同上。

6 同上（原文中即有强调）。

友；对我来说真正重要的是皮革。如果是这样，我就很容易认为红色羊皮书更接近蓝色羊皮书，而非红色牛皮书。在我看来，皮革的相似性是真正重要的，而在我的图书馆中，书籍的排放会表明这一点。

然而，一个更根本的担忧依然存在。假设皮革变得越来越不相似，有一本书是用老鼠皮(h_3)装订的。那么现在我要问的是：红色羊皮书更类似于蓝色老鼠皮书还是红色牛皮书呢？随着我们比较越来越不相似的皮革，似乎我最终在某一时刻会认为相似的颜色决定了总体相似性，这样我很可能会断定，红色羊皮书更类似于红色牛皮书，而非蓝色老鼠皮书。因此，在得到总体相似性的过程中，我一直在使用皮革的相似性排序，直到某一时刻我跳转到颜色的相似性排序，因为我认为在这一时刻皮革的差异太大了，以至于颜色的相似性对总体相似性判断起 254
到了决定性作用。凯恩斯正是对这个判断表示怀疑。[7]

我认为，我们应该质疑这种怀疑态度。首先，“皮革”的相似性本身是一个多维的标准：柔软度、光泽、耐用性都是皮革的特征；对皮革做出“相似性排序”意味着一个人**已经**沿着几个维度做出了相似性判断，并使它们可以通约，这样才可以说“柔软度的差异大于光泽的差异。”因此，如果要坚持所有不同的相似性排序都不可通约，我们就只能诉诸真正的一维排序，这或许只是原子的属性，除了一个维度以外不存在任何比较。我们做了某事就证明了这件事可以做到。

然而，如果我们仍然担忧凯恩斯的论证，仍然需要减轻这种担忧以确保那些比较是完备的，那么我们可以超越上一节中简单的成对比较程序。在马丁·韦茨曼的带领下，[8]我们可以假设一个域（社会世界、建筑物、生态系统）的成员的特征可以在多个维度上得到测量。例如，建筑学里的相似性分类可能与“建筑物时期、风格、不同特征、位置等”有

7 例如，参见 Morreau, “It Simply Does Not Add Up,” esp. pp. 480—481。

8 参见 Weitzman, “On Diversity”。另参见 Page, *Diversity and Complexity*, pp. 58ff。

关。[9]对于每一种分类，一个具体建筑物可以被归入很多子范畴（时期、样式、大小等）。一个比较程序会根据共享的特征来确定相似性；共享许多子范畴分类的特征非常相似，而拥有很少共同子范畴分类的特征就没那么相似。当然，一个视角可以利用更丰富的相似性/多样性测量标准来把握更多细节。[10]更复杂的视角会形成更丰富的维度观念，而各个对象就是根据这些观念进行排列的。这些观念不仅包括共享的特征（如建筑学的例子中那样），还生成基数测量标准，使得两个对象a和b共享一个特定的特征f。或者，在建筑学的例子中，我们可以认为建筑物a和建筑物b是相似的，因为它们共享六个分类中的五个（相同风格、相
255 同时期等），我们可以发展出更丰富的标量/基数系统，在这个系统中，根据是不是古典风格、是否具有哥特式影响等因素，在0到100之间为建筑物打分，100代表一个子范畴内可能的最大差异，而1代表最小差异。[11]

表A–1　相似性加权系统

配对的差异性	f	g	h
a—b	5	15	4
b—c	7	5	2
a—c	12	10	6
权重	0.6	0.3	0.1

如果一个给定的视角形成了这样一种丰富的有关相关维度的观念，**如果根据它对这些维度的相对权重的看法**，将这些子分数汇总为一个总分数就不存在任何特殊的问题。我们必须记住，对相似性及其基本属性

9　Weitzman, “On Diversity,” pp. 365ff.

10　关于如何可以做到这一点的细节，参见同上。

11　韦茨曼表明这些更丰富的信息可以通过成对相似性判断的基本理念得到发展，参见Weitzman, “On Diversity,” pp. 365ff。

的理解是相对于某个特定的正义视角来说的。没有哪种主张认为，用以生成{X}的完整排序的基本分类法或分类系统，是所有合理的视角所共享的，或是没有争议的。为了更好地理解一个视角如何可能通约不同的维度，我们来考虑一个非常简单的汇总系统。假设a、b和c是三个社会世界，视角Σ确认了三个与正义相关的特征f、g和h，并且Σ对每一个特征都有多样性测量。因此，我们可能得到表A-1那样的判断。

所以，假设我们简单概括差异的权重，我们会得到：(a, b) = 0.6*(5) + 0.3*(15) + 0.1*(4) = 3.85；(b, c) = 0.6*(7) + 0.3*(5) + 0.1*(2) = 4.85；(a, c) = 0.6*(12) + 0.3*(10) + 0.1*(6) = 10.8，因此[(a ～ b) > (a ～ c)]，[(b ～ a) > (b ～ c)]。当然，这只是个小例子；我们不需要这样一个简单加性加权系统（additive weighting system），也不需要假设如此精确的测量。（注意，既然总体结果是重叠配对的成对比较形式的相似性判断，过于精确的评分系统就不会在最终判断中得到复制。）无论如何，目的 256
仅仅是表明这样的比较可以如何实现。

迈克尔·莫罗（Michael Morreau）提出了一种受阿罗启发的不可能性证明，它表明不可能通过汇总各种相似性维度来实现这种汇总性的总体相似性判断，而且不可能满足各个版本的标准阿罗式条件。[12]重要的是认识到，这种受阿罗启发的不可能性证明有赖于把各种"维度的"信息限定为成对的序数信息。或许公理性社会选择理论最基本的洞见是，能否对一个域的各个选项（如社会世界的总体相似性）进行一种完整的、可传递的总体排序，在根本上取决于在生成那个域的排序时可以利用的维度信息有多丰富。[13]在涉及社会选择/福利函数的标准案例

12　Morreau, "It Simply Does Not Add Up," pp. 483ff.

13　必须强调的是，虽然第二个程序采用与各种相似性维度有关的基数/标量信息，但关于这个模型的SO要素，我们仍然只试图得到一种有关各个社会世界相似性的排序。这在形式上与森的"社会福利函数"类似，它通过更丰富的、**不仅仅是排序**的维度信息产生一种总体**排序**。参见Sen, "On Weights and Measures"。

中，“维度”信息是每个个体对选项的基数排列（每个个体的基数排列都是“一个维度”），从中可以产生一个社会的总体排序。在我们有关相似性判断的案例中，维度信息是每个相似性维度（例如社会世界的特征）的不同标量测量标准，然后一个视角利用这一点来生成{X}域的总体相似性排序。森已经表明，当维度信息很丰富（比如具有基数性质），而不是只有排序信息时，我们当然可以通过汇总多个评估维度来对一组选项进行完整的、可传递的排序，而且我们至少可以大体上和这种更丰富的维度信息进行通约。[14]类似于阿罗的结果是强有力的，这些结果展现了在多个维度上汇总信息的一些深层问题，但是这些结果的力量在很大程度上源于他们极大地限制了所允许的信息：信息仅仅被限定
257 为在所有维度上的成对序数判断，因此只有非比较性的序数信息可以用来生成总体相似性判断。虽然在某些语境中，这种阿罗式定理要求的严格信息限制是合理的，但在用正义的单一视角试图理解可能社会世界的{X}域结构时，它是非常有限的。一个视角试图组织和评估一组可能社会世界：我们没有理由对种种信息设定严格的限制，以至于当根据某个特征（比如收入分配或自由）对世界进行分类时，它只能使用成对的排名判断，而非更丰富的排序信息。

在这方面，值得注意的是，使用上一节中的程序所进行的基本相似性排序，会产生超序数（superordinal）信息：如果我们有一个集合{a, b, c}，我们不仅可以看到b是否居于a和c“中间”（基本序数信息），也可以看到b是否更接近于（“更类似”）a而不是c；这种超序数信息在把阿罗式定理从“更类似”的判断转化为单纯的序数判断时会被忽略。一种受阿罗启发的证明必须把这种信息简化为严格的序数信息，只测量“居间状态”，这突显了阿罗式定理如何被限制在其所允许的信息中。

14　关于这一点，参见Sen, “On Weights and Measures”。

三、N维空间

比起排序方式，我们可以开发出一个更复杂的多维模型，用一个视角 Σ 在一个N维的相似性空间中确定世界a、b、c的位置，然后采用一个N维的度量，测量a和b，以及a和c之间的N维距离，得出a更接近b还是c的整体结论。更具有形式化思维的人可能会认为这个分析更令人满意，尽管更多分析取决于距离度量（DM），而不是简单的排序模型，我认为在后者中相似性排序（SO）重要得多。在一个更复杂的模型中，N维空间的拓扑结构将是视角的关键要素：距离至关重要，并且可以通过不同的方式进行测量。 258

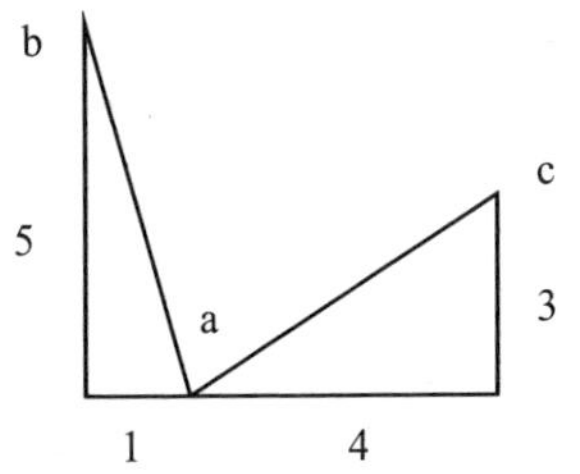

$$d_{Euc}(a, c)=5 < d_{Euc}(a, b)\approx 5.1$$
$$d_{Taxi}(a, c)=7 > d_{Taxi}(a, b)\approx 6$$

图A-1　欧几里得度量和出租车度量的比较

例如，我们可以说两个最为人所知的度量是欧几里得度量和出租车度量（有时被称为曼哈顿规范或箱子度量）。[15]欧几里得度量根据我们熟悉的公式，即两点之间直线最短，来界定距离：

$$d_{Euc}(x, y) = \sqrt{\sum_{i=1}^{n}\left(x_i - y_i\right)^2}$$

15　我在这里借用了 Gaus and Hankins, “Searching for the Ideal”。

（在二维空间中，这个公式简化为直角三角形的斜边长度）。另一方面，出租车度量是从导航的视角来判断在矩形街道设计中最短的距离（因此得名），这在更高维的空间中可以表示为：

$$d_{Taxi}(x, y) = \sum_{i=1}^{n} |x_i|$$

如图A–1所示，欧几里得度量和出租车度量有时会在两点中哪一个更接近第三个点上出现分歧。

随着多样性的增加，N维相似性空间产生了许多有趣的复杂情况和可能情况。然而，我相信基本的排序模型就足以阐明我的大致观点；一个更复杂的相似性拓扑结构不会对核心的哲学观点产生很大影响，
259 但会使问题变得复杂得多。

附录B

预测的多样性

多样性预测定理的关键在于确定(1)个体预测模型的平均误差,(2)所有模型的集体误差,以及(1)与(2)如何进行比较。[1]首先,需要测量个体的平均误差。我从弗朗西斯·高尔顿(Francis Galton)著名的重量判断竞赛中得到启示(并稍微简化了相关数字),假设我们先试图猜测一头实际1 000磅(简化为1K)的公牛的重量,[2]然后去猜测一头实际2 000磅(2K)的公牛的重量。假定一个人在两个竞赛中都采用他或她的预测模型;如果这一模型预测两头牛一样重,都是1 500磅(1.5K)。

1 我参照了Page、Wagner、Zhao、Schneider和Chen的说法。参见Page, *The Difference*, pp. 205—212; Wagner, Zhao, Schneider, and Chen, "The Wisdom of Reluctant Crowds"。

2 Francis Galton, *Memories of My Life*, pp. 280—281. "一年多以前,我碰巧在普利茅斯,并对那边的牛展很感兴趣。在展会上,参观者可以花六便士买一张有印章和编号的票,有了这张票才有资格参加重量判断竞赛。一头牛被挑了出来,有大约八百位候选人,每一位候选人都在票上写下自己的名字和住址,同时写下他对这头牛被屠夫宰杀后有多重的估测。他们当中谁猜得最准,谁就会赢得奖品。这些估测的结果与民主投票类似(当然也有一些保留),而且有助于我们了解在这种情形下投票是如何分配的,以及结果的价值。所以,我在仪式结束后设法弄到了很多卡片,并且开始研究它们……在这个案例中,民意的结果与真实的重量相差在1%以内,不是1 198磅,而是1 207磅;而个体估测的分配,处在所有估测中间值的−3.7%到+2.4%的范围之内与范围之外的概率是50%对50%。"

我们不能只取每个误差的平均值来计算这个模型的平均误差。这会提供给我们一个0.5 + (−0.5) = 0的误差。但显然这个模型很容易出错。
261 我们首先对误差进行平方来避免这种情况，即$[(0.5^2) + (-0.5^2)] = 0.25 + 0.25 = 0.5$，这会提供给我们这个模型的平均误差。图B−1给出三个预测模型α、β和γ的个体误差，它们被应用于我们的两个重量判断比赛。

	公牛A（正确=1）	公牛B（正确=2）	误差 $(A-1)^2 + (B-2)^2$
α	.5	1	1.25
β	2	3	2
γ	1.75	2.75	1.13
集体预测	1.42	2.25	.24

图B−1　关于预测的多样性的一个例子

这里的个体平均误差为(1.25 + 2 + 1.13)/3，即1.46。一般来说，个体平均误差为：

$$\text{error} = \frac{1}{n}\sum_{i=1}^{n}(x_i - x_{correct})^2$$

集体预测（cp）是个体预测的平均值；这些模型集体预测公牛A重1.42K，公牛B重2.25K。因此，我们现在可以计算（2）它们的集体误差：$(1.42-1)^2 + (2.25-2)^2 = (0.42)^2 + (0.25)^2 \approx 0.18 + 0.06 = 0.24$。这个集体误差0.24小于个体平均误差1.46。

其原因在于群体的**预测多样性**，它被定义为：

$$\frac{1}{n}\sum_{i=1}^{n}(x_i - x_{cp})^2$$

在这里x_i是个体的预测，x_{cp}是集体的预测。为了计算我们例子中的预测多样性：

α 与cp之间距离的平方：$(0.5-1.42)^2 + (1-2.25)^2 \approx 2.4$
β 与cp之间距离的平方：$(2-1.42)^2 + (3-2.25)^2 \approx 0.9$
γ 与cp之间距离的平方：$(1.75-1.42)^2 + (2.75-2.25)^2 \approx 0.36$

从而得出预测多样性（这些距离平方的平均值）为(2.4 + 0.9 + 0.36)/3即1.22。 262

由此我们得到了佩奇的**多样性预测定理**，即：

集体误差 = 个体平均误差 − 预测多样性

在我们的例子中，0.24的集体误差等于1.46的个体平均误差减去1.22的预测多样性。虽然在我们的例子中，集体预测优于任何个体预测，这也并非总是成立：一个优秀的个体预测者可以胜过集体预测。不过，集体预测总会胜过个体预测的平均值。这是一项重要成果：即使我们的预测模型不是很好，不同的视角或社会也可以利用多样性预测模型（上文中定义的预测模型），进而在评估备选社会世界的正义时显著增强自己的信心。

信息市场是一种特别有趣的集体智慧机制。或许最有名的是艾奥瓦州选举市场，它实质上是关于未来政治事件的。在我撰写本书的时候（2014年8月23日），存在一个预测2014年国会选举的市场；在整个国会预测市场中，基本上有四种可能性：（1）民主党控制众议院和参议院；（2）民主党控制众议院，共和党控制参议院；（3）共和党控制众议院，民主党控制参议院；（4）共和党控制众议院和参议院。如果一个人猜对了，那么他每购买一“股”就会获得1美元，如果猜错了，那么他就得不到任何东西。当下，选项（4）的价格大约是64美分；如果一个人在64美分的时候买入，并且共和党在2014年11月4日控制了众议院（他们确实如此），那么他就会获得1美元。选项（3）是25美分，而选项（1）是0.3美分。这样的市场有一个重要特征，即预测者的押注传达了有关他们预测的准确性的信息。通过把他们的钱押在他们预测的地方，那些对自己的预测满怀信心的预测者会具有超乎想象的影响力。如果高度自信与拥有更好的模型相互关联，那么信息市场就不仅会利用预测的多样性，还会给最优模型带来额外的影响力。此外，不仅市场有一个当前的价格，交易员也可以发布买入价和卖出价；结果，这么做的交易员成了拥有最多信息，并对市场起到巨大影响的人，而不是那些只接受当前
263 价格的人。[3]

3 Sunstein, *Infotopia*, chap. 4.

参考文献

Ahn, W. K., and D. L. Medin. "A Two-Stage Model of Category Construction." *Cognitive Science*, vol. 16 (1992): 81–121.

Aligica, Paul Dragos. *Institutional Diversity and Political Economy: The Ostroms and Beyond.* Oxford: Oxford University Press, 2014.

Aligica, Paul Dragos, and Peter J. Boettke. *Challenging Institutional Development: The Bloomington School.* London: Routledge, 2009.

Arneson, Richard. "Rejecting *The Order of Public Reason.*" *Philosophical Studies*, vol. 170 (September 2014): 537–44.

Ashby, F. G., and W. T. Maddox. "Human Category Learning." *Annual Review of Psychology*, vol. 56 (2005): 149–78.

Ashby, S. Queller, and P. M. Berretty. "On The Dominance of Unidimensional Rules in Unsupervised Categorization." *Perception and Psychophysics*, vol. 61 (1999): 1178–99.

Auyang, Sunny Y. *Foundations of Complex-Systems Theories in Economics, Evolutionary Biology and Statistical Physics.* Cambridge: Cambridge University Press, 1998.

Bacon, Francis. *New Atlantis*, edited by Alfred B. Gough. Oxford: Clarendon Press, 1915 [1627].

Baier, Kurt. "Moral Obligation." *American Philosophical Quarterly*, vol. 3 (July 1966): 210–26.

Barry, Brian. "John Rawls and the Search for Stability." *Ethics*, vol. 105 (July 1995): 874–915.

Barry, Christian, and Laura Valentini. "Egalitarian Challenges to Global Egalitarianism: A Critique." *Review of International Studies*, vol. 35 (2009): 485–512.

Bellamy, Edward. *Looking Backward.* New York: Dover, 1996 [1880].

Benn, Stanley. *A Theory of Freedom.* Cambridge: Cambridge University Press, 1988.

Berlin, Isaiah. *The Roots of Romanticism.* Princeton, NJ: Princeton University Press, 1997.

Berneri, Marie Louise. *Journey through Utopia.* London: Routledge and Kegan Paul, 1950.

Bicchieri, Cristina. *The Grammar of Society: The Nature and Dynamics of Norms.* Cambridge: Cambridge University Press, 2006.

——. *Norms in the Wild: How to Diagnose, Measure and Change Social Norms.* New York: Oxford University Press, 2016.

Bicchieri, Cristina, and Alex Chavez. "Behaving as Expected: Public Information and Fairness Norms." *Journal of Behavioral Decision Making*, vol. 23 (2010): 161–78.

——. "Norm Manipulation, Norm Evasion: Experimental Evidence." *Economics and Philosophy*, vol. 29 (special issue 2, July 2013): 175–98.

Bicchieri, Cristina, and Hugo Mercier. "Norms and Beliefs: How Change Occurs." In *The Complexity of Social Norms*, edited by Maria Xenitidou and Bruce Edmonds. New York: Springer, 2014: 37–54.

Bicchieri, Cristina, and Hugo Mercier. "Self-Serving Biases and Public Justifications in Trust Games." *Synthese*, vol. 190 (2013): 909–22.

Binmore, Ken. *Natural Justice*. Oxford: Oxford University Press, 2005.

Bowles, Samuel, and Herbert Gintis. *A Cooperative Species: Human Reciprocity and Its Evolution*. Princeton, NJ: Princeton University Press, 2011.

Boyd, Robert, and Peter J. Richerson. *The Origin and Evolution of Cultures*. Oxford: Oxford University Press, 2005.

Brennan, Geoffrey. "Feasibility in Optimizing Ethics," *Social Philosophy and Policy*, vol. 30 (January 2013): 314–29.

Brennan, Geoffrey, Lina Eriksson, Robert E. Goodin, and Nicholas Southwood. *Explaining Norms*. Oxford: Oxford University Press, 2013.

Brennan, Geoffrey, and Philip Pettit. "The Feasibility Issue." In *The Oxford Handbook of Contemporary Philosophy*. Oxford: Oxford University Press, 2005: 258–79.

Bringhurst, Piper L., and Gerald Gaus. "Positive Freedom and the General Will." In *The Oxford Handbook of Freedom*, edited by David Schmidtz. Oxford: Oxford University Press, forthcoming.

Broome, John. *Ethics Out of Economics*. Cambridge: Cambridge University Press, 1999.

Buchanan, James M., and Gordon Tullock. *The Calculus of Consent: Logical Foundations of Constitutional Democracy*. Ann Arbor: University of Michigan Press, 1962.

Buck-Morss, Susan. *Dreamworld and Catastrophe: The Passing of Mass Utopia in East and West*. Cambridge, MA: MIT Press, 2000.

Canini, K. R., T. L. Griffiths, W. Vanpaemel, and M. L. Kalish. "Revealing Human Inductive Biases for Category Learning by Simulating Cultural Transmission." *Psychonomic Bulletin and Review*, vol. 21 (2014): 785–93.

Carey, Brian. "Towards a 'Non-ideal' Non-ideal Theory." *Journal of Applied Philosophy*, vol. 32 (May 2015): 148–62.

Castelli, Ilaria, Davide Massaro, Cristina Bicchieri, Alex Chavez, and Antonella Marchetti. "Fairness Norms and Theory of Mind in an Ultimatum Game: Judgments, Offers, and Decisions in School-Aged Children." *Plos One*, vol. 9, no. 8 (August 2014). www.plosone.org.

Chapman, John W. "Justice, Freedom and Property." In *Nomos XXII: Property*, edited by J. Roland Pennock and John W. Chapman. New York: New York University Press, 1980: 289–324.

Chwe, Michael Suk-Young. *Rational Ritual: Culture, Coordination and Common Knowledge*. Princeton, NJ: Princeton University Press, 2001.

Cialdini, Robert B., Carl A. Kallgren, and Raymond B. Reno. "A Focus Theory of Normative Conduct: A Theoretical Refinement and Reevaluation of the Role of Norms in Human Behavior." *Advances in Experimental Social Psychology*, vol. 24 (1990): 201–34.

Cohen, G. A. *Rescuing Justice and Equality*. Cambridge, MA: Harvard University Press, 2008.

——. *Why Not Socialism?* Princeton, NJ: Princeton University Press, 2009.

Cummins, Denise Dellarosa. "Evidence for the Innateness of Deontic Reasoning." *Mind and Language*, vol. 11 (June 1996): 160–90.

——. "Evidence of Deontic Reasoning in 3- and 4-Year-Olds." *Memory and Cognition*, vol. 24 (1996): 823–29.

D'Agostino, Fred. "From the Organization to the Division of Cognitive Labor." *Politics, Philosophy and Economics*, vol. 8 (2009): 101–29.

——. *Incommensurability and Commensuration: The Common Denominator*. Burlington, VT: Ashgate, 2003.

——. *Naturalizing Epistemology: Thomas Kuhn and the Essential Tension*. London: Palgrave, 2010.

——. "The Orders of Public Reason." *Analytic Philosophy*, vol. 54 (March 2013): 129–55.

de Waal, Frans. *The Bonobo and the Atheist: In Search for Humanism among the Primates*. New York: W. W, Norton, 2013.

Dewey, John. *Individualism, Old and New*. London: George Allen and Unwin, 1931.

Dworkin, Ronald. "Liberalism." In *Public and Private Morality*, edited by Stuart Hampshire. Cambridge: Cambridge University Press, 1978: 113–43.

Economic Freedom in the World 2013 Annual Report. Fraser Institute. www.fraserinstitute.org.

Ellison, Sara Fisher, and Wallace P. Mullin. "Diversity, Social Goods Provision, and Performance in the Firm." *Journal of Economics and Management Strategy*, vol. 23 (Summer 2014): 465–81.

Elster, Jon, *Logic and Society: Contradictions and Possible Worlds*. New York: John Wiley and Sons. 1978.

Engels, Friedrich. "Socialism: Utopian and Scientific." In *The Marx-Engels Reader*, 2nd ed., edited by Robert C. Tucker. New York: W. W. Norton, 1978: 681–717.

Enoch, David. "The Disorder of Public Reason." *Ethics*, vol. 124 (October 2013): 141–76.

Estlund, David. *Democratic Authority: A Philosophical Framework*. Princeton, NJ: Princeton University Press, 2008.

——. "Human Nature and the Limits (If Any) of Political Philosophy." *Philosophy and Public Affairs*, vol. 39 (2011): 207–35.

——. "Prime Justice." In *Political Utopias: Contemporary Debates*, edited by Michael Weber and Kevin Vallier. Oxford: Oxford University Press, forthcoming.

——. "Utopophobia." *Philosophy and Public Affairs*, vol. 42 (2014): 114–34.

Farrelly, Colin. "Justice in Ideal Theory: A Refutation." *Political Studies*, vol. 55 (2007): 844–64.

Fehr, Ernst, and Urs Fischbacher. "Third Party Punishment and Social Norms." *Evolution and Human Behavior*, vol. 25 (2004): 63–87.

Feinberg, Joel. *Harm to Others*. New York: Oxford University Press, 1984.

Forst, Ranier. "Political Liberty: Integrating Five Conceptions of Autonomy." In *Autonomy and Challenges to Liberalism: New Essays*, edited by John Christman and Joel Anderson. Cambridge: Cambridge University Press, 2006: 226–42.

Foucault, Michel. *Discipline and Punish: The Birth of the Prison*, 2nd ed., translated by A. Sheridan. New York: Vintage Books, 1995.

Freedom House Freedom in the World 2014 Report. http://www.freedomhouse.org/report-types/freedom-world#.U-QOVIBdW2A.

Freeman, Samuel. *Justice and the Social Contract.* New York: Oxford University Press, 2007.

Friedman, David. *The Machinery of Freedom.* New York: Harper and Row, 1973.

Friedman, Milton. "The Methodology of Positive Economics." In *The Philosophy of Economics: An Anthology,* 3rd ed., edited by Daniel Hausman. Cambridge: Cambridge University Press, 2008: 145–78.

Galton, Francis. *Memories of My Life.* New York: Dutton, 1909.

Gaus, Gerald. "Constructivist and Ecological Modeling of Group Rationality." *Episteme,* vol. 9 (September 2012): 245–54.

——. "The Egalitarian Species." *Social Philosophy and Policy,* vol. 31 (Spring 2015): 1–27.

——. *Justificatory Liberalism: An Essay on Epistemology and Political Theory.* Oxford: Oxford University Press, 1996.

——. "The Limits of *Homo Economicus.*" In *Essays on Philosophy, Politics and Economics: Integration and Common Research Projects,* edited by Christi Favor, Gerald Gaus, and Julian Lamont. Stanford, CA: Stanford University Press, 2010: 14–37.

——. "Locke's Liberal Theory of Public Reason." In *Public Reason in the History of Political Philosophy,* edited by Piers Norris Turner and Gerald Gaus. New York: Routledge, forthcoming.

——. "Mill's Normative Economics." In *The Blackwell Companion to Mill,* edited by Christopher Macleod and Dale Miller. New York: Wiley-Blackwell, forthcoming.

——. "Moral Constitutions." *Harvard Review of Philosophy,* vol. 19 (2013): 4–22.

——. "On Dissing Public Reason: A Reply to Enoch." *Ethics,* vol. 125 (July 2015): 1078–95.

——. *On Philosophy, Politics, and Economics.* Belmont, CA: Wadsworth-Thomson, 2008.

——. *The Order of Public Reason.* Cambridge: Cambridge University Press, 2011.

——. "Retributive Justice and Social Cooperation." In *Retributivism: Essays on Theory and Practice,* edited by Mark D. White. Oxford: Oxford University Press, 2011: 73–90.

——. "Sectarianism without Perfection? Quong's Political Liberalism." *Philosophy and Public Issues,* vol. 2 (Fall 2012): 7–15.

——. "Social Complexity and Evolved Moral Principles." In *Liberalism, Conservatism, and Hayek's Idea of Spontaneous Order,* edited by Peter McNamara. London: Palgrave Macmillan, 2007: 149–76.

——. "Social Contract and Social Choice." *Rutgers Law Journal,* vol. 43 (Spring/Summer 2012): 243–76.

——. *Social Philosophy.* Armonk, NY: M. E. Sharpe, 1999.

——. "A Tale of Two Sets: Public Reason in Equilibrium." *Public Affairs Quarterly,* vol. 25 (October 2011): 305–25.

——. "The Turn to a Political Liberalism." In *The Blackwell Companion to Rawls,* edited by David Reidy and Jon Mandle. New York: Wiley-Blackwell, 2014: 235–50.

Gaus, Gerald, and Keith Hankins. "Searching for the Ideal." In *Political Utopias: Contemporary Debates,* edited by Michael Weber and Kevin Vallier. Oxford: Oxford

University Press, forthcoming.
Gaus, Gerald, and Shaun Nichols. "Moral Learning in the Open Society: The Theory and Practice of Natural Liberty." *Social Philosophy and Policy*, forthcoming.
Gaus, Gerald, and John Thrasher. "Rational Choice and the Original Position: The (Many) Models of Rawls and Harsanyi." In *The Original Position*, edited by Timothy Hinton. Cambridge: Cambridge University Press, 2016: 39–58.
Gauthier, David. *Morals by Agreement*. Oxford: Clarendon Press, 1986.
——. "Twenty-Five On." *Ethics*, vol. 123 (July 2013): 601–24.
Gavrilets, Sergey. "High-Dimensional Fitness Landscapes and Speciation." In *Evolution—the Extended Synthesis*, edited by Massimo Pigliucci and Gerd B. Müller. Cambridge, MA: MIT Press, 2010: 45–80.
Gilabert, Pablo. "Comparative Assessments of Justice, Political Feasibility, and Ideal Theory." *Ethical Theory and Practice*, vol. 15 (2012): 39–56.
Gilabert, Pablo, and Holly Lawford-Smith. "Political Feasibility: A Conceptual Exploration." *Political Studies*, vol. 60 (2012): 809–25.
Godwin, William. *An Enquiry concerning Political Justice, and Its Influence on General Virtue and Happiness*, 2 vols. London: G.G.J. and J. Robinson, 1793.
——. *Of Population: An Enquiry concerning the Power of Increase in the Numbers of Mankind, Being an Answer to Mr. Malthus's Essay on that Subject*. London: Longman, Hurst, Rees, Orme, and Brown, 1820.
Goldwater, Barry. *The Conscience of a Conservative*. Bottom of the Hill Publishing, 2010.
——. "Extremism in the Defense of Liberty." In *Conservatism in America Since 1930*, edited by Gregory L. Schneider. New York: New York University Press, 2003: 238–46.
Goodwin, Barbara, and Keith Taylor. *The Politics of Utopia: A Study in Theory and Practice*. London: Hutchinson, 1982.
Gray, John. *Post-Enlightenment Liberalism*. London: Routledge, 1993.
Güth, Werner, and Reinhard Tietz. "Ultimatum Bargaining Behavior: A Survey and Comparison of Experimental Results." *Journal of Economic Psychology*, vol. 11 (1990): 417–49.
Habermas, Jürgen. "Reconciliation through Public Reason: Remarks on John Rawls's Liberalism." *Journal of Philosophy*, vol. 92 (March 1995): 109–31.
Hadfield, Gillian K., and Stephen Macedo. "Rational Reasonableness: Toward a Positive Theory of Public Reason." *Law and Ethics of Human Rights*, vol. 6 (2012): 7–46.
Hadfield, Gillian K., and Barry R. Weingast. "What Is Law? A Coordination Account of the Characteristics of Legal Order." *Journal of Legal Analysis*, vol. 4 (2012): 471–514.
Haidt, Jonathan. *The Righteous Mind: Why Good People Are Divided by Politics and Religion*. New York: Pantheon, 2012.
Hamlin, Alan. "Feasibility Four Ways." *Social Philosophy and Policy*, forthcoming.
Hamlin, Alan, and Zofia Stemplowska. "Theory, Ideal Theory and the Theory of Ideals." *Political Studies Review*, vol. 10 (2012): 48–62.
Harman, Gilbert. *Reasoning, Meaning and Mind*. Oxford: Clarendon, 1999.
Haworth, A. "Planning and Philosophy: The Case of Owenism and the Owenite Communities." *Urban Studies*, vol. 13 (1976): 147–53.

Hayek, F. A. *The Constitution of Liberty*. London: Routledge and Kegan Paul, 1960.

——. *Law, Legislation, and Liberty*, vol. 1: *Rules and Order*. Chicago: University of Chicago Press, 1973.

——. *Law, Legislation, and Liberty*, vol. 2: *The Mirage of Social Justice*. Chicago: University of Chicago Press, 1976.

——. "The Use of Knowledge in Society." *American Economic Review*, vol. 35 (September 1945): 519–30.

Hazelhurst, Brian, and Edwin Hutchins. "The Emergence of Propositions from the Coordination of Talk and Action in a Shared World." *Language and Cognitive Processes*, vol. 13 (1998): 373–424.

Henrich, Joseph, and Natalie Smith. "Comparative Evidence from Machiguenga, Mapuche, and American Populations." In *Foundations of Human Sociality: Economic Experiments and Ethnographic Evidence from Fifteen Small-Scale Societies*, edited by J. Henrich, R. Boyd, S. Bowles, et al. Oxford: Oxford University Press, 2004: 125–67.

Hillinger, Claude, and Victoria Lapham. "The Impossibility of a Paretian Liberal: Comment by Two Who Are Unreconstructed." *Journal of Political Economy*, vol. 79 (November–December, 1971): 1403–5.

Hobbes, Thomas. *Leviathan*, edited by Edwin Curley. Indianapolis: Hackett, 1994 [1651].

Hobhouse, L. T. *Liberalism*. Oxford: Oxford University Press, 1964 [1911].

Hong, Lu, and Scott E. Page. "Problem Solving by Heterogeneous Agents." *Journal of Economic Theory*, vol. 97 (2001): 123–63.

——. "Groups of Diverse Problem Solvers Can Outperform Groups of High-Ability Problem Solvers." *Proceedings of the National Academy of Sciences of the United States of America*, vol. 101, no. 46 (November 16, 2004): 16385–89.

Jubb, Robert. "Tragedies of Non-ideal Theory." *European Journal of Political Theory*, vol. 11 (2012): 229–46.

Kauffman, Stuart A. *The Origins of Order*. New York: Oxford University Press, 1993.

Kautsky, Karl. *Thomas More and His Utopia*. London: Lawrence and Wisehart, 1979 [1888].

Kenyon, Timothy. "Utopia in Reality: 'Ideal' Societies in Social and Political Theory." *History of Political Thought*, vol. 3 (January 1982): 123–55.

Keynes, John Maynard. *A Treatise on Probability*. London: Macmillan, 1921.

King, Martin Luther, Jr. "I Have a Dream. . . ." Speech at the March on Washington, 1963. http://www.archives.gov/press/exhibits/dream-speech.pdf.

Kirk, Russell. *The Conservative Mind*. BN Publishing, 2008.

Kohlberg, Lawrence. *The Philosophy of Moral Development*. New York: Harper and Row, 1981.

Kuhn, Thomas. *The Essential Tension*. Chicago: University of Chicago Press, 1977.

Kumar, Krishan. *Utopia and Anti-Utopia in Modern Times*. Oxford: Basil Blackwell, 1987.

——. "Utopian Thought and Communal Practice: Robert Owen and the Owenite Communities." *Theory and Society*, vol. 19 (1990): 1–35.

Lagerspatz, Eerik, Heikki Ihäheimo, and Jussi Kotkavirta, eds. *On the Nature of Social and Institutional Reality*. Jyväskylä, Finland: University of Jyväskylä Printing

House, 2001.
Landemore, Hélène. *Democratic Reason.* Princeton, NJ: Princeton University Press, 2013.
——. "Yes, We Can (Make It Up on Volume): Answers to Critics." *Critical Review: A Journal of Politics and Society*, vol. 26 (2014): 184–237.
Landemore, Hélène, and Scott E. Page. "Deliberation and Disagreement: Problem Solving, Prediction, and Positive Dissensus." *Politics, Philosophy and Economics*, 1–26 (2014). doi: 10.1177/1470594X14544284.
Lawford-Smith, Holly. "Ideal Theory—a Reply to Valentini." *Journal of Political Philosophy*, vol. 18 (2010): 357–68.
——. "Non-ideal Accessibility." *Ethical Theory and Moral Practice*, vol. 16 (2013): 653–69.
——. "Understanding Political Feasibility." *Journal of Political Philosophy*, vol. 21 (2013): 243–59.
Lenin, V. I. *What Is to Be Done?* In *Selected Works in Two Volumes*, with introductory essays by J. V. Stalin. Moscow: Foreign Languages University Press, 1952: vol. 1, 203–410.
Lipsey, R. G., and K. J. Lancaster. "The General Theory of Second Best." *Review of Economic Studies*, vol. 24 (1956): 11–33.
List, Christian, and Philip Pettit. *Group Agency: The Possibility, Design, and Status of Corporate Agents.* Oxford: Oxford University Press, 2011.
Locke, John. *A Letter concerning Toleration.* In *"Two Treatises of Government" and "A Letter concerning Toleration,"* edited by Ian Shapiro. New Haven, CT: Yale University Press, 2003: 215–54.
Lorenz, Edward N. *The Essence of Chaos.* Seattle: University of Washington Press, 1998.
Macedo, Stephen. "Why Public Reason? Citizens' Reasons and the Constitution of the Public Sphere." http://ssrn.com/abstract=1664085.
MacIntyre, Alasdair. *Whose Justice? Which Rationality?* Notre Dame, IN: Notre Dame University Press, 1988.
Mack, Eric. "Peter Pan Strikes Back." http://www.cato-unbound.org/issues/october-2011/new-liberalism.
Mack, Eric, and Gerald Gaus. "Classical Liberalism and Libertarianism: The Liberty Tradition." In the *Handbook of Political Theory*, edited by Gerald Gaus and Chandran Kukathas. London: Sage, 2004: 115–30.
Mackie, Gerry. "Effective Rule of Law Requires Construction of a Social Norm of Legal Obedience." In *Cultural Agency Reloaded: The Legacy of Antanas Mockus*, edited by Carlo Tognato. Cambridge, MA: Cultural Agents Initiative of Harvard University, forthcoming.
Majone, Giandomenico. "On the Notion of Political Feasibility." *European Journal of Political Research*, vol. 3 (1975) 259–14.
Malthus, Thomas Robert. *Malthus—Population: The First Essay* (*An Essay on the Principle of Population, as It Affects the Future Improvement of Society, with Remarks on the Speculations of Mr. Godwin, M. Condorcet, and Other Writers*). Ann Arbor, MI: Ann Arbor Paperback, 1959 [1798].
Marx, Karl. *Capital*, translated by Eden and Cedar Paul, introduction by C.D.H. Cole. 2 vols. London: Dent, 1930 [1867].

May, Kenneth O. "A Set of Independent Necessary and Sufficient Conditions for Simple Majority Decision." *Econometrica*, vol. 20 (October, 1952): 680–84.

McKelvey, Bill. "Avoiding Complexity Catastrophe in Coevolutionary Pockets: Strategies for Rugged Landscapes." In "Application of Complexity Theory to Organization Science," special issue of *Organization Science*, vol. 10 (May–June 1999): 294–321.

Meade, J. E. *The Just Economy*. London: Allen and Unwin, 1976.

Medin, D. L., W. D. Wattenmaker, and S. E. Hampson. "Family Resemblance, Conceptual Cohesiveness, and Category Construction." *Cognitive Psychology*, vol. 19 (1987): 242–79.

Meyer, Frank S. "Freedom, Tradition, and Conservatism." In *"In Defense of Freedom" and Related Essays*, edited by William C. Dennis. Indianapolis: Liberty Fund, 1996: 14–29.

——. *In Defense of Freedom: A Conservative Credo*. In *"In Defense of Freedom" and Related Essays*, edited by William C. Dennis. Indianapolis: Liberty Fund, 1996: 33–151.

——. "In Defense of John Stuart Mill." In *"In Defense of Freedom" and Related Essays*, edited by William C. Dennis. Indianapolis: Liberty Fund, 1996: 164–69.

Mikhail, John. *The Elements of Moral Cognition: Rawls' Linguistic Analogy and the Cognitive Science of Moral and Legal Judgment*. Cambridge: Cambridge University Press, 2010.

Mill, John Stuart. *Chapters on Socialism*. In *The Collected Works of John Stuart Mill*, edited by J. M. Robson, vol. 5. Toronto: University of Toronto Press, 1967: 703–57.

——. *On Liberty*. In *The Collected Works of John Stuart Mill*, edited by J. M. Robson, vol. 18. Toronto: University of Toronto Press, 1965: 213–310.

——. *The Principles of Political Economy with Some of Their Applications to Social Philosophy*. In *The Collected Works of John Stuart Mill*, edited by J. M. Robson, vols. 2 and 3. Toronto: University of Toronto Press, 1965.

——. *The Subjection of Women*. In *The Collected Works of John Stuart Mill*, edited by J. M. Robson, vol. 21. Toronto: University of Toronto Press, 1965: 249–340.

Miller, David. *Justice for Earthlings: Essays in Political Philosophy*. Cambridge: Cambridge University Press, 2013.

Mockus, Antanas. "Building Citizenship Culture in Bogotá." *Journal of International Affairs*, vol. 65 (Spring/Summer 2012): 143–46.

——. "Bogotá's Capacity for Self-Transformation and Citizenship Building." In *Cultural Agency Reloaded: The Legacy of Antanas Mockus*, edited by Carlo Tognato. Cambridge, MA: Cultural Agents Initiative of Harvard University, forthcoming.

Moehler, Michael. "The Scope of Instrumental Morality." *Philosophical Studies*, vol. 167 (2014): 431–51.

——. "The (Stabilized) Nash Bargaining Solution as a Principle of Distributive Justice." *Utilitas*, vol. 22 (2010): 447–73.

More, Thomas. *Utopia*, edited by Henry Morley. London: Cassell, 1901 [1516].

Morreau, Michael. "It Simply Does Not Add Up: Trouble with Overall Similarity." *Journal of Philosophy*, vol. 107 (2010): 469–90.

Mueller, Dennis C. *Public Choice III*. Cambridge: Cambridge University Press, 2003.

Muldoon, Ryan. *Beyond Tolerance: Re-imagining Social Contract Theory for a Diverse World*. New York: Routledge, forthcoming.

——. "Diversity and the Social Contract." Ph.D. diss., University of Pennsylvania, 2009.
——. "Expanding the Justificatory Framework of Mill's Experiments in Living." *Utilitas*, forthcoming.
——. "Justice without Agreement." http://papers.ssrn.com/s013/papers.cfm?abstract_id=2653832.
——. "Perspective-Dependent Harm." http://papers.ssrn.com/s013/papers.cfm?abstract_id=2653852.
Muldoon, Ryan, Michael Borgida, and Michael Cuffaro. "The Conditions of Tolerance." *Politics, Philosophy and Economics*, vol. 11 (2011): 322–44.
Muldoon, Ryan, Chiara Lisciandra, Mark Colyvan, Jan Sprenger, Carlo Martini, and Giacomo Sillari. "Disagreement behind the Veil of Ignorance." *Philosophical Studies*, vol. 170 (September 2014): 377–94.
Norenzayan, A., E. E. Smith, J. B. Kim, and R. E. Nisbett. "Cultural Preferences for Formal versus Intuitive Reasoning." *Cognitive Science*, vol. 26 (2002): 653–84.
Nozick, Robert. *Anarchy, State and Utopia*. New York: Basic Books, 1974.
O'Neill, Martin, and Thad Williamson, eds. *Property-Owning Democracy: Rawls and Beyond*. New York: Wiley-Blackwell, 2014.
O'Neill, Onora. "Abstraction, Idealization and Ideology in Ethics." *Royal Institute of Philosophy Lecture Series*, vol. 22 (1987): 55–69.
——. "Justice, Gender and International Boundaries." In *The Bounds of Justice*, by O'Neill. Cambridge: Cambridge University Press, 2000: 143–67.
——. *Towards Justice and Virtue: A Constructive Account of Practical Reasoning*. Cambridge: Cambridge University Press, 1996.
Orwell, George. *1984*. New York: Signet Classic, 1961.
Ostrom, Elinor. "Collective Action and the Evolution of Social Norms." *Journal of Economic Perspectives*, vol. 14 (2000): 137–58.
——. *Governing the Commons: The Evolution of Institutions for Collective Action*. Cambridge: Cambridge University Press, 1990.
Owen, Robert. *A New View of Society, and Other Writings*. London: Dent, 1972 [1813].
Owen, William. *Diary of William Owen from November 10, 1824 to April 20, 1825*. Indianapolis: Bobbs-Merill, 1906.
Page, Scott E. *The Difference*. Princeton, NJ: Princeton University Press, 2007.
——. *Diversity and Complexity*. Princeton, NJ: Princeton University Press, 2011.
Passmore, John. *The Perfectability of Man*. London: Duckworth, 1971.
Plato. *The Republic*, translated by Francis MacDonald Cornford. Oxford: Oxford University Press, 1941.
Platteau, J.-P. *Institutions, Social Norms and Economic Development*. London: Harwood Academic Publisher.
Popper, Karl R. *The Open Society and Its Enemies*, 4th ed., 2 vols. London: Routledge and Kegan Paul, 1962.
——. *The Poverty of Historicism*, 2nd ed. London: Routledge and Kegan Paul, 1961.
Quong, Jonathan. *Liberalism without Perfection*. Oxford: Oxford University Press, 2011.
——. "Three Disputes about Public Reason: Commentary on Gaus and Vallier." www.publicreason.net/wp-content/PPPS/Fall2008/JQuong1.pdf.

Räikkä, Juha. "The Feasibility Condition in Political Theory." *Journal of Political Philosophy*, vol. 6 (1998): 27–40.
Rand, Ayn. *Anthem*. New York: Signet, 1961.
Rawls, John. "Distributive Justice." In *John Rawls: Collected Papers*, edited by Samuel Freeman. Cambridge, MA: Harvard University Press, 1999: 130–53.
——. "The Idea of Public Reason Revisited." In *John Rawls: Collected Papers*, edited by Samuel Freeman. Cambridge, MA: Harvard University Press, 1999: 573–615.
——. "The Independence of Moral Theory." In *John Rawls: Collected Papers*, edited by Samuel Freeman. Cambridge, MA: Harvard University Press, 1999: 286–302.
——. "Justice as Fairness." In *John Rawls: Collected Papers*, edited by Samuel Freeman. Cambridge, MA: Harvard University Press, 1999: 47–72.
Rawls, John. *Justice as Fairness: A Restatement*. Cambridge, MA: Harvard University Press 2001.
——. "Kantian Constructivism in Moral Theory." In *John Rawls: Collected Papers*, edited by Samuel Freeman. Cambridge, MA: Harvard University Press, 1999: 303–58.
——. *The Law of Peoples*. Cambridge, MA: Harvard University Press, 1999.
——. *Lectures on the History of Political Philosophy*, edited by Samuel Freeman. Cambridge, MA: Harvard University Press, 2007.
——. *Political Liberalism*, expanded ed. New York: Columbia University Press, 2005.
——. "Reply to Alexander and Musgrave." In *John Rawls: Collected Papers*, edited by Samuel Freeman. Cambridge, MA: Harvard University Press, 1999: 232–53.
——. "Themes in Kant's Moral Philosophy." In *John Rawls: Collected Papers*, edited by Samuel Freeman. Cambridge, MA: Harvard University Press, 1999: 497–528.
——. *A Theory of Justice*. Cambridge, MA: Harvard University Press, 1971.
——. *A Theory of Justice*, rev. ed. Cambridge, MA: Harvard University Press, 1999.
Risse, Mathias. "Why the Count de Borda Cannot Beat the Marquis de Condorcet." *Social Choice and Welfare*, vol. 25 (2005): 95–113.
Robbins, Lionel. *The Theory of Economic Policy in English Classical Political Economy*. London: Macmillan, 1952.
Robeyns, Ingrid. "Ideal Theory in Theory and Practice." *Social Theory and Practice*, vol. 34 (July 2008): 314–62.
Royal Society of Chemistry and American Chemical Society. *The Discovery and Development of Penicillin, 1928–1945*. London: Alexander Fleming Laboratory Museum, 1999.
Rubinstein, Ariel. *Economic Fables*. Open Book Publishers, 2012. http://www.openbookpublishers.com/product/136.
Saari, Donald. "Which Is Better: The Condorcet or Borda Winner? *Social Choice and Welfare*, vol. 26 (2006): 107–29.
Santos-Lang, Christopher. "Our Responsibility to Manage Evaluative Diversity." *SIGCAS Computers and Society*, vol. 44 (July 2014): 16–19.
Satz, Debra. "Amartya Sen's *The Idea of Justice*: What Approach, Which Capabilities?" *Rutgers Law Journal*, vol. 43 (Spring/Summer 2012): 277–93.
——. *Why Some Things Should Not Be for Sale: The Moral Limits of Markets*. Oxford: Oxford University Press, 2012.
Sayers, Dorothy L. *Clouds of Witness*. New York: Harper Collins, 1986.
Scanlon, T. M. *What We Owe Each Other*. Cambridge, MA: Harvard University Press,

1998.
Schmidtz, David. "Nonideal Theory: What It Is and What It Needs to Be." *Ethics*, vol. 121 (July 2011): 772–96.
Schneider, Gregory L. *The Conservative Century: From Reaction to Revolution*. Lanham, MD: Rowman and Littlefield, 2009.
Schotter, Andrew, and Barry Sopher. "Social Learning and Coordination Conventions in Intergenerational Games: An Experimental Study." *Journal of Political Economy*, vol. 111 (June 2003): 498–529.
Schwab, David, and Elinor Ostrom. "The Vital Role of Norms and Rules in Maintaining Open Public and Private Economies." In *Moral Markets: The Critical Role of Values in the Economy*, edited by Paul Zak. Princeton, NJ: Princeton University Press, 2008: 204–27.
Schwartz, Pedro. *The New Political Economy of J. S. Mill*. London: Weidenfeld and Nicolson, 1968.
Sen, Amartya. "Choice Functions and Revealed Preference." In *Choice, Welfare and Measurement*, by Sen. Cambridge, MA: Harvard University Press, 1982: 41–53.
——. *Collective Choice and Social Welfare*. San Francisco: Holden-Day, 1970.
——. *The Idea of Justice*. Cambridge, MA: Harvard University Press, 2009.
——. "Liberty, Unanimity and Rights." *Economica*, n.s., vol. 43 (August, 1976): 217–45.
——. "Maximization and the Act of Choice." In *Rationality and Freedom*, by Sen. Cambridge, MA: Harvard University Press, 2002: 159–205.
——. *On Ethics and Economics*. Oxford: Blackwell, 1986.
——. "On Weights and Measures: Informational Constraints in Social Welfare Analysis." *Econometrica*, vol. 45 (October 1977): 1539–72.
——. "The Possibility of Social Choice." In *Rationality and Freedom*, by Sen. Cambridge, MA: Harvard University Press, 2002: 65–118.
——. "A Reply." *Rutgers Law Journal*, vol. 43 (Spring/Summer 2012): 317–35.
Shikher, Serge. "Predicting the Effects of NAFTA: Now We Can Do It Better!" *Journal of International and Global Economic Studies*, vol. 5 (December 2012): 32–59.
Sidgwick, Henry. *The Methods of Ethics*, 7th ed. Chicago: University of Chicago Press, 1962 [1907].
Simmons, A. John. "Ideal and Nonideal Theory." *Philosophy and Public Affairs*, vol. 38 (January 2010): 5–36.
Smith, Adam. *Theory of Moral Sentiments*, edited by D. D. Raphael and A. L. Macfie. Indianapolis: Liberty Fund, 1984.
Smith, Peter. *Explaining Chaos*. Cambridge: Cambridge University Press, 1998.
Stemplowska, Zofia. "What's Ideal about Ideal Theory?" *Social Theory and Practice*, vol. 34 (July 2008): 319–40.
Stemplowska, Zofia, and Adam Swift. "Ideal and Nonideal Theory." In *The Oxford Handbook of Political Philosophy*, edited by David Estlund. Oxford: Oxford University Press, 2012: 373–89.
Strawson, Peter. "Freedom and Resentment," *Proceedings of the British Academy*, vol. 48 (1962): 188–211.
Stuntz, W. "Self-Defeating Crimes." *Virginia Law Review*, vol. 86 (2000): 1871–82.
Sugden, Robert. "Spontaneous Order." *Journal of Economic Perspectives*, vol. 3 (Autumn

1989): 85–97.

Sunstein, Cass. *Infotopia: How Many Minds Produce Knowledge*. Oxford: Oxford University Press, 2006.

Surowiecki, James. *The Wisdom of Crowds*. New York: Anchor Books, 2005.

Swift, Adam. "The Value of Philosophy in Nonideal Circumstances." *Social Theory and Practice*, vol. 34 (July 2008): 363–87.

Tanner, Edward. *Why Things Bite Back*. London: Fourth Estate, 1996.

Temkin, Larry S. *Rethinking the Good: Moral Ideals and the Nature of Practical Reasoning*. Oxford: Oxford University Press, 2011.

Tetlock, Philip. "Coping with Trade-Offs: Psychological Constraints and Political Implications." In *Elements of Reason: Cognition, Choice and the Bounds of Rationality*, edited by Arthur Lupia, Matthew D. McCubbins, and Samuel L. Popkin. Cambridge: Cambridge University Press, 2000: 239–63.

Thompson, Abigail. "Does Diversity Trump Ability? An Example of the Misuse of Mathematics in Social Sciences." *Notices of the American Mathematical Society*, vol. 61 (2014): 1024–30.

Thrasher, John. "Uniqueness and Symmetry in Bargaining Theories of Justice." *Philosophical Studies*, vol. 167 (2014): 683–99.

Thrasher, John, and Gerald Gaus. "The Calculus of Consent." In *The Oxford Handbook of Classics in Contemporary Political Theory*, edited by Jacob Levy. Oxford: Oxford University Press, forthcoming.

Tomasi, John. *Free Market Fairness*. Princeton, NJ: Princeton University Press, 2012.

Valentini, Laura. "Ideal vs. Non-ideal Theory: A Conceptual Map." *Philosophy Compass*, vol. 7 (2012): 654–64.

——. "On the Apparent Paradox of Ideal Theory." *Journal of Political Philosophy*, vol. 17 (2009): 332–55.

Vallier, Kevin. "A Moral and Economic Critique of the New Property-Owning Democrats: On Behalf of a Rawlsian Welfare State." *Philosophical Studies*, vol. 172 (2015): 283–304.

van Damme, Eric, Kenneth G. Binmore, Alvin E. Roth, Larry Samuelson, Eyal Winter, Gary E. Bolton, Axel Ockenfels, Martin Dufwenberg, Georg Kirchsteiger, Uri Gneezy, Martin G. Kocher, Matthias Sutter, Alan G. Sanfey, Hartmut Kliemt, Reinhard Selten, Rosemarie Nagel, and Ofer H. Azara. "How Werner Güth's Ultimatum Game Shaped Our Understanding of Social Behavior." *Journal of Economic Behavior and Organization*, vol. 108 (2014): 292–318.

Vanderschraaf, Peter. "The Circumstances of Justice." *Politics, Philosophy and Economics*, vol. 5 (2006): 321–51.

Van Schoelandt, Chad. "Justification, Coercion, and the Place of Public Reason." *Philosophical Studies*. doi: 10.1007/s11098-014-0336-6.

——. "Rawlsian Functionalism and the Problem of Coordination." Paper delivered to the 2015 meeting of the Pacific Division of the American Philosophical Association, April, Vancouver, British Columbia.

Van Schoelandt, Chad, and Gerald Gaus. "Political and Distributive Justice." In *The Oxford Handbook of Distributive Justice*, edited by Serena Olsaretti. Oxford: Oxford University Press, forthcoming.

Wagner, Christian, Sesia Zhao, Christopher Schneider, and Huaping Chen. "The Wisdom of Reluctant Crowds," Proceedings of the 43rd Hawaii International Conference on System Sciences, 2010, IEEE Computer Society. www.computer.org/csdl/proceedings/hicss/2010/3869/00/01-12-06.pdf.

Waldrop, M. Mitchell. *Complexity: The Emerging Science as the Edge of Order and Chaos.* New York: Simon and Shuster, 1992.

Waldron, Jeremy. *God, Locke and Equality: The Christian Foundations in Locke's Political Thought.* Cambridge: Cambridge University Press, 2002.

Wall, Steven. "On Justificatory Liberalism." *Philosophy, Politics, and Economics*, vol. 9 (May 2010): 123–50.

Ward, Benjamin. *The Ideal World of Economics: Liberal, Radical and Conservative Economic World Views.* New York: Basic Books, 1979.

Watts, D. J., and S. H. Strogatz. "Collective Dynamics of 'Small-World' Networks." *Nature*, vol. 393 (June 1998): 440–42. doi: 10.1038/30918.

Weber, Roberto A., and Colin F. Camerer. "Cultural Conflict and Merger Failure: An Experimental Approach." In "Managing Knowledge in Organizations: Creating, Retaining, and Transferring Knowledge," special issue of *Management Science*, vol. 49 (April 2003): 400–415.

Weisberg, Michael, and Ryan Muldoon. "Epistemic Landscapes and the Division of Cognitive Labor." *Philosophy of Science*, vol. 76 (April 2009): 225–52.

Weithman, Paul. *Why Political Liberalism? On John Rawls's Political Turn.* New York: Oxford University Press, 2010.

Weitzman, Martin L. "On Diversity." *Quarterly Journal of Economics*, vol. 107 (May 1992): 363–405.

Wiens, David. "Against Ideal Guidance." *Journal of Politics*, vol. 77 (April 2015): 433–46.

——. "Demands of Justice, Feasible Alternatives, and the Need for Causal Analysis." *Ethical Theory and Moral Practice*, vol. 16 (2013): 325–38.

——. "Political Ideals and the Feasibility Frontier." *Economics and Philosophy*, June 2015: 1–31, published online May 28, 2015. doi: 10.1017/S0266267115000164.

——. "Prescribing Institutions without Ideal Theory." *Journal of Political Philosophy*, vol. 20 (2012): 45–70.

——. "Will the Real Principles of Justice Please Stand Up?" In *Political Utopias: Contemporary Debates*, edited by Michael Weber and Kevin Vallier. Oxford: Oxford University Press, forthcoming.

Wilde, Oscar. *The Soul of Man under Socialism.* Portland, ME: Thomas B. Mosher, 1905.

Wiles, P.J.D. *Economic Institutions Compared.* New York: Wiley, 1977.

Wolff, Robert Paul. *The Poverty of Liberalism.* Boston: Beacon, 1968.

——. *Understanding Rawls: A Reconstruction and Critique of a Theory of Justice.* Princeton, NJ: Princeton University Press, 1977.

Young, Iris Marion. *Responsibility for Justice.* Oxford: Oxford University Press, 2011.

Zhou, Xueguang. "Organizational Decision Making as Rule Following." In *Organizational Decision Making*, edited by Zur Sahpira. Cambridge: Cambridge University Press, 2002: 257–81.

索　引

（条目后的页码为原书页码，见本书边码。）

译后记

我于2017年翻译本书之初便与高斯建立了邮件往来。2019年夏，恰逢我在罗格斯大学进行学术交流，几位师友与我一拍即合，相约前往亚利桑那大学拜访高斯。日后回想，那天的场景历历在目：我们几人围坐在高斯的办公室沙发上畅谈，话题从学生培养转到他的研究兴趣，再转到他的学术观点。言谈之间，他展现出敏锐的思维，以及随和风趣的人格魅力。回国后，赶上疫情暴发，我又面临毕业压力，几乎和高斯中断了联系。我本打算在校稿的最后阶段将原文中几处看似存在歧义的表述整理汇总，向他请教。不料这个计划尚未实现，他就突然离世。我的电子邮箱里至今还保存着半封写给高斯的邮件草稿。

从着手翻译到最终交稿，我在这本译著上投入了三年时间。期间，我有幸得到很多人的帮助，希望在此向他们道谢。

首先，我要感谢译林出版社的三位编辑，熊钰、童可依和陶泽慧。一直以来，他们都以最严谨的态度为我的翻译工作提供最专业的意见，这充分体现了他们对高质量译著的不懈追求。

其次，我要感谢陆鹏杰同学、田洁老师（TJ）和刘玮老师。陆鹏杰是给予我最多帮助的同学。无论是翻译上的疑难还是细节处的优化，我总是习惯性地找他商量，从他那里获得了大量有益的建议。由我们两个人组成的“小共同体”在极大程度上缓解了学术生活带给我的孤独和苦闷。

TJ是我最亲近的老师。得知我被书中某个知识点困扰时，她总是愿意花时间为我讲解；对于个别词句的处理，她经常生出精妙的想法；她还推荐了许多相关资料供我学习和参考。另外，TJ承担了第三章和第四章的校对工作。根据我个人的阅读体验，这两章是全书比较晦涩难懂的部分。若不是她为我把关，我恐怕不敢将其本来面目呈现给读者。

刘玮老师是我最感谢的人。2017年5月的一天，他联系到我，询问我是否有兴趣翻译本书。起初，我的心里十分没底。是他的信任、认可和鞭策让我有勇气和动力一路坚持。不仅如此，刘玮老师揽下了第一、二、五章，以及附录A、B的校对工作。尽管他的日常工作量繁重得惊人，但他总会及时返回稿件，并附上密密麻麻的修改意见。我敬佩他的热情和高效。

最后，我要感谢我的家人，尤其是我的爱人俞辛然。既然我选择了学术道路，体会个中艰辛就是理所当然的。但无奈能力有限，我也让她成为这份艰辛的承受者。她的理解和包容于我而言是一种莫大的安慰。

从始至终，我都在尽力提升译文质量，但错误和疏漏在所难免。欢迎细心和热心的读者批评指正。我的邮箱：zyfan90@outlook.com。

范震亚
2025年1月于北京

人文与社会译丛

第一批书目

1.《政治自由主义》(增订版),[美]J. 罗尔斯著,万俊人译 118.00 元
2.《文化的解释》,[美]C. 格尔茨著,韩莉译 89.00 元
3.《技术与时间:1. 爱比米修斯的过失》,[法]B. 斯蒂格勒著,裴程译 62.00 元
4.《依附性积累与不发达》,[德]A. G. 弗兰克著,高铦等译 13.60 元
5.《身处欧美的波兰农民》,[美]F. 兹纳涅茨基、W. I. 托马斯著,张友云译 9.20 元
6.《现代性的后果》,[英]A. 吉登斯著,田禾译 45.00 元
7.《消费文化与后现代主义》,[英]M. 费瑟斯通著,刘精明译 14.20 元
8.《英国工人阶级的形成》(上、下册),[英]E. P. 汤普森著,钱乘旦等译 168.00 元
9.《知识人的社会角色》,[美]F. 兹纳涅茨基著,郏斌祥译 49.00 元

第二批书目

10.《文化生产:媒体与都市艺术》,[美]D. 克兰著,赵国新译 49.00 元
11.《现代社会中的法律》,[美]R. M. 昂格尔著,吴玉章等译 39.00 元
12.《后形而上学思想》,[德]J. 哈贝马斯著,曹卫东等译 58.00 元
13.《自由主义与正义的局限》,[美]M. 桑德尔著,万俊人等译 30.00 元

14.《临床医学的诞生》,[法]M. 福柯著,刘北成译 55.00 元
15.《农民的道义经济学》,[美]J. C. 斯科特著,程立显等译 42.00 元
16.《俄国思想家》,[英]I. 伯林著,彭淮栋译 35.00 元
17.《自我的根源:现代认同的形成》,[加]C. 泰勒著,韩震等译 128.00 元
18.《霍布斯的政治哲学》,[美]L. 施特劳斯著,申彤译 49.00 元
19.《现代性与大屠杀》,[英]Z. 鲍曼著,杨渝东等译 59.00 元

第三批书目

20.《新功能主义及其后》,[美]J. C. 亚历山大著,彭牧等译 15.80 元
21.《自由史论》,[英]J. 阿克顿著,胡传胜等译 89.00 元
22.《伯林谈话录》,[伊朗]R. 贾汉贝格鲁等著,杨祯钦译 48.00 元
23.《阶级斗争》,[法]R. 阿隆著,周以光译 13.50 元
24.《正义诸领域:为多元主义与平等一辩》,[美]M. 沃尔泽著,褚松燕等译 24.80 元
25.《大萧条的孩子们》,[美]G. H. 埃尔德著,田禾等译 27.30 元
26.《黑格尔》,[加]C. 泰勒著,张国清等译 135.00 元
27.《反潮流》,[英]I. 伯林著,冯克利译 48.00 元
28.《统治阶级》,[意]G. 莫斯卡著,贾鹤鹏译 98.00 元
29.《现代性的哲学话语》,[德]J. 哈贝马斯著,曹卫东等译 78.00 元

第四批书目

30.《自由论》(修订版),[英]I. 伯林著,胡传胜译 69.00 元
31.《保守主义》,[德]K. 曼海姆著,李朝晖、牟建君译 58.00 元
32.《科学的反革命》(修订版),[英]F. 哈耶克著,冯克利译 68.00 元

33.《实践感》,[法]P. 布迪厄著,蒋梓骅译　75.00 元
34.《风险社会:新的现代性之路》,[德]U. 贝克著,张文杰等译　58.00 元
35.《社会行动的结构》,[美]T. 帕森斯著,彭刚等译　80.00 元
36.《个体的社会》,[德]N. 埃利亚斯著,翟三江、陆兴华译　15.30 元
37.《传统的发明》,[英]E. 霍布斯鲍姆等著,顾杭、庞冠群译　68.00 元
38.《关于马基雅维里的思考》,[美]L. 施特劳斯著,申彤译　78.00 元
39.《追寻美德》,[美]A. 麦金太尔著,宋继杰译　68.00 元

第五批书目

40.《现实感》,[英]I. 伯林著,潘荣荣、林茂、魏钊凌译　78.00 元
41.《启蒙的时代》,[英]I. 伯林著,孙尚扬、杨深译　35.00 元
42.《元史学》,[美]H. 怀特著,陈新译　89.00 元
43.《意识形态与现代文化》,[英]J. B. 汤普森著,高铦等译　79.00 元
44.《美国大城市的死与生》,[加]J. 雅各布斯著,金衡山译　78.00 元
45.《社会理论和社会结构》,[美]R. K. 默顿著,唐少杰等译　128.00 元
46.《黑皮肤,白面具》,[法]F. 法农著,万冰译　58.00 元
47.《德国的历史观》,[美]G. 伊格尔斯著,彭刚、顾杭译　58.00 元
48.《全世界受苦的人》,[法]F. 法农著,万冰译　17.80 元
49.《知识分子的鸦片》,[法]R. 阿隆著,吕一民、顾杭译　59.00 元

第六批书目

50.《驯化君主》,[美]H. C. 曼斯菲尔德著,冯克利译　88.00 元
51.《黑格尔导读》,[法]A. 科耶夫著,姜志辉译　98.00 元
52.《象征交换与死亡》,[法]J. 波德里亚著,车槿山译　68.00 元
53.《自由及其背叛》,[英]I. 伯林著,赵国新译　48.00 元

54.《启蒙的三个批评者》,[英]I. 伯林著,马寅卯、郑想译 48.00 元
55.《运动中的力量》,[美]S. 塔罗著,吴庆宏译 23.50 元
56.《斗争的动力》,[美]D. 麦克亚当、S. 塔罗、C. 蒂利著,李义中等译 31.50 元
57.《善的脆弱性》,[美]M. 纳斯鲍姆著,徐向东、陆萌译 55.00 元
58.《弱者的武器》,[美]J. C. 斯科特著,郑广怀等译 82.00 元
59.《图绘》,[美]S. 弗里德曼著,陈丽译 49.00 元

第七批书目

60.《现代悲剧》,[英]R. 威廉斯著,丁尔苏译 45.00 元
61.《论革命》,[美]H. 阿伦特著,陈周旺译 59.00 元
62.《美国精神的封闭》,[美]A. 布卢姆著,战旭英译,冯克利校 89.00 元
63.《浪漫主义的根源》,[英]I. 伯林著,吕梁等译 49.00 元
64.《扭曲的人性之材》,[英]I. 伯林著,岳秀坤译 69.00 元
65.《民族主义思想与殖民地世界》,[美]P. 查特吉著,范慕尤、杨曦译 18.00 元
66.《现代性社会学》,[法]D. 马尔图切利著,姜志辉译 32.00 元
67.《社会政治理论的重构》,[美]R. J. 伯恩斯坦著,黄瑞祺译 72.00 元
68.《以色列与启示》,[美]E. 沃格林著,霍伟岸、叶颖译 128.00 元
69.《城邦的世界》,[美]E. 沃格林著,陈周旺译 85.00 元
70.《历史主义的兴起》,[德]F. 梅尼克著,陆月宏译 48.00 元

第八批书目

71.《环境与历史》,[英]W. 贝纳特、P. 科茨著,包茂红译 25.00 元
72.《人类与自然世界》,[英]K. 托马斯著,宋丽丽译 35.00 元

73.《卢梭问题》,[德]E. 卡西勒著,王春华译 39.00 元
74.《男性气概》,[美]H. C. 曼斯菲尔德著,刘玮译 28.00 元
75.《战争与和平的权利》,[美]R. 塔克著,罗炯等译 25.00 元
76.《谁统治美国》,[美]W. 多姆霍夫著,吕鹏、闻翔译 35.00 元
77.《健康与社会》,[法]M. 德吕勒著,王鲲译 35.00 元
78.《读柏拉图》,[德]T. A. 斯勒扎克著,程炜译 68.00 元
79.《苏联的心灵》,[英]I. 伯林著,潘永强、刘北成译 59.00 元
80.《个人印象》,[英]I. 伯林著,覃学岚译 88.00 元

第九批书目

81.《技术与时间:2. 迷失方向》,[法]B. 斯蒂格勒著,赵和平、印螺译 59.00 元
82.《抗争政治》,[美]C. 蒂利、S. 塔罗著,李义中译 28.00 元
83.《亚当·斯密的政治学》,[英]D. 温奇著,褚平译 21.00 元
84.《怀旧的未来》,[美]S. 博伊姆著,杨德友译 85.00 元
85.《妇女在经济发展中的角色》,[丹]E. 博斯拉普著,陈慧平译 30.00 元
86.《风景与认同》,[美]W. J. 达比著,张箭飞、赵红英译 79.00 元
87.《过去与未来之间》,[美]H. 阿伦特著,王寅丽、张立立译 58.00 元
88.《大西洋的跨越》,[美]D. T. 罗杰斯著,吴万伟译 108.00 元
89.《资本主义的新精神》,[法]L. 博尔坦斯基、E. 希亚佩洛著,高铦译 58.00 元
90.《比较的幽灵》,[美]B. 安德森著,甘会斌译 79.00 元

第十批书目

91.《灾异手记》,[美]E. 科尔伯特著,何恬译 25.00 元

92.《技术与时间:3. 电影的时间与存在之痛的问题》,
[法]B. 斯蒂格勒著,方尔平译 65.00 元
93.《马克思主义与历史学》,[英]S. H. 里格比著,吴英译 78.00 元
94.《学做工》,[英]P. 威利斯著,秘舒、凌旻华译 68.00 元
95.《哲学与治术:1572—1651》,[美]R. 塔克著,韩潮译 45.00 元
96.《认同伦理学》,[美]K. A. 阿皮亚著,张容南译 45.00 元
97.《风景与记忆》,[英]S. 沙玛著,胡淑陈、冯樨译 78.00 元
98.《马基雅维里时刻》,[英]J. G. A. 波考克著,冯克利、傅乾译 108.00 元
99.《未完的对话》,[英]I. 伯林、[波]B. P. -塞古尔斯卡著,
杨德友译 65.00 元
100.《后殖民理性批判》,[印]G. C. 斯皮瓦克著,严蓓雯译 79.00 元

第十一批书目

101.《现代社会想象》,[加]C. 泰勒著,林曼红译 45.00 元
102.《柏拉图与亚里士多德》,[美]E. 沃格林著,刘曙辉译 78.00 元
103.《论个体主义》,[法]L. 迪蒙著,桂裕芳译 30.00 元
104.《根本恶》,[美]R. J. 伯恩斯坦著,王钦、朱康译 78.00 元
105.《这受难的国度》,[美]D. G. 福斯特著,孙宏哲、张聚国译 39.00 元
106.《公民的激情》,[美]S. 克劳斯著,谭安奎译 49.00 元
107.《美国生活中的同化》,[美]M. M. 戈登著,马戎译 58.00 元
108.《风景与权力》,[美]W. J. T. 米切尔著,杨丽、万信琼译 78.00 元
109.《第二人称观点》,[美]S. 达沃尔著,章晟译 69.00 元
110.《性的起源》,[英] F. 达伯霍瓦拉著,杨朗译 85.00 元

第十二批书目

111.《希腊民主的问题》,[法]J. 罗米伊著,高煜译 48.00 元
112.《论人权》,[英]J. 格里芬著,徐向东、刘明译 75.00 元
113.《柏拉图的伦理学》,[英]T. 埃尔文著,陈玮、刘玮译 118.00 元
114.《自由主义与荣誉》,[美]S. 克劳斯著,林垚译 62.00 元
115.《法国大革命的文化起源》,[法]R. 夏蒂埃著,洪庆明译 38.00 元
116.《对知识的恐惧》,[美]P. 博格西昂著,刘鹏博译 59.00 元
117.《修辞术的诞生》,[英]R. 沃迪著,何博超译 59.00 元
118.《历史表现中的真理、意义和指称》,[荷]F. 安克斯密特著,周建漳译 58.00 元
119.《天下时代》,[美]E. 沃格林著,叶颖译 78.00 元
120.《求索秩序》,[美]E. 沃格林著,徐志跃译 48.00 元

第十三批书目

121.《美德伦理学》,[新西兰]R. 赫斯特豪斯著,李义天译 68.00 元
122.《同情的启蒙》,[美]M. 弗雷泽著,胡靖译 48.00 元
123.《图绘暹罗》,[美]T. 威尼差恭著,袁剑译 76.00 元
124.《道德的演化》,[新西兰]R. 乔伊斯著,刘鹏博、黄素珍译 65.00 元
125.《大屠杀与集体记忆》,[美]P. 诺维克著,王志华译 78.00 元
126.《帝国之眼》,[美]M. L. 普拉特著,方杰、方宸译 68.00 元
127.《帝国之河》,[美]D. 沃斯特著,侯深译 76.00 元
128.《从道德到美德》,[美]M. 斯洛特著,周亮译 58.00 元
129.《源自动机的道德》,[美]M. 斯洛特著,韩辰锴译 58.00 元
130.《理解海德格尔:范式的转变》,[美]T. 希恩著,邓定译 89.00 元

第十四批书目

131.《城邦与灵魂:费拉里〈理想国〉论集》,[美]G. R. F. 费拉里著,刘玮编译 69.00元
132.《人民主权与德国宪法危机》,[美]P. C. 考威尔著,曹晗蓉、虞维华译 58.00元
133.《16和17世纪英格兰大众信仰研究》,[英]K. 托马斯著,芮传明、梅剑华译 168.00元
134.《民族认同》,[英]A. D. 史密斯著,王娟译 55.00元
135.《世俗主义之乐:我们当下如何生活》,[英]G. 莱文编,赵元译 58.00元
136.《休谟的人生智慧》,[英]J. 巴吉尼著,杨春丽译 68.00元
137.《自由意志、能动性与生命的意义》,[美]D. 佩里布姆著,张可译 69.00元
138.《自由与多元论:以赛亚·伯林思想研究》,[英]G. 克劳德著,应奇等译 58.00元
139.《暴力:思无所限》,[美]R. J. 伯恩斯坦著,李元来译 59.00元
140.《中心与边缘:宏观社会学论集》,[美]E. 希尔斯著,甘会斌、余昕译 88.00元

第十五批书目

141.《自足的世俗社会》,[美]P. 朱克曼著,杨靖译 58.00元
142.《历史与记忆》,[英]G. 丘比特著,王晨凤译 59.00元
143.《媒体、国家与民族》,[英]P. 施莱辛格著,林玮译 68.00元
144.《道德错误论:历史、批判、辩护》,

[瑞典]J. 奥尔松著,周奕李译 58.00 元

145.《废墟上的未来:联合国教科文组织、世界遗产与和平之梦》,[澳]L. 梅斯克尔著,王丹阳、胡牧译 88.00 元

146.《为历史而战》,[法]L. 费弗尔著,高煜译 98.00 元

147.《康德与现代政治哲学》,[英]K. 弗利克舒著,徐向东译 58.00 元

148.《我们中的我:承认理论研究》,[德]A. 霍耐特著,张曦、孙逸凡译 69.00 元

149.《人文学科与公共生活》,[美]P. 布鲁克斯、H. 杰维特编,余婉卉译 52.00 元

150.《美国生活中的反智主义》,[美]R. 霍夫施塔特著,何博超译 68.00 元

第十六批书目

151.《关怀伦理与移情》,[美]M. 斯洛特著,韩玉胜译 48.00 元

152.《形象与象征》,[罗]M. 伊利亚德著,沈珂译 48.00 元

153.《艾希曼审判》,[美]D. 利普斯塔特著,刘颖洁译 49.00 元

154.《现代主义观念论:黑格尔式变奏》,[美]R. B. 皮平著,郭东辉译 98.00 元

155.《文化绝望的政治:日耳曼意识形态崛起研究》,[美]F. R. 斯特恩著,杨靖译 98.00 元

156.《作为文化事实的未来:全球现状面面观》,[美]A. 阿帕杜莱著,周云水、马建福译(即出)

157.《一种思想及其时代:以赛亚·伯林政治思想的发展》,[美]J. L. 彻尼斯著,寿天艺、宋文佳译 88.00 元

158.《人类的领土性:理论与历史》,[美]R. B. 萨克著,袁剑译(即出)

159.《多元社会中的正义》,[美]G. 高斯著,范震亚译　68.00 元
160.《荒原:一部文化史》,[美]V. D. 帕尔玛著,梅雪芹等译　88.00 元

第十七批书目

161.《浪漫派为什么重要》,[美]P. 盖伊著,王燕秋译　49.00 元
162.《欧美思想中的自治》,[美]J. T. 克洛彭伯格著,褚平译(即出)
163.《冲突中的族群》,[美]D. 霍洛维茨著,魏英杰、段海燕译(即出)
164.《八个欧洲中心主义历史学家》,[美]J. M. 布劳特著,杨卫东译(即出)
165.《记忆之地,悼念之地》,[美]J. 温特著,王红利译(即出)
166.《20 世纪的战争与纪念》,[美]J. 温特著,吴霞译(即出)
167.《病态社会》,[美]R. B. 埃杰顿著,杨靖、杨依依译(即出)
168.《种族与文化的少数群体》,[美]G. E. 辛普森、J. M. 英格尔著,马戎、王凡妹等译(即出)
169.《美国城市新主张》,R. H. 普拉特著,周允程译(即出)
170.《五种官能》,[法]M. 塞尔著,徐明译(即出)